近藤直司 編著

ひきこもりケースの家族援助

相談・治療・予防

金剛出版

ひきこもりケースの家族援助＊目次

第Ⅰ部 ひきこもりケースの理解と家族援助

第1章 ひきこもりケースの理解と治療的アプローチ………近藤直司　13

   Ⅰ　はじめに：「ひきこもり（withdrawal）」という用語について　13
   Ⅱ　社会的ひきこもりをきたすケースの分類について　14
   Ⅲ　ひきこもりを伴う広汎性発達障害　16
   Ⅳ　精神分裂病と気分障害　17
   Ⅴ　ひきこもりの精神病理　17
       1．英国学派によるスキゾイド研究／2．ライフサイクルとひきこもり／3．神経症，うつ病，強迫性との関連／4．自己愛の病理からみたひきこもり
   Ⅵ　ひきこもりの文化・社会的背景　20
   Ⅶ　ひきこもりケース本人への治療・援助　21
   Ⅷ　ひきこもりケースに対する精神分析的精神療法　22
   Ⅸ　ひきこもりケースに対する危機介入と精神保健・医療の課題　24
   Ⅹ　おわりに　25

第2章 子どもの「ひきこもり」に悩む家族への援助……楢林理一郎　28

   Ⅰ　はじめに：家族の相談を受け容れること　28
   Ⅱ　家族面接の目標　29
   Ⅲ　面接の構造：クライエントは家族　30
   Ⅳ　家族面接の目標：3つのレベル　31
       1．問題解決に向けた援助のレベル（システム論的なアプローチ）：症状形成に関与する家族内相互交流パターンを扱う／2．ひきこもりに付随する問題の解決のレベル／3．家族への支持のレベル
   Ⅴ　家族との面接の仕方：初回面接を中心に　35

　　　　1．来談の趣旨，訴えの内容を明確にする：「家族は何をどのように解決したいのか」／2．家族のこれまでの解決への努力を聞き，評価する／3．相談歴，紹介ルート，治療者への期待を把握する／4．"悪者探し"をしない／5．緊急性を判断する／6．相談継続への工夫

　Ⅵ　おわりに　40

第3章　システム家族論からみた家族と精神分析からみた家族
　　　：おもに三者関係をめぐって……………………………狩野力八郎　41

　Ⅰ　はじめに　41
　Ⅱ　個人システムと家族システムの違い　42
　Ⅲ　エディプス葛藤，三角関係，三者関係　42
　Ⅳ　二者関係　45
　Ⅴ　治療　45
　　　　1．治癒機転と治療目標／2．家族のための治療空間の提供／3．家族神話
　Ⅵ　事例　48
　Ⅶ　おわりに　49

第Ⅱ部　家族相談の実際

第1章　ひきこもりケースにおける家族状況の分類と援助方針
　　……………………………………………………………近藤直司　53

　Ⅰ　はじめに　53
　Ⅱ　精神科診断に基づいた分類と家族援助　53
　Ⅲ　家族への援助方針　54
　　　　1．第1の悪循環：叱咤激励する親と家族からもひきこもる本人／事例1／事例2／2．第2の悪循環：自責的な親と他罰的な本人／事例3／3．第3の悪循環：親子のひきこもり相互作用／事例4
　Ⅳ　3つのタイプに共通するもの　62
　Ⅴ　治療・援助の進展に伴う親へのサポートについて　63
　　　　事例5

目次

第2章 家族療法から見たひきこもりの家族内で起きていること
　　　　：葛藤回避のベルをどのように無効化するか………吉川　悟　66

　Ⅰ　それぞれの家族にとって困惑と感じるもの　66
　　　　事例1：世代間のギャップ／事例2：社会化のための高い壁
　Ⅱ　家族療法から見た「家族で起こっていること」　68
　　　　事例3：葛藤回避の渦
　Ⅲ　家族療法から見た家族援助の基礎的考え方　71
　　　　1．継続相談を成立させる配慮／2．「できていること」を見つけること／3．目標設定について／4．家族の新たなコンセンサスを作る／5．葛藤回避を回避すること／6．責任追及・家族内葛藤という神話／7．社会化過程での過剰適応による悪循環
　Ⅳ　閾値を維持するためのベルと，そのベルの止め方　75
　Ⅴ　ひきこもりの治療・援助・支援から見えて来るもの　77

第3章 スキゾイド病理をもつ家族への援助…………狩野力八郎　79

　Ⅰ　はじめに　79
　Ⅱ　スキゾイド病理の特徴　80
　　　　1．深い情緒関係を避ける／2．唐突な情緒表現のパターン／3．自分を失う不安，呑み込まれる不安／4．寄生的依存関係と傲慢さ／5．全能感と貪欲さ／6．変化への抵抗／7．スキゾイドジレンマ
　Ⅲ　スキゾイド病理と家族社会　83
　　　　1．モラトリアム人間の社会とスキゾイド心性／2．価値観の形成と価値観の病理
　Ⅳ　治療援助についての示唆　84
　　　　1．理解すること／2．「ひきこもり」をめぐる神話に左右されないこと／3．治療目標の設定，計画の設定／4．「お節介」を恐れないこと／5．多元的，多職種，多施設アプローチ

第4章 ハイラムダ・スタイルの「ひきこもり」青年への家族療法
　　　　……………………………………………中村伸一・中村紀子　88

　Ⅰ　はじめに　88
　Ⅱ　事例　89
　　　　1．本人および家族構成／2．既往歴／3．Rorschach test 結果／4．治療経過
　Ⅲ　考察　92
　Ⅳ　おわりに　93

第Ⅲ部　グループを活用した家族援助の実際

総論　家族グループの有効性と留意点……………………近藤直司　97

 Ⅰ　はじめに　97
 Ⅱ　家族グループの機能　97
 Ⅲ　ひきこもりケースに対する家族グループの実施と課題　99
 Ⅳ　ひきこもりケースに対する心理教育的アプローチについて　100

第1章　家族教室・心理教育的アプローチ①
   　：発達論的観点に基づいた心理教育 ………………近藤直司　101

 Ⅰ　はじめに　101
 Ⅱ　ひきこもりケースの治療・援助経験と心理教育のコンセプト　101
 Ⅲ　家族教室の実際　103
   1．参加者の概要／2．第1回から5回まで／3．第6回から10回まで／4．反省と今後の課題

第2章　家族教室・心理教育的アプローチ②
   　：家族を対象としたアディクション・モデルの発展型……長谷川俊雄　108

 Ⅰ　はじめに：家族援助の前提条件の検討　108
 Ⅱ　家族の理解と位置づけ　109
 Ⅲ　家族教室の構造と内容　111
   1．家族教室の位置：継続した家族相談が基本／2．家族教室の運営／3．家族教室の内容
 Ⅳ　家族教室の課題　118
 Ⅴ　おわりに　122

第3章　家族教室・心理教育的アプローチ③
　　　：行動療法の視点から ……………………………林　祐造　123

　　Ⅰ　援助の枠組み　123
　　Ⅱ　家族教室の進め方　124
　　Ⅲ　家族教室の課題　131

第4章　親の会 ……………………………………………小林京子　132

　　Ⅰ　はじめに　132
　　Ⅱ　ひきこもり親の会の概要　132
　　Ⅲ　会の経過と参加者（メンバー）の状況　134
　　　　　1．家族の参加状況／2．参加者の状況と会の変化
　　Ⅳ　アンケート調査結果　137
　　Ⅴ　まとめと考察　138
　　Ⅵ　今後の課題　140

第Ⅳ部　ひきこもりケースへの予防的早期介入

総　論　ひきこもりを予防できるか？ ………………………近藤直司　143

　　Ⅰ　はじめに　143
　　Ⅱ　個々の精神疾患について検討される早期介入　143
　　Ⅲ　問題行動としての「ひきこもり」に注目した早期支援　145
　　Ⅳ　子どもの問題行動に対する早期介入　146
　　Ⅴ　青年期ひきこもりケースの予防可能性について　146

1．予防的介入の可能性と課題

第1章　問題行動を示す子どもの予後と早期介入の有効性
：海外の先行研究より ……………………………高橋象二郎　149

- I　はじめに　149
  - 1．予防的アプローチの方法論／2．援助のシステム化，機能優先化
- II　ひきこもりや攻撃性の二次予防活動　151
  - 1．NIMHの初期介入活動／2．学童を対象とした予防的介入プログラムの実際
- III　おわりにかえて：Self Esteemと予防精神保健　153

第2章　ひきこもりへの予防的介入と地域精神保健システムの課題
…………………………………………………………近藤直司　156

- I　母子保健活動における早期介入の方法論と課題　156
  - 1．子どもの発達に注目した支援／2．母親のメンタルヘルスと子どもの精神病理学的リスクについて／3．母子の関係性に焦点をあてた早期支援
- II　幼稚園・保育園における課題　159
- III　学校精神保健活動について　159
- IV　有効な早期介入と地域保健システムの課題　160
- V　医療機関・相談機関での対応について　161
- VI　他機関への紹介について　161
- VII　おわりに　162

第3章　固有の思春期までに発症する「ひきこもり」の精神病理と治療
：親ガイダンスの重要性を中心に ……………………皆川邦直　164

- I　はじめに　164
- II　非精神病性のひきこもりの2種　164
- III　固有の思春期前に発生するひきこもりの精神病理　165
  - 1．現病歴上の特徴／2．発達史・既往歴・家族歴上の特徴／3．子どものひきこもりについての発生論的力動の定式化
- IV　固有の思春期前に発生するひきこもりへの治療　168
  - 1．力動精神医学的面接（診断と評価）／2．親ガイダンスのポイント／3．薬物療法

2. 臨床現場における予防的介入の実際

第4章　軽度発達障害のある子どもたちへの早期介入 ……田中康雄　173

- I　はじめに　173
- II　軽度発達障害とは　173
- III　なにが，彼らを「不登校・ひきこもり」に追い立てたか？　174
  事例1：高機能広汎性発達障害／事例2：注意欠陥多動性障害／事例3：学習障害／事例4：知的障害
- IV　予防と援助を考える　176
  1．第一次予防／2．第二次予防／3．第三次予防
- V　おわりに　180

第5章　児童福祉における予防的介入 …………………本間博彰　182

- I　ひきこもりと関連する児童福祉領域の問題　182
- II　児童相談所の相談活動の概略　183
  1．児童相談所の相談体制／2．児童福祉施設との関連
- III　児童相談所における児童青年精神科臨床　184
  1．ひきこもった不登校のケースから／2．教師やボランティアとのつながりの中から
- IV　ひきこもりの予防をめざして　186
  1．児童思春期のつまずきの代償／2．新たな相談診療体制について／3．愛着の再形成

第6章　学校現場でできる範囲の予防的介入 ………………吉川　悟　189

- I　はじめに　189
- II　発達障害によるひきこもりを予測できるか　189
- III　ひきこもり以外にも寄与する教育現場での早期予防と慢性化予防　191
- IV　いったん社会適応した後のひきこもりへの未然予防　193
- V　ひきこもり要因との関連する出来事における予防　195
- VI　おわりに　197

第Ⅴ部　ひきこもりケースへの危機介入

第1章　ひきこもりケースへの危機介入
　　　　：緊急時対応の実際と原則 …………………………後藤雅博　203

　Ⅰ　はじめに　203
　Ⅱ　事例から　204
　　　事例A：強制的入院（医療保護入院）の例／事例B：家裁送致となった例／事例C：訪問や電話の介入例／1．強制的入院の適応と問題点／2．訪問と危機介入
　Ⅲ　事例のその後　208
　Ⅳ　緊急時対応の原則　209
　Ⅴ　おわりに　211

あとがき ……………………………………………………近藤直司　213

執筆者一覧　216

第 I 部

ひきこもりケースの理解と家族援助

第1章
ひきこもりケースの理解と治療的アプローチ

近藤直司

I はじめに:「ひきこもり (withdrawal)」という用語について

　最初に,「ひきこもり」という用語の用い方について明確にしておきたい。「ひきこもり」という用語には,大きく分けて2つの側面が含まれている。1つは,社会的ひきこもりと言われるような行動上の問題としての側面である。たとえば,アメリカ精神医学会によるDSM-IV (精神疾患の診断・統計マニュアル,第4版)では,社会恐怖,外傷後ストレス障害,回避性パーソナリティ障害,気分変調性障害など,いくつかの診断カテゴリーの解説に「社会的ひきこもり (social withdrawal)」についての記述がみられる。このうち,たとえば社会恐怖 (300.23) では,その基本症状として「恥をかいたり,恥ずかしい思いをしたりするような行動を恐れる」,関連する記述的特徴として「重症な例では,学校を中退したり,失業しても就職面接がいやで仕事を探そうとしなかったり,友達がいなかったり,……まったくデートしようとしなかったり,または家族の中に閉じこもっていたりする」と記載されている[3]。

　もう1つは,内的現象としてのひきこもりである。たとえば精神分析においては,「ひきこもり」という用語が,主に「心と心の交流をもてない」といった情緒的交流の困難,あるいは「心の中に,リアルで生き生きとした対象表象が形づくられない」といった内的現象 (内的対象からのひきこもり) を表す用語として用いられてきた他,乳幼児期における「自閉的段階」や思春期における一時的なひきこもりなど,正常な発達段階においてみられる現象としても考察されてきた[7,36]。

　現在,私たちが治療・援助の対象として検討を重ねているのは,おおむね『青年

期に相応の社会参加や対人交流の機会をもとうとしない』，ないしは『できない人たち』である。また，『その背景として，神経症性の要因やパーソナリティ形成の問題，あるいは社会的・文化的要因までが深く関わっているものと考えられ，精神分裂病の陰性症状や，広汎性発達障害に特徴的な対人相互交流の質的な異常，あるいは精神遅滞を背景としないもの』であり，多くの場合，その精神力として内的現象としてのひきこもりが問題となっているものと思われる。

近年，「ひきこもり」という言葉の意味するところは急速に拡散している現状もあり，筆者は「ひきこもりとは何か」「ひきこもりケースと呼ぶのは，どのようなケースか」といった定義を定めることや，個々のケースが「ひきこもりか，ひきこもりではないか」を判別しようとすることに，それほどの実践的有用性を感じていない。実際のケースは，それらを区別することなく相談に訪れるので，精神分裂病であれ，広汎性発達障害であれ，「ひきこもり」をきたしているケース全体について理解を深め，その治療・援助について検討するという実践的な姿勢が求められる。

この際，私たち援助者にとっては，家族からの情報のみであっても，診断学的な観点から「あたりをつけること」が1つの課題となる。その際，比較的推測しやすい分裂病圏のケースに比べ，発達障害を背景とするケースでは，「あたりをつけること」自体が1つの大きな課題となるので，そのような実践性を重視すれば，『分裂病や中核的な自閉性障害，中等度以上の精神遅滞などを除き，軽度発達障害までを含めた青年期ひきこもりケース』が対象となるのではないかと思う。

もう1つの前提は，本稿が青年期というライフ・ステージにおいて生じているひきこもりをテーマにしていることである。他の年代における「ひきこもり現象」として，児童期・思春期においては「不登校」や「高校中退」の一部が同様のメカニズムによって生じているかもしれないし，成人期においては，たとえば「出社拒否」や「職場不適応」の形をとるかもしれない。また近年，高齢者の「閉じこもり」も問題になっており，さまざまなライフ・ステージにおける社会的不適応の背景に，同様のひきこもりという事態が起きている可能性があるわけだが，本稿では，これらのうち青年期ケースに限定して論を進めてゆきたい。

II　社会的ひきこもりをきたすケースの分類について

社会的ひきこもりをきたす青年期のケース本人に国際疾患分類（ICD-10）[60]を適用した場合，その精神科診断は，精神分裂病（F20），分裂病型障害（F21），持続性妄想性障害（F22）などの分裂病圏の他，気分（感情）障害圏（F3），そして，

恐怖症性不安障害（F40），強迫性障害（F42），重度ストレス反応および適応障害（F43），心気障害（F45.2），摂食障害（F50），家庭内に限局した行為障害（F91.0），さらに不安性（回避性）パーソナリティ障害（F60.6），スキゾイド（分裂病質）パーソナリティ障害（F60.1）など，極めて多岐にわたる[30,31]。また，個々のケースのパーソナリティ水準[23]についても，神経症水準から境界水準，精神病水準まで，さまざまなケースがある。

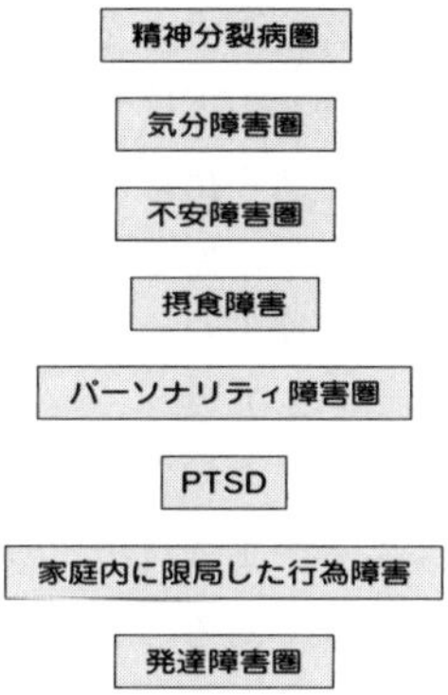

こうした多様性は，子どもの社会的ひきこもりをテーマとした研究においても同様に重視されている。たとえば，Child Behavior Check List（CBCL：子どもの行動調査票，2〜3歳用）では，子どものinternalizingな問題が，依存分離尺度，ひきこもり尺度，不安神経質尺度の3尺度から構成されている[1]。このうち，ひきこもりに相当する項目には，「他の人と目を合わせようとしない」「（他の）子どもたちとうまくやれない」「家の外に出たがらない」「たいした理由がないのに，ふさいでいて元気がない」「活動的な遊びをするのを拒否する」「まわりのものにほとんど関心を示さない」などがあり，ここに相当するケースとして，抑うつ状態や不安状態の他，心的外傷後ストレス症候群との関連や，遺伝的要因の強い一群も含まれていることが報告されている。

また，Rubin, K.H.らによれば，社会的ひきこもりを示す子どもは，①不安，恐れなどにより，仲間集団に入れない子ども，②仲間から排除され，孤立する子ども，③仲間との遊びに興味がない子ども，に分類されるという[48]。このうち③には，広汎性発達障害（自閉症スペクトラム）をもつ子どもが含まれてくるものと考えられる。青年期ひきこもりケースの中にも，一部に自閉性障害やアスペルガー症候群の他，学習障害，精神発達遅滞などの発達障害を背景とするケースも見られ，慎重な診断が求められる。

治療・援助の指針を検討する際に有用な分類としては，上記のような分類以外にも，強迫行為や外出恐怖，赤面恐怖などの明確な神経症症状を背景とした「二次的なひきこもり（症候群）」と，こうした症状を背景としない，あるいは従来であれば，ひきこもりにまでは至らないような軽度の神経症症状しかみられない「一次的なひきこもり（症候群）」という分類も提唱されている[25,51]。

筆者は，家族教室の際などには，①広汎性発達障害を中心とした「対人関係に生来的なハンディキャップをもつ人」，②精神分裂病を中心とする「人生のどこかで発症した精神疾患を背景とする人」，③神経症圏やパーソナリティ障害圏を中心と

図1　青年期ひきこもりケースの精神医学的背景

- 精神分裂病圏
- 気分障害圏
- 不安障害圏
- 摂食障害
- パーソナリティ障害圏
- PTSD
- 家庭内に限局した行為障害
- 発達障害圏

する「心のクセを背景とする人」という3群に分けて説明している。また,「心のクセ群」の下位分類として,自己愛型,スキゾイド型,強迫型をあげ,それぞれの精神療法の指針について提案している[31]。同様の視点から衣笠は,自己愛型,スキゾイド型,回避型という分類を提唱している[25,27]。全体的な治療・援助の質を向上させてゆくためには,このような分類についての議論がもっと活発に展開されるべきであると思う。

マスコミ報道などでは,「ひきこもり」「社会的ひきこもり」を単一の疾患単位であるかのように扱う傾向もみられるが,それぞれのケースの背景にある問題がかなり多様であることに充分に配慮する必要があり,その治療・援助についても,一概に論じることは不可能である。すでに述べたように,「ひきこもり」という用語は症状,ないしは状態像として使用されるべき用語であり,共通の状態を示しているものの,その背景にはさまざまな精神科的問題が存在することを踏まえ,「社会的ひきこもりをきたす一群(ひきこもり症候群)」として捉えるのが適切であると考える[20,25]。

Ⅲ ひきこもりを伴う広汎性発達障害

個々のケースに対する治療・援助の方針を検討する上で,精神分裂病,精神遅滞,そして広汎性発達障害は,できるだけ早い時期にスクリーニングしておくべき精神疾患である。特に本稿では,時に見落とされていると思われる広汎性発達障害について述べておく。

広汎性発達障害の基本的な病因は,中枢神経系の生物学的成熟に関連した機能・発達の遅れ,あるいは偏りであり,多くは言語発達や知的発達の遅れ,視線が合わない,集団活動に乗れないなどのコミュニケーションや社会性の障害,特定の対象への極端な執着やこだわりなどによって乳幼児期において気づかれることが多い。このうち,精神遅滞を伴わない一群のケースは高機能広汎性発達障害と呼ばれており,その多くは小児自閉症(F84.0),非定型自閉症(F84.1),アスペルガー障害である[33]。たとえばアスペルガー障害をもつ人は,言語発達の遅れが目立たず,学童期・思春期においては,決定的な不適応をきたさずに経過するものの,たとえば高校入学後,あるいは就職後,初めて不適応に陥り,ひきこもりに至っているケースもある[53]。

青年期から成人期における広汎性発達障害をもつ人には,場にそぐわない言動や,特定の対象への強迫的・常同的なこだわりや空想癖,非定型的な幻覚症状や被害関係妄想,いじめ・体罰など外傷的な体験のフラッシュバックや,それに伴うパニッ

クなどがみられることもある。こうした諸症状のため，時には精神分裂病と誤診されたり，分裂病型障害（分裂病型パーソナリティ障害），スキゾイド（分裂病質）パーソナリティ障害との鑑別が困難なことも多いが，多くは神経学的，あるいは心理社会的な発達を中心に，詳細な生育歴を聴取することで鑑別が可能となる[33,53]。

こうした背景をもつケースに対しては，他の精神科的問題とは異なる治療・援助姿勢が必要となるため，そのスクリーニングは極めて重要な臨床的課題の1つである[31]。治療的なアプローチとしては，幻覚，妄想，抑うつ，てんかん，身体化症状などに対する薬物療法の他，彼らの認知・体験様式を踏まえた精神療法的アプローチが必要である。適応的な言動を丁寧に指導するような教育的アプローチや社会技能訓（social skill training）[13]の他，認知療法的アプローチの有効性も報告されているが[18]，彼らは社会参加にあたって明らかなハンディキャップをもつ人々であり，福祉的サービスまでを視野に入れた多面的な支援が必要である[57]。

Ⅳ 精神分裂病と気分障害

ひきこもりを主訴として受診・相談にあがってくるケースの中には，精神分裂病やうつ病を背景としたものがある[46]。言うまでもなく，精神分裂病圏や気分障害圏の病態を背景としたケースに対する治療は薬物療法が第一選択であり，できるだけ無理なく医療機関につなげるための受診援助が必要である。また，すでに地域精神保健福祉活動として定着している精神科リハビリテーションや福祉的サービスを活用し，その人なりの自立と社会参加を促進してゆく援助活動が中心となる。

一方，気分障害には，より多様な側面がある。たとえば筆者は，典型的なうつ病を背景として9年間に及ぶ閉居に陥っており，抗うつ剤の内服により速やかに一般就労に至ったケースを経験しているが，実際にはこうしたシンプルなケースばかりではない。典型的な抑うつ症状に乏しく，回避や抑制の目立つ「逃避型抑うつ」[14,15]や，パーソナリティ要因を背景とし，軽度の抑うつ状態が遷延または反復するケース，あるいは発達障害に合併する気分障害なども稀ではない。

Ⅴ ひきこもりの精神病理

次に，これまでの精神病理学研究を展望し，ひきこもりの精神病理学的特性について検討してみたい。

1．英国学派によるスキゾイド研究

1940年代以降の英国では，Fairbairn, W.R.D., Guntrip, H., Winnicott, D.W.あるいはLaing, R.D.らにより，スキゾイド・パーソナリティ（分裂病質パーソナリティ）についての精神病理学的研究，および治療研究が発展した[6, 8, 9, 12, 26, 35, 61, 62, 63]。Fairbairnは，「スキゾイド患者は，他者と関係することへの願望と，自分の欲求が他者を傷つけてしまうという恐怖との間に生じる葛藤に悩まされており，その防衛手段として情緒的ひきこもりが生じている」と述べ，①万能的態度，②情緒的な孤立とひきこもり，③内的現実へのとらわれ，といった特徴を指摘している[6]。さらに，1960年代以降のクライン学派は，万能的で優越感に満ち溢れ，しかも対象に依存しつつも，近づけば迫害的な恐怖が生じるという不安や葛藤，あるいは万能的な自己・対象表象の喪失を否認するために，破壊的自己愛組織や病理的組織化と呼ばれる心的構造が使われる現象を「心的退避」として概念化している[47, 52]。

　これら英国学派の研究は，本人への個人精神療法を進めてゆく上では欠かせない知見である。ただし，彼らの基本的な研究テーマは，「情緒的ひきこもり」「内的対象からのひきこもり」，あるいは「存在論的に不安定な人」[35]の体験世界についてであり，必ずしも社会的ひきこもりに注目したものではない。

2．ライフサイクルとひきこもり

　小此木は，1950年代のErikson, E.H.による「アイデンティティ拡散症候群」が社会的ひきこもりについての最初の記載であることを指摘し，その徴候を次のように要約している[5, 44, 45]。

　①自意識の過剰：「自分とは何か意識」の過剰。

　②選択の回避と麻痺：どんな決定的な職業選択も社会的心理的自己選択をも回避することによってしか自己を保ち得ないような選択回避の状況。

　③対人的距離の失調：対人的な距離のとり方が失調し，親しめば相手にのみこまれ，自立しようとすれば孤立，ひきこもりに陥ってしまうヤマアラシ・ジレンマ（porcupine dilemma）状態。

　④時間的展望の拡散：切迫感や充実した時間意識の喪失，生活全体の緩慢化，無気力，空虚感。

　⑤勤勉さの拡散：職業的アイデンティティの獲得の回避，注意集中の困難，読書過剰のような一面的活動への自己破壊的没入。

　⑥否定的アイデンティティの選択。

　アイデンティティ拡散症候群として記載された上記の状態像は，確かに今日私たちが向かい合っているひきこもりケースと症候学的によく合致している。しかしそれ以上に，ひきこもりの問題を思春期から青年期のライフサイクルの文脈で捉えよ

うとする観点が，本人と家族への援助を検討する上で不可欠な視点であることを特に強調しておきたい[40,55)]。

3．神経症，うつ病，強迫性との関連

その後1960年代以降，米国ではキャンパス・メンタルヘルスの問題としてスチューデント・アパシーが報告された。1970年代には，笠原らにより，わが国においても同様の状態を示す学生の存在が指摘され，後に退却神経症として概念化された[22)]。ここでは，青年期の無気力－ひきこもり状態が神経症圏の病像として捉えられている。

この他，神経症圏のひきこもりとしては，1920年代から森田正馬とその後継者によってわが国で発展してきた対人恐怖，神経質概念との関連が重要であろう。牛島は，1960年頃から神経質の純型が減少したという森田療法家の指摘を取り上げ，モラトリアム状態やスキゾイド・メカニズムとの関連について論じている[59)]。同様の立場から中村，北西らは，加害・忌避関係妄想を伴う重症対人恐怖のケースばかりでなく，容易に社会的ひきこもりに至る対人恐怖症のケースが増加していることを指摘し，「回避・ひきこもりを特徴とする対人恐怖」として，その精神病理を詳細に検討している[28,38,39,51)]。

さらに，逃避型抑うつ[14,15)]をはじめとする気分障害と社会的ひきこもりについての臨床研究[46)]や，自閉傾向の強い家庭内暴力[43)]のように問題行動に注目した捉え方もある。また，パーソナリティ傾向との関連としては，強迫性との関連が重要であろう。ひきこもりケース本人には，しばしば強迫症状がみられる。笠原が退却神経症概念の中心的な精神病理として強迫性を取り上げたことをみても，ひきこもりと強迫性との関連は重要な観点の1つであると思われる[16,22,31,42,58)]。

4．自己愛の病理からみたひきこもり

「ひきこもりケース」は，こうしたさまざまな病像の総体であろうと思われる。これだけ多様な病像を示す一群のケースに，共通する観点を見出すことができるのであろうか。1つの切り口は，多くの研究者・臨床家が広義の「自己愛の病理」に言及していることであろう[22,24,27,31,39,45)]。ただし，「自己愛の病理」という用語には多義的な観点が含まれており，ひきこもりという現象を自己愛の病理との関連で捉える際にも，いくつかの観点に整理しておいた方がよいように思われる。

まず第1には，精神分裂病の誇大妄想や心気症などにみられるように，対象に向かうべきリビドーが自己表象に向け換えられているという欲動論的観点があり，第2には，自己愛パーソナリティと言われるようなパーソナリティ障害，ないしはパ

ーソナリティ傾向としての観点がある。ただし，自己愛パーソナリティについての記載は，やはり非常に多彩であり，「周囲を気にしないナルシスト（oblivious type）」と「周囲を過剰に気にするナルシスト（hypervigilant type）」，あるいは「厚皮のナルシスト（thick-skinned）」と「薄皮のナルシスト（thin-skinned）」など，いくつものサブタイプが提唱されている[10, 29, 54]。さらに第3には，自己愛の肥大と傷つきという両極を動揺する特有のセルフ・エスティームのあり方が自己愛の病理の反映であるという観点，そして第4には，内的対象関係と自己・対象表象の特性に注目した観点がある。つまり，他者を自己の延長物と捉えるような自他の未分化な自己愛的対象関係においては，思春期・青年期における自立や，他者と分化・分離した感覚が重大な対象喪失として体験されることになる。また，こうした対象関係においては，投影や投影性同一視といった原始的な防衛機制が活性化しているため，自我は豊かさを失い，自己・対象表象には大きな歪みが生じているといった観点である。

　こうした病理をもつ人たちは，現実世界との摩擦から自己愛的・万能的な内的世界を保護するために対人関係からひきこもり，不毛な社会・精神生活を送らざるを得ないものと考えられるが，さらに，他者を召し使いのように扱ったり，激しい家庭内暴力の状態が長期化するケースの一部についても自己愛の病理という概念は有用である。たとえばKernberg, O.は，いわば「重症の自己愛パーソナリティ障害」について，彼らのもつ病的誇大自己と，その現れである強い攻撃性と羨望を中心的な病理と捉えている[23]。そしてその特徴として，①他者のもつよいものを破壊したいという願望，②情緒的なコミュニケーション能力の欠如，③賞賛を与えてくれる人たちを理想化する一方で，何も期待できない人に対しては軽蔑したり，脱価値化した態度をとること，④他者を支配の対象としか見ることができず，簡単に使い捨てること，⑤他者に恐怖や痛みを与えることで得られる征服感によって自己の誇大性を強化しようとする，あるいは残虐な行為に喜びを感じるなど，彼らのもつサディズムや倒錯的傾向，⑥反社会的傾向，などをあげている。

VI　ひきこもりの文化・社会的背景

　ひきこもりケースが増加しているという指摘が正しければ，この現象は何らかの文化・社会的要因を背景とした，さまざまな精神疾患の病像の変化として捉えることができるのかもしれない。ここでは，経済的発展や終身雇用制度の相対化，「多様な生き方」の是認などを基盤として，社会全体がモラトリアム状態に対して寛容になったこと，（あるいは，そのような雰囲気の中で，モラトリアムをまったく認

めようとしないような親の極端な態度への反発としての不決断も見られる），組織への禁欲的服従よりも個々のプライベートな生活や自己愛が尊重されるようになったこと，少子化に伴う地域社会や家族形態の変容やインターネットの普及など，対人関係の希薄化により，子どもや若者のソーシャル・スキルが全体的に低下したり，自己愛的空想からの孵化・脱出に失敗しやすいこと，あるいは，自立観の変容に伴い，親との同居に対する抵抗感が減ってきたことなどを指摘しておきたい。

Ⅶ ひきこもりケース本人への治療・援助

　二次性のひきこもりに対しては，ひきこもりの背景にある原疾患への治療的アプローチが原則である。不安感や恐怖感，緊張感，強迫症状，抑うつ，意欲低下，思考抑制などが見られるような不安障害圏や気分障害圏の病像を示すケースに対しては，抗不安薬，抗うつ剤などの薬物療法が著効する場合がある。薬物療法に対して極端に否定的なイメージを抱いている本人や家族も少なくないが，筆者の印象では，一度は薬物療法を試みる価値があると感じるケースが決して少なくはない。

　次に，精神療法的アプローチについて述べる。社会的ひきこもりをきたすケースについてのわが国における先駆的な精神療法研究としては，退却神経症や対人恐怖，あるいは家庭内暴力や不登校ケースに対する多くの精神療法的アプローチの他，青年期のモラトリアム状態やスキゾイド・パーソナリティをもつケースへの精神分析的個人精神療法[2,19,24]や集団精神療法的アプローチ[4,34]をあげることができる。この他，自宅への訪問という特殊なセッティングにおける個人精神療法[58]の他，気分障害圏のケースに対する薬物療法との複合療法[14,46]，宿泊施設や当事者クラブなどの社会資源を活用したアプローチ[17,49,56]も見られる。

　一般外来や相談機関における精神（心理）療法的なアプローチとしては，本人の建設的なニードを維持しながら，徐々に活動範囲や対人関係を広げてゆくことを励まし，新たに直面した課題について実際的に話し合い，助言するといった行動療法的・支持的対応がもっとも適応範囲の広いアプローチであろうと思われる[11]。

　この他，行動療法的アプローチとしては，特に社会技能訓練（social skill training）が期待される。たとえば，中学時代の不登校以来，数年にも及ぶ閉居の状態に至っていたようなケースの中には，社会参加を進めてゆく上で必要な社会経験や社会技能が決定的に不足しており，そのことが本人の回避傾向をさらに強めている場合が少なくない。またSSTは，高機能広汎性発達障害をもつケースについても，その有効性が報告されている[13]。山梨県立精神保健福祉センターでは，2000年度から，SSTグループを活用した援助を試みている。これまで，参加者の希望

によって取り上げられたテーマは,「家業を手伝う時の電話の応対」「2～3人の雑談に自然に加わる」「幼なじみに招待されてしまった結婚式での世間話」などであった。今後は,デイケアなどの集団精神療法的アプローチや自助グループ,ボランティア・グループの活動など,本人や家族が活用しやすい多様な社会資源が増えてゆくことが期待される。

Ⅷ ひきこもりケースに対する精神分析的精神療法

　次に,精神分析的精神療法の課題について述べる。冒頭で述べたように,精神分析では,内的現象としてのひきこもりを重視する。治療と考察の主な対象はスキゾイドの病理をもつケースであり[9, 24, 26],まず,彼らとの精神療法における基本的な課題をまとめておきたい。

　第1に,彼らは自己愛的・万能的な内的世界を保護するために,社会的にも情緒的にもひきこもっており,多くのケースで,こうした「自己愛の病理」の解決が中心的な治療テーマとなる。自己愛の病理として捉えやすいのは,たとえば「よい自分と悪い自分」「最高の自分と最低の自分」,あるいは「最高の人間関係と最低な人間関係」といった不安定で未分化な自己・対象表象である。防衛的に肥大した自己愛的万能感は治療者に投影されており,治療者への幻滅や,それに伴う不満,怒り,あるいは本人自身の無力感や抑うつなどの情緒は強固に防衛されている。治療者や治療状況全体が「自分の世界の延長物」と体験されており,治療者は脱人格化されていたり,外的な対象として認識されていないこともある。したがって,脱錯覚過程における分離の感覚と,それに伴う情緒を徐々に自分自身のものとして体験できるようになること,また,それらの情緒が治療者との間で共有され,かつ治療関係が維持される体験を通して,自己・対象表象の統合を図ることが1つの中心的な治療課題となる。

　とは言え,自らの依存を認識することの困難,「知られてしまう」「取り込まれてしまう」という恐怖,「話すことで自分が空っぽになってしまう」といった空虚感,治療者に理解されることで体験される「誰にもわからないと思っていた崇高なものが陳腐なものに変えられてしまう」といった被害感や抑うつ,そして,それらを背景とした沈黙やキャンセルの連続など,乗り越えなければならない課題は多い。

　第2の側面として,嗜癖的傾向について触れておきたい。たとえば,彼らはしばしば「何年間ものブランクを,ウルトラCのような方法で一発逆転できる」といった空想に囚われており,現実との接触を回避し続けることで,一時的には自己愛的な世界を保護することに成功する。しかし,ひきこもりの長期化に伴って,彼らの

万能感がさらに肥大すると，ひきこもりからの脱出は一層困難になる。たとえば，一見したところ建設的に見えるような前向きな姿勢を示し続けるものの，実際には何も変えようとしない患者と，患者の姿勢をポジティブな変化としてのみ評価しようとしたり，万能的に振舞おうとする治療者との間で，こうした破滅的な状況についての認識が欠けている場合には，治療者は不毛なひきこもりの共謀者となり，精神療法自体が彼らのひきこもりを維持・長期化させてしまう事態さえ起こり得る。もちろん彼らは，一方では変化を望んでもいるわけだが，達成や成功を搾取する（と彼らに感じられている）支配的な対象への反発やサディズムのために，たとえば治療者や親を成功者にさせるよりも，一切の変化を拒み続けることを選択し，倒錯的・自己破壊的なひきこもりが長期化してゆくこともあり，こうした治療者－患者関係に対する治療者の敏感さが問われることになる。

　次に，いくつかの論点を示しておきたい。まず取り上げておきたいのは逆転移の問題である。彼らとの治療関係において，治療者は退屈や眠気などと同時に，強いジレンマとアンビバレンスを体験することが多く，これは特徴的な転移－逆転移関係を反映しているものと思われる。そのジレンマを一言で言えば，孤立した世界をもつことの発達的意味を重視し，ひきこもりを保証し，見守るべきなのか，あるいは，ひきこもり現象の病理性を重視し，積極的に脱出させようと介入するのかという迷いである[8,21]。

　藤山は，ひきこもりをめぐるWinnicottの研究を重視し，「環境としての母親とふたりでいること」と共存する「孤立（isolation）」が生きている感覚に裏打ちされた発達的な現象として，一方，「ふたりでいること」を侵襲的に押しつけられることで生じる「ひきこもり（withdrawal）」が主に病理的な現象として捉えられていることを指摘した上で，「ひとりでいること」と「ふたりでいること」の共存と両者の移行的な交流を発達課題とする患者との精神療法において，上記のような治療者のアンビバレンスは必然であること，そして，そのアンビバレンスにもちこたえることの治療的重要性を強調している。さらに藤山は，カウチを用いた精神分析の治療空間が，「知り過ぎない」治療姿勢を維持しやすい設定であることを指摘している[8]。こうした治療設定や治療態度については，これまでにも，同様の治療観から相田[2]，狩野[19]らによって考察されてきたものであり，ひきこもりケースへの精神療法を検討する上で，1つの重要な課題となる観点である。

　一方，近年のクライン派は，破壊的自己愛組織や病理的組織化と呼ばれる心的構造を基盤として生じているひきこもり現象を「心的退避」として概念化している。Steiner, J.は，「孤立」に発達論的意義を見出そうとするWinnicottの立場を批判し，「ウィニコットによって，彼が文化的で個人的な発達の場として見ている移行領域

に，特に価値が与えられたのである……中略……移行対象や移行空間を，そこではいかなる現実的な発達も起こらない現実からの退避領域であることを私は強調している」「退避はしばしば休憩所として役立っており，不安や苦痛に安堵を与えてくれるが，真の治療の進展が生じるのは，患者がその退避から出てくるときだけである」と述べている。また，Winnicottが治療者の機能として，あるいは精神療法の治療機序として強調する「対象の使用（use）」「治療者が患者の攻撃に生き残ること」という観点についても，「不幸なことに，攻撃を生き延びた対象の再出現は，その攻撃の事実を否認するために使われ，自責感や罪悪感の必要は何もないと患者を保証するために使われるのである」「罪悪感は直面されなければならず，それは失われたものに対して適切なものでなければならない。喪失は認識され，嘆き悲しまれなければならない。そしてそれは，患者の万能感の喪失も含んでいる」と述べ，そこには発達的な意義は見出せないと主張している[52]。

　現時点で，こうした論点について何らかの結論的な見解を示すことは筆者の力量を越える。筆者が確信しているのは，この議論が，精神分析や精神分析的精神療法に限らず，ひきこもりケースに対する精神療法的アプローチや相談活動全般に建設的な影響を与えるだけの本質を捉えているであろうということである。たとえばSSTの場面で，メンバーが「誘いを断る方法を練習したい」といったテーマを希望するだけで，私たちはようやく語られた本人のニードをそのまま取り上げるのか，回避傾向を強化するようなニードとして却下すべきかといったジレンマに陥り，たちまちその取り扱いに窮してしまうのである。

IX　ひきこもりケースに対する危機介入と精神保健・医療の課題

　このところ，社会的にひきこもった生活を送っている若者によって引き起こされたとされる事件報道が続いている。特に佐賀県のバスジャック事件は，入院中の少年による犯行であったこと，事件後，医療体制の不備を指摘する報道が続いたことなどから，私たち精神科医療・精神保健の関係者に，さまざまな課題を投げかけるものとなった。先般の事件から学ぶべき本質的な問題の1つは，たとえば不登校－教育，青年期のひきこもり－精神保健，少年非行・犯罪－司法・矯正といったシンプルな枠組みだけでは対応に迷うようなケースへの危機介入のあり方について，精神保健福祉法の他，少年法や児童福祉法に基づく介入の可能性を同時に検討することであろう。この際，精神科医療を万能視しないことが重要であるが，同時に，関係諸機関における調査・審判の過程で，精神科的な治療が可能である（treatable）と判断されたケースに対しては積極的に貢献しようとする姿勢が求められる[37]。同

時に，精神科医療・精神保健の立場からも，入院及び外来治療，往診や訪問などによって，従来以上の危機介入が可能なのかどうかを検討することが必要であろう[58]。

この他，ひきこもりケースへの援助においてもっとも強調されるべきは，「家族相談・家族療法的アプローチのノウハウを高める」という課題である[32,40,41,50,64]。「本人を連れてきたら診る」という態度だけでは，ひきこもりケースに対応することはできない。家族相談にあたっては，本人に会えないままでも，家族からの情報に基づいた精神医学的な推測診断が不可欠であり，まずは精神分裂病や広汎性発達障害の可能性を検討，または除外するというプロセスに，精神科医はこれまで以上に積極的に関与すべきである。これらが除外されたケースについても，本人を治療的アプローチに迎え入れること，つまり，「治療者・援助者が本人に会えるようになるまでのプロセス」として，あるいは青年期の自立を支える家族機能を高めるために，多くの場合，継続的な家族相談を必要とする。本稿では，単発の相談や助言指導だけでは効果はほとんど期待できないこと，家族との継続相談が不可欠であることを強調しておきたい。

X おわりに

本稿では，ひきこもりケースをめぐるさまざまな問題について，その全体像を展望した。まず，社会的ひきこもりを国際的診断分類から検討し，これまで充分に指摘されてこなかった発達障害との関連に触れた。次に，ひきこもりと関連する精神病理学的概念を歴史的に展望した。さらに，ひきこもりケースの増加に関連すると思われる文化・社会的背景と，ひきこもりの精神力動と援助・治療，特に個人精神療法的課題と反社会的行動を示すケースに対する危機介入における法的根拠，さらに家族援助の重要性について述べた。

文　献

1) Achenbach, T., Edelbrock, C. : Manual for the Child Behavior Checklist and Revised Child Behavior Profile. Burlington, Department of Psychiatry, University of Vermont, 1983.
2) 相田信男：Schizoidの治療における治療構造を媒介にした脱錯覚過程. 精神分析研究, 27 ; 75-80, 1983.
3) American Psychiatric Association（高橋三郎，大野裕，染矢俊幸訳）：DSM-Ⅳ, 精神疾患の診断・統計マニュアル. 医学書院, 1996.
4) 浅田護：ひきこもり青年を対象とする外来分析的グループ.（狩野力八郎，近藤直司編）：青年のひきこもり, 岩崎学術出版社, 2000.
5) Erikson, E.H. : Identity-Youth and Crisis. W.W.Norton, New York, 1968.（岩瀬庸理訳：アイデンティティ. 金沢文庫, 1973）
6) Fairbairn, W.R.D. : Psychoanalytic Studies of The Personality. Tavistock, London, 1952.（山口泰司訳：人格の精神分析学的研究. 文化書房博文社, 1992）

7) Freud, A.: The Ego and the Mechanism of Defense. International University Press, London, 1966.（牧田清志，黒丸正四郎監訳：自我と防衛機制：アンナ・フロイト著作集2．岩崎学術出版社，1982）
8) 藤山直樹：ひきこもりについて考える．精神分析研究，43；130-137, 1999.
9) 藤山直樹：ひきこもりの精神力動．（狩野力八郎，近藤直司編）：青年のひきこもり，岩崎学術出版社，2000.
10) Gabbard, G.: Two subtypes of narcissistic personality disorder. Bulletin of the Menninger Clinic, 53；527-532, 1989.
11) Gabbard, G.: Psychodynamics Psychiatry in Clinical Practice: DSM-Ⅳ Edition. American Psychiatric Press, Washington, DC, 1994.（舘哲朗監訳：精神力動的精神医学．岩崎学術出版社，1997）
12) Guntrip, H.: Schizoid Phenomena: Object relations and the self. Univ. Press, New York, 1968.
13) 舳松克代，遠藤淑美，福田正人，他：SSTが有効であったアスペルガー症候群の一例．精神科治療学，10；35-42, 1995.
14) 広瀬徹也：「逃避型抑うつ」について．（宮本忠雄編）躁うつ病の精神病理2，弘文堂，1977.
15) 広瀬徹也：逃避型抑うつ．（狩野力八郎，近藤直司編）青年のひきこもり，岩崎学術出版社，2000.
16) 市田勝：強迫神経症．（狩野力八郎，近藤直司編）：青年のひきこもり，岩崎学術出版社，2000.
17) 稲村博：不登校・ひきこもりＱ＆Ａ．誠信書房，1993.
18) 神尾陽子：アスペルガー症候群をめぐって．（中根晃編）自閉症，日本評論社，1999.
19) 狩野力八郎：schizoid現象と自由連想の治療構造．精神分析研究，24；26-30, 1980.
20) 狩野力八郎：序文．（狩野力八郎，近藤直司編）青年のひきこもり，岩崎学術出版社，2000.
21) 狩野力八郎：ひきこもり雑感．学術通信69，岩崎学術出版社，2000.
22) 笠原嘉：退却神経症．講談社新書，1988.
23) Kernberg, O.: Severe Personality Disorder. Yale University Press, New Haven and London, 1984.
24) 菊地孝則：通院設定での個人精神療法．（狩野力八郎，近藤直司編）青年のひきこもり，岩崎学術出版社，2000.
25) 衣笠隆幸：ヤングアダルトのひきこもり．臨床精神医学，27（11月増刊号）；147-152, 1998.
26) 衣笠隆幸：「ひきこもり」とスキゾイドパーソナリティ：スキゾイドの病理学的研究．精神分析研究，43(2)；101-107, 1999.
27) 衣笠隆幸：自己愛とひきこもり：精神保健福祉センターの相談状況．精神療法，26(6)；586-594, 2000.
28) 北西憲二：対人恐怖（森田神経質を含む）．（狩野力八郎，近藤直司編）青年のひきこもり，岩崎学術出版社，2000.
29) 近藤三男：自己愛人格障害の症候学．精神科治療学，10(11)；1223-1229, 1995.
30) 近藤直司：非精神病性ひきこもりの現在．臨床精神医学，26(9)；1159-1167, 1997.
31) 近藤直司，長谷川俊雄編著：引きこもりの理解と援助．萌文社，1999.
32) 近藤直司，吉川悟，後藤清恵，蔵本信比古，楢林理一郎：特集 「青年のひきこもり」へのアプローチを考える．家族療法研究，17(2)；85-121, 2000.
33) 栗田広，長沼洋一，福井里江：高機能広汎性発達障害をめぐって（総論）．臨床精神医学，29(5)；473-478, 2000.
34) 蔵本信比古：本人グループ援助．（狩野力八郎，近藤直司編）青年のひきこもり，岩崎学術出版社，2000.
35) Laing, R.D.: The Divided Self. Tavistock, London, 1960.（阪本健二，他訳：ひき裂かれた自己．みすず書房，1971）
36) Mahler, M.S., Pine, F., Bergman, A.: The Psychological Birth of the Human Infant. Basic Books, New York, 1975.（高橋雅士，他訳：乳幼児の心理的誕生．黎明書房，1981）

37) 益子茂：精神障害者の受診の促進に関する研究．平成11年度厚生科学研究，分担研究報告書．
38) 中村敬：対人恐怖とひきこもり．臨床精神医学，26(9)；1169-1176, 1997.
39) 中村敬，北西憲二，他：回避・引きこもりを特徴とする対人恐怖症について．臨床精神病理，16；249-259, 1995.
40) 中村伸一：家族療法の視点．金剛出版，1997．
41) 楢林理一郎：「ひきこもり」を抱える家族への援助．(狩野力八郎，近藤直司編) 青年のひきこもり，岩崎学術出版社，2000．
42) 成田善弘：強迫症の臨床研究．金剛出版，1994．
43) 小倉清：親に乱暴する子どもたち．臨床精神医学論文集（土居健郎教授還暦記念論文集），星和書店，1980．
44) 小此木啓吾：アイデンティティ論の成り立ちとその臨床的課題．精神分析研究，37(1)；15-40, 1993.
45) 小此木啓吾：ひきこもりの心理社会的背景．(狩野力八郎，近藤直司編) 青年のひきこもり，岩崎学術出版社，2000．
46) 大森健一：うつ病とひきこもり．臨床精神医学，26(9)；1179-1183, 1997.
47) Rosenfeld, H.: Impasse and Interpretation. Tavistock, London, 1987.
48) Rubin, K.H., Asendorpf, J.B.: Social Withdrawal, Inhibition, and Shyness in Childhood. Lawrence Erlbaum, Hillsdale, New Jersey, 1993.
49) 斎藤環：社会的ひきこもり．PHP新書，1998．
50) 下坂幸三，中村伸一，福山和女，岡田隆介，楢林理一郎：特集 家庭内における暴力を臨床の中でどう扱うか．家族療法研究，16(2)；61-96, 1999.
51) 塩路理恵子，久保田幹子，中村敬：神経質とひきこもり．精神療法，26(6)；549-556, 2000.
52) Steiner, J.: Psychic Retreat : Pathological organization in psychotic, neurotic, borderline patients by John Steiner. The New Library of Psychoanalysis 19, Routledge, London, 1993. (衣笠隆幸監訳：こころの退避：精神病，神経症，境界例患者の病理的組織化．岩崎学術出版社，1997)
53) 杉山登志郎：Asperger症候群．臨床精神医学，29(5)；479-486, 2000.
54) 舘哲朗：自己愛人格障害：総説．精神科治療学，10(11)；1207-1215, 1995.
55) 舘哲朗：摂食障害患者のひきこもり．(狩野力八郎，近藤直司編) 青年のひきこもり，岩崎学術出版社，2000．
56) 富田富士也：ひきこもりからの旅立ち．ハート出版，1994．
57) 辻井正次，宮本淳：自閉症スペクトラムの高機能群における社会適応とケアの問題．臨床精神医学，29(5)；495-499, 2000.
58) 塚本千秋：ひきこもりと強迫症状を呈する青年期患者への訪問治療．精神神経学雑誌，96；587-608, 1994.
59) 牛島定信，佐藤譲二：ひきこもりの精神力動．臨床精神医学，26(9)；1151-1156, 1997.
60) WHO (融道男，中根允文，小見山実監訳)：ICD-10精神および行動の障害：臨床記述と診断ガイドライン．医学書院，1993．
61) Winnicott, D.W.: The Maturational Process and the Facilitating Environment. The Hogarth Press, London, 1965. (牛島定信訳：情緒発達の精神分析理論．岩崎学術出版社，1977)
62) Winnicott, D.W.: Playing and Reality. Tavistock, London, 1971. (橋本雅雄訳：遊ぶことと現実．岩崎学術出版社，1979)
63) Winnicott, D.W.: Holding and Interpretation : Fragment of an analysis. Hogarth Press, London, 1986. (北山修監訳：ひきこもりと退行．抱えることと解釈，岩崎学術出版社，1989に所収)
64) 吉川悟：ひきこもり事例への家族療法．(狩野力八郎，近藤直司編) 青年のひきこもり，岩崎学術出版社，2000．

第2章 子どもの「ひきこもり」に悩む家族への援助

楢林理一郎

I　はじめに：家族の相談を受け容れること

　従来，精神科，心理臨床においては，疾病や悩みを持つ患者やクライエントを直接の対象とし，面接や診断，治療を行なう一対一の関係が，その臨床行為の基本であった。もちろん，その重要性は今も変わりはない。しかし一方で，不登校や家庭内暴力をはじめとする子どもたちのさまざまな問題を抱える家族が，子どもとの同席の場面や，あるいは親だけで訪れ，子どもへの接し方やその疾患あるいは問題への理解を深め，あるいは解決への指針を治療者に尋ねてくることも少なくない。

　特に，近年増加しつつある「ひきこもり」など本人が直接受診に訪れない場合には，はじめから家族のみが相談に訪れることになる。このようなケースでは，本人とは一度も会えないまま，長期にわたり家族面接のみを続けざるを得ないことも稀ではない。

　個人面接の習慣が身についた臨床家の中には，「本人が来なければ治療にならない」とか「本人をまず連れてきて下さい」などと言って家族のみの面接にあまり積極的でない場合も見られる。しかし，子どもの問題で家族が専門家のもとを訪れるのは，普通はよほど思いあまった事情があってのことであると考えた方がよい。上述のような対応を臨床家がとることによって，家族は医療や相談機関への失望とともに，その後の相談継続への意欲を失ってしまい，問題を抱えたまま家族がより孤立してしまうことになりかねないのである。

　ひきこもる若者の増加という近年の状況を見る時，患者個人のみならず家族の相談にも応えることは，いまや時代の要請とも言え，臨床家の重要な課題となってき

ていると言えよう。

　本稿では，子どもの「ひきこもり」の問題に悩む家族との面接の提要を述べてみたい。

　なお，本稿ではひきこもっている若者のことを「患者」とは呼ばずに「本人」という表現を多用する。それは，「ひきこもり」を呈している若者が，必ずしも精神病理学的な意味での疾病を持つとは限らず，その意味であからさまに「患者」と呼びがたいところがあると考えるからである。同様に，相談に乗る立場の者を「治療者」と呼ばず，とりあえず治療も含めて相談や援助について一定の知識や経験を有し，相談を受けることを職業としている者という意味で「専門家」という表現を用いることにする。この表現とて議論がないわけではないのだが，他にふさわしい用語が思い当たらないための便宜的使用と考えていただきたい[4]。

　なお，筆者は，「ひきこもり」と言う場合，精神分裂病はもとより，重症強迫神経症や対人恐怖症などの基礎的な疾患からもたらされる二次的な「ひきこもり」とは一線を画し，精神病理学的には一見大した異常は見られないものの，特有の無気力や自信のなさなどにより社会的な場面に出てゆけず，家に閉居し続ける「社会的ひきこもり」と呼ばれる青年たちを想定している[4]。この点，まだ議論の多いところであるが，ひきこもりと精神疾患の関連については，他の論文も参照されたい。

　もちろん，本稿は「ひきこもり」以外の問題を持つ子どもを抱える家族との面接においても参考になることを意識して書かれていることも付記しておきたい。

II　家族面接の目標

　本人が受診しない事例の家族と面接をする場合，面接の目標をどこに設定すればよいであろうか。

　普通は，家族のみならず，専門家も「本人を受診させること」あるいは「本人の変化（特にひきこもりの解決）」に目標を置くことが自然な発想となろう。もちろん，それを期待して家族は受診するのであるし，本人が専門家と出会ってくれさえすれば，そこから何か変化が始まるのではないかと家族が期待するのも無理はない。実際，何回かの家族面接の後に，本人が直接専門家のもとへ訪れる場合も少なくない。そこから変化が生まれる幸運なケースもないわけではないのである。しかし，そのような事例はしばしば本人自身の変化への意欲がすでに高まっており，受診自体がすでに始まった変化の一部である場合も少なくない。

　むしろ，専門家と一度は出会ったもののその後の受診が続かなかったり，本人の受診にはいたらず，家族のみの相談が延々と続くことになる場合も稀ではないので

ある。

　「本人の受診」や「本人の変化」を家族面接の直接の目標に置いた場合，このような変化のない状況が続くことによって次第に家族に失望感が生まれ，相談継続への意欲は低下し，やがては家族の来談も途絶えてしまうことになる（その時は，治療者も同時に無力感を感じていることが多いのであるが）。

　ここで留意しておく必要があるのは，家族と面接をすることは，本人が専門家に出会うための"繋ぎ"でもなければ，「本人の変化」のみを目的とするものでもないということである。もちろん，それも目的の1つには違いないにしても，そればかりではなく，むしろそれ以上に家族への援助そのものが大切な目標となるのである。

Ⅲ　面接の構造：クライエントは家族

　当然であるが，家族面接におけるクライエントは家族である。その場合大切なことは，先に述べたように家族は専門家と本人を繋ぐ単なる媒介役でもなければ，本人の代弁者でもなく，家へ帰ってから専門家の代わりに本人に何かを話しかけてもらう役でもないということである。専門家が出会うのは，あくまでも"家族自身"である。つまり家族が"問題を語る主体"なのである。そして，端的に言えば，家族面接の場面で起きているのは，専門家と家族との対話という行為のみである。

　言い換えると，子どもの「ひきこもり」という事態を「問題」と感じ，相談しようとしているのは家族であり，専門家が解決を求められているのは，家族によって「問題と感じられていること」であり，それはただちに「ひきこもり」という行動そのものとは異なることに注意しておく必要がある。

　たとえば，まだ事例化していない「ひきこもり」はおそらく多数存在するはずであるのに，その家族すべてが相談に来るわけではないのは，決して相談窓口が見つからないためだけではない。ひきこもりの青年たちは，しばしば家庭内では優しく，親思いである。たとえひきこもっていたとしても，家庭内で問題なく"普通に"生活していると，家族はつい様子をみようと考えて相談窓口へ行くことを先延ばししてしまいがちである。それを家族の消極性や「病理」と呼ぶ必要もないほどである。筆者の経験からみると，家族が相談窓口を訪れるのは，子どもが家庭内暴力を呈し始めた時や，強迫行為が激しくなり家族も巻き込まれるようになった時とか，あまりにもひきこもりが長期化した時など，家族自身が耐えられない状況が生じた時であることが多い。「困っていなければ，相談には行かない」という感覚が，当たり前のことだが，家族の行動を左右するのである。さらに言えば，何を困ったと感じるかは，家族によってさまざまなのである。決して「『ひきこもり』すなわち『問

題」」という直線的な発想であるとは限らず，家族独自の背景に根ざす独特の行動への意味づけがあると考える必要がある。子どもが家から出なくなっていることで，家族は何を困っているか，すなわち家族によって「問題」と意味づけられたことは何かを，専門家は慎重に理解することが求められるのである。

このような理解に立つ時，先に述べたように，家族面接が専門家と家族との対話の構造を持つことに再度注目しておく必要がある。つまり，専門家はひきこもっている本人に対して直接話しかけたり，行動を変えるように働きかけるわけではない。家族の話から本人の様子を想像し，病態を推測し，ある出来事を巡るコミュニケーションの連鎖を浮かび上がらせ，そこに微妙な影を落とす出来事への意味づけを探り，そのようにしながら，家族の語りの中にある「問題」にアプローチしようとしているのである。

この点は，たとえば来院した患者本人を直接診察し，症状から病理を診断し，治療的な働きかけを行なおうとする医学的治療モデルとは異なったアプローチのモデルを用いていることに注意する必要があろう。すなわち，治療的な面接と，相談つまり「コンサルテーション」との面接の構造の相違と言うこともできる。特に筆者は以前からシステム論的家族療法の基本となるシステム論的な認識に基づくコンサルテーションである「システムズ・コンサルテーション」の有用性を述べてきたが，それは，「システムズ・コンサルテーションでは，コンサルタント（専門家）は円環的な認識に立ち，問題の意味づけの再構成（リフレーム）に関わることになる。ここで扱う「問題」とは，コンサルティが問題として定義したことを指し，患者に相当する人間や家族，病気それ自体という実体は指してはいない。また，直接の問題解決の主体はコンサルティにあり，コンサルタント－コンサルティの関係は，より双方向的，同位的なものとなる」というものである[2]（図1）。

このコンサルティを「家族」と置き換えると，このシステムズ・コンサルテーションはそのまま家族療法のこととなり，同時に家族面接の構造ともなるのである。つまり，家族療法に限らず，家族面接においては，専門家が扱うのは「家族が問題と感じて専門家に語っていること（語りたいこと）」であり，それによって専門家は，治療モデルにおいて治療者が病気を治療をするような意味での直接的な問題解決行動をとることよりも，家族が主体となってその問題の解決に向けて動き出せるように「家族を援助すること」が第一義的な役割となり，責任となるのである。

Ⅳ　家族面接の目標：3つのレベル

以上の議論を踏まえ，家族面接の際に専門家が何を目標にして家族と出会うかに

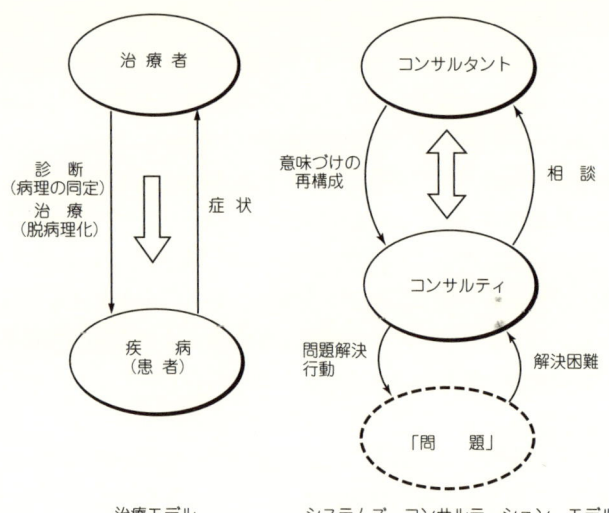

図1　治療モデルとシステムズ・コンサルテーション・モデル
（楢林他，1994[2]）より一部改変）

ついて考えてみたい。

　筆者はかつて，家族と出会うことの意味を3つのレベルに分けて考えたことがあるが[3]，以下は，その再考でもある。

1．問題解決に向けた援助のレベル（システム論的なアプローチ）：症状形成に関与する家族内相互交流パターンを扱う

　「ひきこもり」という現象の成因をどこに求めるか，単に心理的な要因を解明するだけで解決に結びつけることができるものかどうかも，まだ議論の余地が多い。筆者の見る限り，ひきこもりの成因論が単一の要因に還元されるとは考え難く，生物学的なレベルも含めて個人—家族—学校—社会のさまざまな要因と関連を持っており，単にひとつの原因を解決したからといってひきこもりが解決するというような単純な，直線的な疾病治療モデルでは解明できないような現象であろうと思われる。ひきこもりをはじめとして，多くの社会的，人間的事象というのはおよそこのような性質のものであって，単純な要素還元論的な発想では理解できないと思われるからである。

　つまり，このような問題を前にして，その解決に取り組もうとする場合，原因追

及的なアプローチの効果は極めて限定的なものに留まらざるを得なくなる。むしろ，発想を転換して，原因を問うことを一旦止め，むしろ解決に焦点を当てたアプローチの方が，解決が早いことが期待される。言い換えると，問題の成因論と解決論とは異なる次元のものと捉える発想が必要と思われるのである。

　これが，円環的な認識論に基づく「システム論的家族療法」の基本的な発想であり，これがいわば「学齢期のひきこもり」とも言える不登校の問題の解決に有効性を発揮していることは周知の通りである[5]。

　このような発想に立てば，原因はあまり追求せず，むしろひきこもり行動を巡って日常的にパターン化されている家族内の行動の連鎖に注目し，そこに小さな変化をもたらすことによって，パターンが変わり，ひきこもり行動にも変化が生じることを期待するとの発想でアプローチを考えてゆくことになる。また，原因を追求しないという姿勢は，「原因は誰か」といった「悪者探し」をしないということにつながり，自責的となりやすい家族をさらに非難するような文脈を生み出さないという利点もある。

　一方，ひきこもりが長期化することによって家族の中に無力感が広まり，問題解決への意欲も低下してしまっている状況の中では，解決への新たな工夫や変化の試みがなされることもなくなり，より一層停滞した常同的なパターンが繰り返されていることも多い。システム論的な視点から見れば，問題の慢性化，膠着化というのは，「問題に対する意味づけの多様な可能性を失い，解決に向けた行動選択の自由度の低下したシステムの状況」のことを指している[2]。そのような状況下に置かれている家族にとっては，問題の困難さばかりが目に映り，変化への可能性は見失われているように感じられる。そして，時には，現実に起き始めているかも知れない新たな変化への息吹すらも気づかれずに見過ごされてしまうことになる。このような家族の間でしばしば交わされる会話の特徴は，「なにをしてもだめだった」「やはり，何も変わらなかった」などといった不変化を確認しあい，強調する結果にしかならない悲観的な会話のパターンである。

　このような状況の家族との面接では，まず，家族のこれまでの苦労や現状をできるだけ肯定的に捉えようと心がけることが大切となる。一見問題を孕んだ，あるいは変化していないように見える行動を，より肯定的な意味づけを与え直す「肯定的意味づけ」と呼ばれる会話の構成技法や，近年盛んとなっているソリューション・フォーカスト・アプローチ（SFA）などで知られる「例外をみつける質問」[1]などの質問法によって，従来とは異なった新たな視野を開くアプローチが有用であろう。

　このような新たな会話のパターンが始まり，繰り返されることによって，家族の

中に問題解決への意欲が再び蘇り，解決へ向けた家族と本人の新たな交流が生み出されることが期待できるのである。

また，家族のジェノグラムを用いたアプローチも，家族がひきこもりをどのように意味づけているかを浮き彫りにすることを可能にしてくれる。たとえば，家族が「喪失」のテーマを抱え，本人に強く働きかけることで，本人を失ってしまうのではないかという怖れが潜んでいることが浮かび上がってくることがある。筆者の私見では，「喪失」をテーマとした「家族神話」は，ひきこもりの家族に時々見られ，家族の行動をより慎重にさせてしまう場合があるように思われる。

2．ひきこもりに付随する問題の解決のレベル

　ひきこもりの問題には，しばしば家庭内暴力や強迫行為をはじめ，さまざまな付随する問題が見られることがある。ひきこもりの問題自体はただちに解決しなくても，これらの付随する問題を解決，軽減することで家族の負担を減らし，家族の意欲の回復を図ることも，家族と面接する目標に考えられてよい。

　よく見られるのは，ひきこもり行動を早く解決しようと焦るあまり，家族が叱咤激励を繰り返し，本人を連れ出そうとしたり，人を呼んで来て会わせようと試みることなどがある。しかし，本人はより頑なとなってひきこもりを強め，最後には暴力で抵抗するというパターンである。家族の焦りが本人との緊張を高め，結果として問題の膠着化を招いてしまう。不登校の子どもに伴う家庭内暴力の問題では，しばしば見られるタイプのパターンでもある。また，強迫行為が目に余るため，それを制止，矯正しようとして注意を繰り返してしまう親と子どもの間でも見られやすいパターンであろう。注意深く会話のパターンを辿れば，子どもの暴力が発生する直前の家族との会話の中に，子どもの緊張を高めてしまう親の発話が含まれていることが意外と多いことに気づかされるものである。誤解されやすい言い方ではあるが，しばしば，子どもの暴力は親の発言に誘発されて起きてしまうのである（もっとも，たいていはそのような親の発言を誘発するような本人の言動がその前にあるからなのであるが）。

　このような場合，家族内の緊張を下げることがまず大切となる。親が子どもへの発言の仕方を少し工夫して変えること，たとえば，くどくどとうるさく言わないことや，「はやく～しなさい！」「～しないとだめじゃない！」など，命令，禁止型の発言あるいは挑発的要素を含む発言を控えることなどは，比較的容易に実行可能な工夫と言えよう。

　家族の側に余裕がない場合，このように簡単に見えることでも実際には実行が困難となる。問題行動の起きる前後の会話を詳細に辿る中から，以上のようなパターンを家

族に説明し，焦りをほぐしながら家族の理解を得ることで変化が可能となることも多い。その結果，問題行動が減ることによって，家族のゆとりも回復してゆくことになる。

3．家族への支援のレベル

子どもが長期にわたりひきこもることになった時，家族は自らがその原因となったのではないかと自責の念にかられたり，抑うつ感，将来への不安，悲観，絶望感を感じていることも多い。解決しない事態を前に，無力感や諦念を抱くことも稀ではない。親がうつ状態を呈して治療が必要となることも稀ではない。その場合，抗うつ剤への反応も思わしくなく，子どもの状態に一喜一憂する面接が続くこともある。

子どもの問題で来所していながら，面接の大半は親自身の不安を聞いているような場合も珍しくない。時には，親自身の生活歴や原家族との葛藤に話が及ぶこともある。

前にも述べたように，子どものひきこもり行動が変化してゆく過程で，親が変化への意欲や希望を保ち続けることは重要である。たとえば，子どもの問題は続いていても，親は自分の生活のリズムを保ち，元気に親自身の生活を送ってよいのであるし，それはちっとも子どもへの愛情が欠けていることではないのである。そのような意味で，親自身が楽になれるような，親を支持するための働きかけが大切となってくるのである。

最近では，ひきこもりの家族を対象とした家族教室も少しずつ増えてきている。ひきこもりに関する知識や情報の提供を通して親の自責感や不安を和らげ，また，孤立しがちな親が同様の問題を抱える親と出会い，親自身の苦悩を打ち明けたり，似たような状況をくぐり抜けてきた経験を持つ他の家族の話を聞くなど，家族自身が希望を回復してゆけるような場が生まれることが大切となる。

「ひきこもり」関連の著作や情報，地域におけるひきこもりの家族のための家族教室や家族同士のグループ，ネットワーク，フリースペースの情報などが，近年急速に増えつつある。これらの情報を家族に伝えることで，家族は自ら悩みを共有できる仲間を捜しはじめ，お互いに支え合うネットワークを形成する動きが生まれる。近年では，インターネットのホームページも活用されることが多いようである。

専門家は，その意味で地域の情報にも通じてゆくことが要請されていると言えよう。

いずれにせよ，ひきこもる子どもの問題行動の解決のみならず，家族の支持も，家族面接の大切な目標となるのである。

V　家族との面接の仕方：初回面接を中心に

実際の家族面接の場面で，どのように家族の訴えを聞き，対処してゆけばよいか，

特に初回面接はその後の事態の展開に大きな影響を与えることが多く，慎重に対応することが求められる。

以下，初回の家族面接の留意点を中心に，家族面接のすすめ方のひとつの概要を提示してみたい。もちろん，あくまでも目安として見ていただければよく，しかも，臨床の常として，状況によって臨機応変に対応しなければならないことは言うまでもない。

1．来談の趣旨，訴えの内容を明確にする：「家族は何をどのように解決したいのか」

まずはじめは主訴を明確にする。訴えの内容が，単にひきこもっているから心配で来談したのか，家庭内暴力などの付随する問題に悩んで来談したのかなど，ひきこもることに関連して家族は何を問題と感じ，専門家に相談，解決への援助を求めて来談したのかを明確にする。子どものひきこもりに悩む親とは言っても，その悩み方は家族それぞれであり，悩みの内容は千差万別と言ってもよい。中には，「ひきこもり」そのものを変化させることよりも，まずは親の言うことを少しは聞いて欲しいと訴えて来所する家族とか，あるいは，「もう少しタバコの本数を減らせないか」など，専門家の目から見ると，ひきこもりの解決とは直接関係のないような変化を求めてくるように見える場合もある。家族療法ではしばしば言われることであるが，家族は変化することを求めながら，変化しないことを求めているという側面がある。たとえば，「子どもさえ変わってくれれば」と，家族自身は変化しない範囲で，すなわち家族が不安を感じない範囲で本人が変化することを求めていたりもする。変化に対するこのような両価的な態度は，ひきこもりの事例に限らず，変化を扱う事例ではしばしば見られるものであるが，そのような事情を考慮せずに，専門家の方で性急に「本人を来談させること」や「ひきこもりを改善すること」を目標にしてしまうと，家族の気持ちとのズレが生じてしまうこともある。前にも述べたように，専門家はあくまでも「家族が問題と感じていること」を扱うのである。それは同時に，家族は訴えてきたことをどのように解決したいと望んでいるかを明らかにする過程でもある。すなわち，本人に服薬させることを望んでいるのか，そうではなく，本人の話を聞いてやって欲しいのか，「カウンセリングで治したい」のか，あるいは往診や自宅訪問を希望しているのか，家にいてもよいので身の回りぐらいは清潔にして欲しいのか，人と話すようになって欲しいのかなど，家族によってさまざまな希望のレベルを把握することが大切となる。

2．家族のこれまでの解決への努力を聞き，評価する

来談するまでに，家族がひきこもりの問題とどのように関わり，解決のためにどのような努力を重ねてきたかを詳しく聴き取ることが大切である。仮に，専門家から見て拙劣なやり方を試み，方向違いの努力を重ねてきたように見えても，決して否定的な態度をとらず，むしろ，長引く問題を前に，決してあきらめずに問題と取り組み，変化への道を探り出そうとしてきた努力をねぎらい，少しでも肯定的な面を探して評価する。家族のそのような努力の中に，家族固有の価値観や信念，それに基づく家族のひきこもりに対する理解の仕方が隠れているものであり，その価値観や信念を理解し，尊重することが大切となる。そのような過程を経ることによって，家族は自分が受けとめられていると感じることができ，その後の信頼関係の形成に向かうことが可能となる。

長引く問題を前に，家族は無力感を抱き，解決への意欲を低下させてしまいやすい。ここに述べたような話の聴き取りを通して，失われている家族の自信を再び回復させ，解決への新たな希望と意欲を抱くことができるようになることを目指すのである。

3．相談歴，紹介ルート，治療者への期待を把握する

これまでどのような相談機関や医療機関を訪れたことがあり，そこでひきこもりについてどのような説明を受け，どのような解決行動を試みたか，その結果はどうであり，それを家族はどのように理解し受けとめたかなどを充分に聴くことが大切となる。特に，これまでに長い相談遍歴がある場合，専門機関に対する期待や失望，依存や反発など，相談機関に対する態度，感情を理解しておくことは，その後の相談継続のツボを押さえる上で大切なことである。とりわけ，過去の相談において，専門家から言われて外傷体験となった発言などを把握しておくことは，家族の傷つきやすさを理解する上で大切な情報となる。

また，どこの紹介者のどのような紹介で来談したかなど，紹介ルートを把握することも大切である。その紹介者によって，あらかじめどのような説明を受けて来談したか，たとえば「あの先生は一流の先生だから必ず治る」などと言われて来談していないかなどを把握しておくと，専門家への過剰な期待や思いこみ，理想化，あるいは誤解や警戒などを把握することができ，対応の仕方にも工夫を加えることが可能となる。

4．"悪者探し"をしない

前項の延長線上のことになるが，過去の相談機関において，ひきこもりの原因や解決策についてどのような説明を受けてきたか，たとえば「親子の密着が原因であ

る」とか「父母の不仲が原因である」など，いわゆる家族原因説を教えられていないかについて尋ねておくことが大切である。そのように言われて来た家族は，たいてい自責的になっており，自信をなくしていることが多い。専門家にすがるように相談してくる家族は，自ら持っているはずの解決への力を過小評価し，自分たちは問題に対して無力であると語る。問題解決に向けられるべき本来の力もほとんど発揮されず，専門家の指示通りに動こうとすることも珍しくない。

　そのような家族に対して，「家族が原因ではない」ことを説明することは，単に家族を安心させるための方便を述べているわけではなく，原因探索（悪者探し）は問題解決には役に立たないことを家族に理解してもらうことに主眼があるのである。前にも述べたように，ひきこもりの原因は分かっていないばかりでなく，おそらく単一の原因に帰着することはないと思われるからである。むしろ，家族の自責感を軽減し，家族に再び解決への意欲を持ってもらうことがこの場合特に重要となるのである。なかなか解決の糸口が見つからず長引く問題を前にすると，関係する者の間でしばしば原因探し（悪者探し）を執拗に始めてしまうことがある。「原因が見つからないから解決しない」という因果論的発想は，問題を解決しようとする行動を鈍くさせる。「原因探し」それ自体が，しばしば問題を膠着させる悪循環を生みだすとの認識が大切となる。

5．緊急性を判断する

　ひきこもりの相談を受けた際，ひきこもりに伴う他の症状や問題を鑑別する必要がある。特に，幻覚妄想状態，家庭内暴力や精神運動興奮の有無とその程度，希死念慮や自殺企図への恐れなど，ひきこもりの背景に他の重大な精神疾患が隠れていないかどうかの鑑別と，症状や問題の重症度（重大度）と危険への切迫性を判断する必要がある。

　その結果，ただちに入院など治療的な介入が必要かどうか，保健所や医療機関などへの連絡が必要かどうか，至急に本人との接触を図るため往診や訪問をするべきか，あるいはしばらく家族の相談を続けながら対応を検討してゆくことでよいのか，などについて判断する。

　何をもって緊急性があると判断するかは，現実にはかなり困難を伴うことも多く，専門家の経験や力量によっても判断は異なってくる。たとえば，暴力が見られる場合であれば，どのような状況で誰に対して，どのような仕方で暴力を振るうか，特に暴力が人に向かうか，モノに向かうだけなのか，人に向く暴力であれば家族に向かうか他人にも向かうか，その際に刃物など危険物を持つのかどうか，自傷行為に至るのかなど，暴力行動の性状を詳細に聴き取ることが必要となる。また，それに

もまして重要なのは，暴力は通常どのようにして収まるのかという点である。家族を殴った後本人が自ら立ち去るのか，家族がその場から離れるなど放っておけば収まるのか，親戚や隣人など第三者が介入するのか，誰がどのような行動をとって止めに入ると効果的に収まるのか，もっとも止めるのが得意なのは誰かなど，暴力行動が起きるきっかけだけでなく，起きてから収まるまでの一連の行動の連鎖を詳しく聞くことが大切である。

　通常，日常的な家庭内暴力など暴力行動はその収まり方のルールを持っているものであり，その収まり方の中に，本人の病態水準のレベルや家族の関係性が浮かび上がり，また，家族の持ちこたえる力の程度が推測され，利用可能な社会的ネットワークが明らかになるなど，その後の解決への糸口が潜んでいることが多いのである。「緊急性」とは，問題の大きさばかりではなく，問題とそれを取り巻く周囲との相互関係の中で決まってくる相対的なことがらである。あえて言えば，収まり方のルールの破綻している事例ほど緊急性は高いと筆者には思われる。つまり，専門家らの第三者が介入して止めに入らなければ，問題がどんどんエスカレートしてゆくことが予想されるからである。緊急性の判断とは，言い換えれば，本人にとってというよりも，専門家側にとって，あとどれくらい時間が許されているかを判断することなのである。

6．相談継続への工夫

　以上のような家族との面接の結果，当面継続相談が必要と判断された場合，家族が引き続き来談するように動機づけを高めることが大切となる。

　せっかく意を決して相談に来たものの，相談が期待はずれに終わったり，相談から展望らしいものが得られなかったりすると，次回からの家族の来談が途絶えてしまうことにもなりかねない。

　家族はしばしば，本人が来なければ相談にも意味がないと思っていることがある。そのような場合，家族のみの相談を続けることに十分意味があることを説明する必要がある。家族自身が相談に来ることで気持ちが軽くなれば，それで充分意味があることを説明するのもよい。

　しかし家族は，本人の行動に対してどのような接し方をすればよいか，言う通りにするのか，無視するのかなどについて，一定の指針を得ようとしていることが多い。

　いくら相談に行っても，どうすればよいか何も教えてもらえず，ただ話を聞いてもらうだけでは家族もやがて期待はずれの感覚を持つことになる。あるいは，いくら相談に行ってもどこにも変化が起きないと，家族は次第に来談の意欲をなくしてゆくのも無理はないのである。

相談が継続するためには，当たり前のことではあるが，「行ってよかった」と思ってもらえることが欠かせない。はじめのうちは，話を聞いてもらえるだけでも充分納得してもらえるにしても，回数を重ねてゆくうちに事情は変わってくる。

そのような場合，少なくとも，相談に来て何らかのアドバイスや，「こんどはこうやってみよう」というアイデアなど，いわば"おみやげ"を家族に持って帰ってもらうことが，家族の来談への意欲を持続する上で大切となってくる。

また，専門家１人では，ひきこもりの解決や行動の変化を引き起こすことが困難な場合が多い。その場合，相談の他に，家族グループの紹介やフリースペースなどの地域の資源の紹介，他の専門機関の紹介なども適宜行ない，家族のニードにあったメニューを提供してゆくことになる。もっとも，これらの点は現実にはこれからの課題と言った方がよいではあろう。

Ⅵ おわりに

ひきこもりの子どもを抱える家族との面接の理論的側面と実際を述べてみた。

ひきこもりの解決に向けた取り組みは，周知のようにまだ始まったばかりである。どのような取り組みが功を奏するのかは，まだ専門家といえども知識や経験は乏しい。

紙幅の関係で触れることはできなかったが，家族ばかりでなく，ひきこもりなど長引く問題の相談を受ける専門家も，しばしば無力感や自責感，意欲の低下などを経験する。そのような専門家自身が「燃え尽き症候群」に陥らないための手だても必要である。家族面接が継続してゆくための，もう１つの重要な側面であると言えよう。

いずれにせよ，本稿がこの領域で家族への援助活動に携わる専門家の方々にとって，少しでも参考になれば幸いである。

文　献

1) Berg, I.K.: Family Based Services: A solution-focused approach. W.W. Norton, New York, 1994.（磯貝希久子監訳：家族支援ハンドブック．金剛出版，1997）
2) 楢林理一郎，三輪健一，上ノ山一寛，吉川悟，湯沢茂子：学校現場におけるシステムズ・コンサルテーションの可能性：滋賀県での「さざなみ教育相談」の経験から．家族療法研究，11(2)；99-107, 1994.
3) 楢林理一郎：「ひきこもり」を抱える家族の援助．（狩野力八郎，近藤直司編）青年のひきこもり，岩崎学術出版社，2000.
4) 楢林理一郎：ひきこもりとは．保健婦雑誌，56(2)；94-99, 2000.
5) 吉川悟：家族療法：システムズ・アプローチの〈ものの見方〉．ミネルヴァ書房，1993.

第3章
システム家族論からみた家族と精神分析からみた家族：おもに三者関係をめぐって

狩野力八郎

I　はじめに

　システム家族論と精神分析理論とは一般に言われるほど違うものではなく，むしろ一致点，それも重要な概念において共通するところがあるのではないか，ということが筆者の問題意識であり，本稿ではこの点について，特に三者関係について考察したい。
　さて，臨床において，システム家族療法と個人精神療法はおおいに重複している。臨床の実情は次のようなものである。精神分析理論にもとづいて個人精神療法を行なっている治療者は，無意識，欲動，内的葛藤，空想，対象関係，心的決定論といった概念によって患者の精神力動を理解し，自由連想法を用い，防衛，抵抗，転移の解釈を行なう。しかし，そのような治療者でも，仲間内では，当の患者の家族関係がひどく緊張をはらんだものだ，といったようなことを話したりする。一方，システム家族療法を行ない，精神分析との違いを強調している治療者でも，家族メンバーひとりひとりの個人精神力動にかかわる問題を考えない者はいないと思う。これが臨床の実情なのである。それゆえ，理論の違い，学派の違いということで，この興味深い実情を，切って捨てるわけにはゆかないと思う。
　そこで，システム家族論と精神分析的家族論という異なったレベルから抽出されている概念や表現を比較検討するならば，なんらかの共通の理解や共通言語を得られるかもしれないと考えている。

II 個人システムと家族システムの違い

　しかし，その前に次のようなことを考えておく必要がある。つまり，異なった理論モデルから得られた観察資料は異なったものであろうし，異なった用語で記述されるであろうから，安易な折衷主義はかえって理論上の混乱をまねくばかりか，治療そのものにおいても何が起きているか曖昧にしてしまい，治療の科学性，客観性を失ってしまうという危険を冒すことになるのではないか，という問題である。

　筆者[7]は，以前精神分析学会で，「治療の実践において，治療者は意図的であれ，非意図的であれ，心的現実としての家族と現実的システムとしての家族という2つの脈絡から家族を理解しているものであり，問題は個々の治療者が自分の用いている諸理論をどれだけ意識化しているかである」ということを主張した。つまり筆者の言いたかったことは，治療において治療者は，この2つの理論の違いを，常に明確に意識することが必要だということである。同じことについて，Dare, C.[4]は「個人に関する精神分析的理解と夫婦や家族に関するシステム論的理解は，システムの要素として記述される個人の内的仕組みと，上位システムであり，現在，相互に作用している対人的脈絡とを，注意深く区別することによって，統合されることができる」と述べている。このような考えの基礎を提供したのは，Miller, J.[10]の「生きているシステム論」である。つまり，より上位のシステムは，単なる下位システムの総和ではなく，それ以上のもっと複雑な機能をもつという考えである。

　そこで，家族システムと個人システムの違いとして，Dareが上げているのは次の3点である。精神分析と異なりシステム論では，まず第1に，夫婦をそれ自体1つの準拠枠ないしは1つの単位と見なすということ，つまり，夫婦が表現するものは互いのパートナーのいろいろな側面の表現と見なすということである。よく知られている夫婦の「相補性」や「対称性」という概念はこの代表的なものである。第2には，Minuchin, S.[11]が強調した，家族における力や支配をめぐるヒエラルキーを重視することである。第3は，やはりMinuchin, S.[11]が——彼だけではなく多くの家族療法が述べているが——言う「境界」の重視である。

III エディプス葛藤，三角関係，三者関係

　このような考えを前提にして，次にエディプス葛藤と三角関係について考えてみる。もちろん前者は，精神分析のもっとも重要な概念であり，後者はシステム論の概念である。Freud, S.は，人間の心的リアリティとしての家族，つまり家族のロ

マンスを明らかにした。そしてその中核的物語がエディプス葛藤である。一方 Lidz, T.[9] は，外的現実から，エディプス葛藤をとらえ直している。彼は，健全な核家族の基本条件として，父母の連合・世代境界・性別役割の明確化を上げた。つまり個体は，この基本条件がみたされることによって，自我の成長や，適切な抑圧が達成されると考えたのである。このようなFreud, S.からLidz, T.にいたる学問的展開を可能にしたのはHartmann, H.による自我心理学の確立であるが，この流れについては，小此木[4] が詳しく論述しているのでそれを参照してもらいたい。ただここで強調しておきたいのは，Lidz, T.の業績が，精神内界と家族システムという異なったレベルでおきる出来事を統合する視点を与えた最初の試みとして，今なお価値があるという点である。

さてLidz, T.の言う3つの条件が満たされない時に招来される事態が，家族システムからみると硬直した三角形（triangulation）や三角関係化（triangling）であり，精神内界からみるとエディプス空想の抑圧不全，親子の近親相姦的結合，前エディプス結合への退行である。では，両親がこれら3条件を可能にするのは何かというと，両親が各々の父母とのエディプス葛藤からどれだけ脱却しているか，にかかっていると彼は考えている。精神分析の視点からさらにつけ加えると，両親が各々喪の過程をどれほど体験し，それらをどれほど統合しているか，どれほど同一性を確立し，自立しているか，によるということである。一方，システム家族論的にみると，両親がそれぞれの実家からどれほど分化しているかという自己分化度の高さ（Bowen, M.）[2]，両親と祖父母との世代境界がどれほど明確か，ということが重要になる。

この三者関係について，Ciompi, L.[3] は，精神分析と一般システム論を積極的に統合する立場から次のように述べている。システム論的に考えると，「2つのシステム間の関係……が3つのシステム関係に拡張されるということは，組み合わせ論的に考えれば，かなりの自由度を獲得することになる，……この二者から三者間への関係性の拡張は，数学的な意味にとどまらず，ある意味では，監獄——つまり排他的な母子関係という監獄——から自由な世界への脱出とさえ言えるものなのである。第三者へと通じる扉が開かれるということは，何か『他なるもの』がとにかく存在するのだという可能性を，初めて体験するということになる。すべての他なるもの，すべての複数，すなわち可能な限りすべての他の関係，布置が，三者関係の中に『含意され』，三者関係によって初めて直感的に体験されるのである」

すなわち三者関係において，情緒的にも広がり・深さ・多様性が体験されるようになる。たとえば，三者関係において，忠誠，嫉妬，取り残される不安，ライバル意識，罪悪感あるいは3人一緒になる楽しさが体験され，同時に力関係をめぐって

家族のダンスが始まるわけである。

　このように考察を進めてくると，3つのシステム間の関係——エディプス葛藤・三角関係・三者関係——の成立が，個体の発達と家族の発達にとって特異的な力動であり構造布置だと，言ってもよいように思う。

　ここで，われわれは，三者関係がどのように発達してくるのかという，発達的視点あるいは歴史的視点に関心が向く。この点に関して，精神分析が多くの貢献をしてきたのは言うまでもない。たとえば，Freud, S.はもちろん，Lacan, J.が父親の登場を重視したこと，Mahler, M.の分離－個体化論に準拠したAbelin, L.[1]の父親の役割に関する研究，つまり父親はリビドー的な母子の共生関係から乳幼児が分離－個体化する過程を促進する機能をはたす，といった主張，最近では，エディプス期に入る前の，息子と母親，そして母親の内面にある（母親の）父親像の三者からなる移行的な三者関係というOgden, T.[13]の考えなどがあげられる。

　一方システム家族論の分野では，このような早期発達に関する文献はあまりないようである。しかし，最近，乳幼児精神医学の分野において，2人プラス1人から3人一緒への移行がどのようにおきるか，乳児はこの移行をどのように学ぶか，といったことが重要なテーマになりつつある。ローザンヌ大学のグループとその共同研究者ら[6]は，実験室設定で，健康な両親と乳児を対象に，精神内界，対人交流，世代間の領域において家族システムの三者化（triadification）がどのようにおきるか，ということを精神分析的マイクロアナリシス，いくつかの精神力動的面接，家族システム論による家族面接を各々の専門家が行ない，比較検討をしている。その結果はなお試論的なものだが，三者化は3つのレベルで常に行動しており（時間的流れからみてどのレベルの三者化が先ということはなく），個体のあるいは家族に共有された動機的目標を達成する主要な心理学的テーマであるという。父や母はそれぞれ特有な三者化のスタイル（おそらく原家族における影響であろう）をもつばかりか，赤ん坊も独自の三者化のスタイルをもっている。そしてこれらの個人的スタイルから相互関係的スタイルや家族スタイルができてくる。興味深いのは，三者の相互関係はミクロにおいても家族の習慣や儀式といったマクロな家族相互関係に類似しているようであったという。そして，これら3つのレベルでおきている三者化の間の影響についての1つの統合的考えは，三者の相互関係からみると，両親の組織化された行動としての3人一緒が，赤ん坊に現実的かつ潜在的な場を提供し，その助けで赤ん坊は三者の1人として活動し始める。これが赤ん坊の表象レベルにおける三者空間をつくる必須条件であり，その結果赤ん坊は，自分が三者のなかにいるという図式や両親の相互関係に自分が影響を与えるという図式を内的に構成でき，それが自分の行動に影響を与える，といったものである。

こうした研究はようやく始まったばかりであるが，そこで示唆されているのは，発達において，従来考えられていたように二者関係から三者関係へと発達するのか，あるいはそうではなく三者関係が基本で二者関係はその構成部分なのかという議論である。そして，さまざまな三者関係の表現について，今後もっと詳しく記述していく必要があるということも示唆されている。

　こうしてみると，思春期において，三角関係化・エディプス葛藤は各々異なったレベルで同時におきていて，各レベル間で互いに影響を与えあっている，と推測してもよいのではないかと思われる。この理解は思春期治療に多くの示唆を与えてくれるが，治療に関しては後に述べる。

IV　二者関係

　さて，三者関係にくらべ，二者関係については精神分析とシステム家族論はより密接に絡み合いながら展開している。たとえば，二重拘束，相補性といった家族論の概念と投影同一視・自他の境界・自己愛的延長という精神分析の概念との関係，夫婦の共謀関係・密約を投影同一視によって説明できるといったことである。これらのことは今日あまりによく知られているので，ここではこれ以上言及する必要はないと思う。

V　治　療

　ここまで，ながながと理論的な考察をしてきたが，次に治療的問題について考えてみる。

1．治癒機転と治療目標

　まず最初に，治癒機転や治療目標について比較してみたい。

　精神分析では，症状を過去の記憶に変換すること，拘束されたエネルギーの解放であるカタルシス，除反応，無意識の意識化，無意識的防衛パターンやそれにともなう幻想を発見し，適応的な防衛に変えるといった個人システムの構造的歪みの修正，対象関係の内在化，自由な連想の創造，といった概念があげられる。

　システム家族論では，家族システムにおけるサブシステム間の相互関係を硬直化させているものを発見し，それを解決することで，三者関係における力動的な相互関係を展開すること，が基本的な考えではないかと思う。力動的な相互関係とは，各メンバーが主体性をもち，他のメンバーとの間に明確な境界をもち，オープンで

いきいきした意見の交換が生じる，ということである。しばしばそれは意見の違い，ギャップとして現れる。そして，このような機転を促すものとしていろいろなアプローチが工夫されているが，それらを要約してみると以下のようになるかと思われる。

まず第1に，歴史的な観点から，家系図を事実としてとらえ，調査し，構成することによって，その家族にひそかに働き，多世代にわたって繰り返されているような相互関係パターンを明らかにしたり，家族神話がどのように形成されたか，家族の中の各メンバーの役割の形成などをさぐるという方法である。つまり，歴史的に家族を再構成するわけである。

第2に，今現在の家族の相互関係や構造に焦点をあてて，相互関係のパターンを把握したり，家族の中の明らかなあるいは潜在的なルール，たとえば三角関係化などを探求する。とりわけ，隠されている家族神話や中心的なテーマを発見することが重要だが，これは後に述べる予定である。

第3に，こうした相互関係に伴う情緒について，どんな情緒がどのように家族の中から排除されているのか，ということを明らかにする。とりわけ，喪の過程にまつわる情緒がどのように体験され，統合されているか，あるいは排除されているか，といったことが重要である。

さて，このようにみてくると，思春期患者とその家族に対して（多くの場合家族は混乱しているのであるが），仮に患者の精神力動を精神分析的に理解できたとしても，複雑な相互関係や態度，行動，会話のなかから，重要な相互関係パターンを抽出し，家族関係を変化させ，個人の成長を促す場をつくるためには，システム家族療法の方が，精神分析による個人療法よりは，もっと容易に目的を達成できるのではないかと思う。少なくとも，治療の初期段階においてはそうではないだろうか。

たとえば，もっともあり得る治療モデルは，患者（そして両親）を精神分析的に理解しながら，実際的な治療アプローチとしてはシステム家族療法を用いるという方法である。そして，この場合単に家族システムの変化を目標とするだけではなく，異なったレベル間の相互作用があり得るという仮説にもとづいて，個人の精神内界の変化をも治療目標の視野に入れておくべきであろう。つまり，筆者は家族システムの変化は，個人の精神内界の変化をもうながすという仮説を考慮すべきだと考えている。

そこで，次に治療技法において重要ではないかと思われる2つの事柄をあげてみる。この2つのことは，精神分析においても家族療法においても馴染み深いものだからである。1つは治療環境の設定であり，もう1つは家族神話の解決である。

2．家族のための治療空間の提供

　筆者[8]は，個人療法の経験から，家族療法においても，「家族のために，家族が新しい関係性の在り方を経験し，学び，認識できるような，holding environmentあるいは時間的に連続性のある『治療空間』を提供することが大切ではないか」と主張したことがある。これは，playfulな治療の場と言ってもよいかもしれない。Minuchin, S.[11]は，joiningという技法で，見事にこの治療空間を作っている。

　つまり，joiningとは，治療者と家族が意気投合するように治療者が能動的に働きかけることであり，しかし，家族の問題や葛藤には直接関係のないことを述べるわけである。たとえば「よくいらっしゃいましたね」とか「いい天気ですね」とか「お父さんはお仕事でお忙しいでしょう」などといったことである。つまり，これは雰囲気のよい治療の場を作るための一種の仕込みのようなものである[12]。

3．家族神話

　家族神話[5]は家族全体のある種の防衛機制として考えることができる。家族のメンバーはお互いに無意識の合意のもとに，家族を防衛するために特定の硬直した役割を担う。これは，家族がひそかに共有している暗黙のルールと言ってもよい。たとえば，喧嘩はいけない，家族は常に一体である，親密になることは束縛されることだ，などなどである。そして，このために家族は新しい状況に対して柔軟に適応できなくなる。たとえば，赤ん坊が生まれた時，子どもが自立する時，結婚する時，親が死んだ時などである。夫婦の場合，夫婦の神話はそれぞれの配偶者が原家族の中でスプリットされた自己が否認されたまま夫婦関係に持ち込まれることによって維持される。Pillari, V.[15]はこれをjoint false selfと呼んでいる。たとえば，怒りを表現することが許されない原家族で育った配偶者は，怒りが否認され自己から分裂排除される。そして夫婦関係を形成する上で，怒りを互いに表現し合わないjoint false selfを形成し，怒りに対する防衛機制が家族の相互作用やコミュニケーションを支配するようになる。そして子どもも親の防衛を守るようになり，親と共謀し，怒りを表現することがネガティブなことだと思いながら育つわけである。

　この家族神話と同義の概念が，家族療法では多く述べられている。たとえば，家族のテーマ，family script，家族のルール，夫婦の密約，共謀関係などである。家族神話に代表されるような家族システムレベルにおけるこれらの概念は，精神内界レベルにおける三者関係と，類似性をもっており，互いに影響し合っていると考えられる。

　この概念の意義は，治療者が，非常に複雑な態度，行動，相互関係を示す家族を前にした時，ともすると瑣末なことにこだわってしまうものだが，それを避けるこ

とができ，かつ混乱している家族の中に一定の秩序をもたらし，それまでの関係を修復する手掛かりを与えてくれることにある。

VI 事 例

　この事例は，三者関係が見えぬほどに大変混乱した家族で，家族から怒りが排除されているということが特徴である。
　中年の夫婦が，中学生の息子の家庭内暴力のため，筆者の知人からの紹介で，治療を希望して受診してきた。息子はおだやかで1人で本を読むことが好きな，しかし人づき合いが乏しい子であった。小学生の頃から，断続的に不登校になったため妻がカウンセリングを受けていた。しかし，その頃まで家庭は平和で，いさかいなどまったくなかった。夫の父親は社会的に成功した人物であり，家庭ではひどく権威的であった。夫は大切にされて育ちながらも，自分の父親に親しみや競争心などをまったく体験せず，ひたすら自分の父親を尊敬している人である。妻は，女だけの同胞の真ん中で，あらそいごとも経験せずのんびりと育った。妻は夫を立て従っていた。夫も家庭の中で怒るということは一度もなく仏様のようであったが，いくつかの強迫症状をもっていた。この家族には高校生の娘と大学生の娘がいる。この家庭が暗転したのは，夫が仕事のストレスから，家庭の中であたりかまわず激しい怒り発作を起こすようになってからである。
　彼は，この怒りについて，治療者に「そんなに怒ったかなー」と不思議そうに述べ，実際怒っているという感覚を経験していなかったようである。しかし，この態度は妻の怒りを誘発するものであった。たしかに彼のあまりの自覚のなさに治療者も内心腹立ちをおぼえた。この夫の不思議な怒りの発作は，息子が中学になって，今度は息子が父親（夫）に暴力を振るうようになるまで続いた。
　その少し前息子は，抑うつ感と登校困難のため自分の希望で治療を受け始めた。次女も気分不安定のため精神科にかかり始めていた。長女はすでに家を出ており，相対的に自立した生活をしていた。
　初診時，息子の暴力のため，次女と父親はそれぞれ家を出て別々に住まざるを得なくなっていた。その結果，息子の暴力は多少沈静化の方向に向かったが，時々父親のことを思い出すと，激しく怒ったり，母親をたえず自分の側におこうとしたため，母親は家事をしたり外出をするのも困難になっていた。
　いろいろな現実的事情から，筆者は治療を引き受けることに躊躇したが，妻（母親）の強い希望で治療を受け入れることにした。つまり，妻（母親）主導で治療は開始されたわけである。治療を引き受けるにあたり，筆者はいくつかの指示を与えた。第1に，息子と娘は現在の治療を継続すること，第2に夫（父親）は通院可能な場所で自分の治療を受けること，第3に，家族がばらばらに暮らすという現在この家族が取っている方法はとてもよい方法であるから，継続すること，第4に，私との治療の場は家族全員のために設定するから，誰が来てもよいこと，である。この指示について，妻（母親）は安心したと反応した。夫（父親）もおおむね同意したが，「はやく一緒に住みたい」そして「息子のためにもっと自分にできる

ことはないか」と主張した（息子と直接会うと，明らかに息子の暴力を誘発し自分が傷つくことが分かっていながらである）。治療者が，父親は大変息子のために協力していると応じたが，不満のようであった。

　しかし，その後，夫（父親）は自分の治療を受けながら，妻（母親）とともに筆者のところに規則的に通って来た。2カ月後，今度は父親抜きで息子が母親とともに受診し，こちらで治療を受けたいという。この件について，これまでの主治医と十分相談の上だという。どうやら，妻（母親）の指示のようであった。そして息子は「先生は父をコテンパンにやっつけたって母から聞いたよ」と言う。これも母親のコントロールらしいと感じたが，筆者は「そんなことはない，お父さんは仏様みたいな人で，君のためにがんばっているし治療も受けている。お父さんは怒るということを知らないんだよ」と言うと，「え？　そんなことないよ」と言いつつも，ひどく驚いたようであった。

　その後，夫婦（父母）の治療とは別に息子のために個人治療を設定した。息子の病理はけっして軽くはなく，変化は緩徐なものであったが，まず家族全体が変化し始めた。つまり，1人1人が自分の生活目標を追求し始めた。たとえば次女の大学入学成功と自立的生活の開始，趣味や仕事による母親の外出が現実的に可能になったこと，父親が自分の仕事や治療に専心し始めたことなどである。もっとも重要な変化は家族システムの中の三角関係でおきた。最初は，この家族は点と点だけで線がなくばらばらであったが，母親－娘（たち）－息子，娘（たち）－父親－母親といった三角関係が，行動の上で現れるようになった。息子の暴力はほとんどなくなり，父親を想起しても内的に怒りをおぼえるだけで，感情の爆発がおこらなくなった。彼は「僕の中にもう1人の自分がいて，爆発をおさえているんです」と述べていた。

　ここで描写したのは，長い治療経過のごく初期の段階についてであるが，この家族から怒りが排除され，それは「親密になると喧嘩になる」とでもいうような家族神話によって達成されていたことがわかる。治療者は，家族全員が交流できる空間を提供するとともに，「ばらばらに生活する」という指示（そもそもはこの家族が考えたことであるが）を与えることによって，家族神話が明確化されたのである。その結果，むしろ家族は三角関係を作ることができるようになり，息子の内的な変化をも促したと言える。そして，この治療を動かしたもっとも決定的なものは，この家族のもつ潜在的な力と知恵であったということがお解りいただけたかと思う。

Ⅶ　おわりに

　本稿で，筆者は，システム家族論と精神分析的家族論を比較し，それらの異同について論じた。その上で，家族システムと個人システムという異なったレベル間の相互関係を考える際に，三者関係が重要な鍵概念であることを示した。そして，思春期患者の治療において個人の問題を精神分析的に理解しながら，治療的には家族

システム療法によるアプローチをとるという治療モデルを提示した。その治療モデルにおいて治療空間の提供と家族神話の明確化と解決という技法が重要であることを，事例を示しながら述べた。

文　献

1) Abelin, L. : Some observations and comments on the earliest role of the father. Int.J.Psycho-Anal, 56 ; 293-302, 1975.
2) Bowen, M. : Family Therapy and Practice. Jason Aronson, New York, 1978.
3) Ciompi, L. : Affektlogik. Klett-cotta, Stuttgart,1982.（松本雅彦，井上有史，菅原圭悟訳：感情論理. 学樹書院, 1994）
4) Dare, C. : Psychoanalytic marital therapy. In Jacobson, N.S., Gurman, A.S. (eds.) Clinical Handbook of Marital Therapy, pp.13-28, The Guilford Press, New York, 1986.
5) Ferreira, A. : Family myth and homeostasis. Archive of General Psychiatry, 9 ; 457-463, 1963.
6) Fivaz-Depeursinge, E., Stern, D., Burgin, D. et al. : The dynamics of interfaces : Seven authors in search of encounters across levels of description of an event involving a mother, father, and baby. Infant Mental Health Journal, 15 ; 69-89, 1994.
7) 狩野力八郎：家族アプローチの諸様態. 精神分析研究, 32 ; 37-44, 1988.
8) 狩野力八郎，溝口健介，渋沢田鶴子：新たな家族システムの提供　その1：乳幼児をもった家族の課題とその治療.（小此木啓吾，小嶋謙四郎，渡辺久子編）乳幼児精神医学の方法論，岩崎学術出版社，1994.
9) Lidz, T. : The Family and Human Adaptation. International Universities Press, New York, 1963.（鈴木浩二訳：家族と人間の順応. 岩崎学術出版社，1968）
10) Miller, J. G. : General systems theory. In Freadman, A.M., Kaplan, H.I., Sadock, B.J. (eds.) Comprehensive Textbook of Psychiatry II, pp.75-88, Williams & Wilkins, Baltimore, 1975.
11) Minuchin, S. : Families and Family Therapy. Harvard University Press, Cambridge, 1974.（山根常男監訳：家族と家族療法. 誠信書房，1984）
12) 中村伸一：個人的コミュニケーション．1995.
13) Ogden, T.H. : The Primitive Edge of Experience. Jason Aronson, Northvale, 1989.
14) 小此木啓吾：精神分析的自我心理学と家族関係.（西園昌久編）精神科Mook2　家族精神医学，金原出版，1982.
15) Pillari, V. : Pathways to Family Myths. Brunner / Mazel, New York, 1986.

（初出「思春期青年期精神医学」第5巻第2号，1995，を一部改変）

第Ⅱ部

家族相談の実際

第1章
ひきこもりケースにおける家族状況の分類と援助方針

近藤直司

I はじめに

　本稿では，家族援助の方向性を検討する上で必要な『分類』について述べる。1つは精神科診断に基づく分類であり，もう1つは本人が受診・相談を求めようとしないことに関連している家族状況を評価し，援助方針を検討するための分類である。

II 精神科診断に基づいた分類と家族援助

　国際診断分類（ICD-10）によるケース本人の分類については，第I部第1章で述べた通りである。このうち，精神分裂病と広汎性発達障害については，できるだけ早い時期にスクリーニングされていることが望ましい。広汎性発達障害の多くは乳幼児期から学童期に気づかれることが多く，思春期・青年期に至って初めて問題になるということは稀である。しかし，たとえばアスペルガー障害などの高機能広汎性発達障害ケースの中には，変わり者扱いされ，いじめの対象にされたり，就職した後に上司・先輩から頻回に指導を受けたりした時点で，不登校や出社拒否などの不適応状態をきたし，初めて事例化することがある。
　栗田は，不適応状態に陥って精神科を受診する成人例において高機能発達障害を疑う条件として，①執着的・強迫的傾向が目立ち，特定の物事に強い関心や興味があること，②対人関係や社会性が不良で孤立的だが，自分からの一方的な関わりは存在すること，③運動の不器用さ，④精神分裂病，分裂病型（パーソナリティ）障害，分裂病質パーソナリティ障害，強迫性パーソナリティ障害，単純型分裂病との

鑑別に困難を感じるようなケース，をあげている。広汎性発達障害が疑われるケースでは，現在の症候学的な情報の他，言語，対人関係などの領域における乳幼児期からの発達歴を詳細に聴取する必要があり，情報源としては，たとえば母子手帳や幼稚園・保育園のシールノートなどを活用しながら，母親と一緒に発達を振り返ってみることが役に立つ。ひきこもりの背景に広汎性発達障害の存在が疑われるケースでは，援助者が展開の遅さに焦らないこと，衝動性の高さを思わせるようなエピソードのある場合には，性急に家族システムを変化させるような介入を控えること，受診援助の際に，適切な医療機関を選ぶことなどが重要である。

精神分裂病を背景としているケースについては，言うまでもなく，本人や家族ができるだけ納得できるような形で医療機関へつなぎ，生物学的治療へ導入することがもっとも優先される援助方針である。また，抑うつ気分や思考抑制を中心とした内因性気分障害（うつ病）についても，できるだけ早い時期にスクリーニングしておくべきであり，たとえ家族だけの相談であっても，一度は精神科医のアセスメントを活用することが望ましい。特に，精神分裂病やうつ病は，本人を精神科治療に導入することができれば，薬物療法によって症状の改善が期待できる精神疾患であり，こうしたアセスメントの的確さは，援助の質を高める上で重要な要素である。

ただし家族相談においては，激しい暴力や自殺企図などの危機的な状況がみられなければ，必ずしも初回相談でこれらの情報を集めようとする必要はない。まずは，家族の不安や焦りが和らいだり，少しでも希望を感じられるような面接，あるいは家族1人1人と良好な関係を築くことで，家族が「次にも来てみたい」と感じ，終了できるような面接であることがもっとも優先される[16]。

精神分裂病と広汎性発達障害をスクリーニングする意義について，もう1点述べておきたい。これらの障害をもった人たちの自立と社会参加にはしばしば限界があり，長期的にわたる精神科治療や，将来的には福祉的なサービスを必要とすることもあり得る。こうした事実を家族がどの時点で受容するのか，あるいは，どの時点で援助者が伝えるべきなのかについては一概には言えないが，少なくとも，「ひきこもりは，（すべて）病気ではない」「すべてのケースが，いずれは自立できる」といった非現実的な幻想を家族に与え続けることには問題がある。個々のケースについての適切なアセスメントは，こうした点においても重要である。

Ⅲ　家族への援助方針

次に，精神分裂病や中度以上の発達障害が鑑別・除外されたケースに対する家族

援助について述べたい。こうしたケースにおける筆者の基本的な考え方は以下の通りである。

①本人の「自立」を目標とする。②多くの場合，本人に対する何らかの精神療法的サービスが必要である。③これらの治療的サービスは，原則として本人が動機づけをもっている場合に限って提供されるが，しばしば本人にはその動機づけがない。④家族は問題を解決しようと努力しているが，結果的に本人との間で『悪循環』を形成しており，この『悪循環』によって本人の治療・相談への動機づけは，かえって低下していることが多い。したがって，⑤こうした『悪循環』を変化させることにより，受診・相談に対する本人の動機づけを高めることを家族相談の目的とする。⑥その際，本人に会えないままでも，何らかの枠組みに基づいてケースを分類し，援助方針を検討することが必要である。

こうした観点に基づき，本人が医療機関・相談機関に現われないケースに見られる家族状況と，その背景にある本人と家族の精神力動，およびその相互作用としての『悪循環』を3つに分類し，それぞれ介入の指針について検討したい。

1．第1の悪循環：叱咤激励する親と家族からもひきこもる本人（図1）

社会的活動からだけでなく，本人が親との関係をも拒絶しており，徹底して家族とのコミュニケーションを回避しているケースがある。こうしたケースでは，手紙や伝言を通して本人に受診・相談を呼びかけても，「わかってもらえるはずがない」「自分1人で解決しなければならない」という理由で拒否されることが多い。

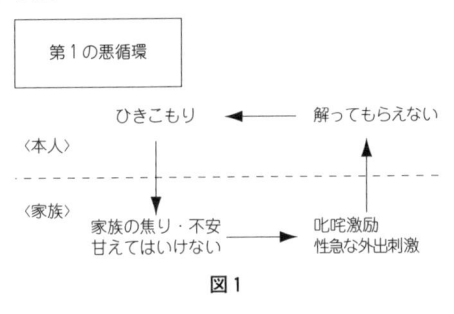

第1の悪循環

〈本人〉　ひきこもり ← 解ってもらえない

〈家族〉　家族の焦り・不安　　叱咤激励
　　　　 甘えてはいけない → 性急な外出刺激

図1

こうしたケースの家族面接で親たちは，しばしば自分の体験と子どもの体験とを混同して語ったり，子どもが体験しているであろう葛藤や不安を都合よく合理化して述べたりする。あるいは，子どものひきこもりという事態を一刻も早く解消したいという親自身のニードから，子どもの反応にはお構いなしの一方的な強行手段に頼ってきた親も少なくない。

家族は，「週に1回のアルバイト」「自動車免許を取ったら？」「ボランティアはどう？」などと，本人に行動を促しているが，本人が親の態度を「うちの親は自分自身の不安を解消したいだけだ」「自分の考えを一方的に押しつけてくる」などと見て取ると，親との関係をも回避するようになる。そして親たちは，不安と焦りを

募らせ，"子どもがどんなふうに感じているのか"を読み取るだけの余裕を失っている。そして，さらに叱咤激励を強める，といった悪循環を繰り返している。こうした悪循環がどのような経緯で生じるのであろうか。事例を示す。

【事例1】
　19歳の男性。高校卒業後，大学に進学し，アパート生活を始めたが，2カ月後には講義に出席せず，閉居に近い下宿生活を送っていることを親が知り，実家に連れ戻した。その後も同様の生活のまま1年が経過し，母親が相談に訪れた。
　さて，父親は幼児期に3年にわたって親戚に預けられ，中学卒業後には親元を離れた体験があり，"早すぎる自立"を迫られた生活歴をもつ。一方母親は，幼児期に事故死した姉の"生まれ変わり"として両親の溺愛を受け，親の過干渉からいまだに自立できないという葛藤を抱えていた。母親は，夫の酒癖の悪さと過剰な依存傾向を嫌い，結婚当初から何度も離婚を考えたが，実家に戻ることには抵抗があり，何度も子ども（本人）を連れて，あてもなく歩き回ったことがあるという。
　父親は，自立できない本人に自らの分離と早すぎる自立を迫られた体験，あるいは依存傾向を投影しており，酒が入るたびに「おまえは甘えている」と，激しく本人を罵倒していた。母親は，「ぐずぐずしている」「自立できない」という否定的な自己イメージを本人に投影し，幼稚園の頃から現在に至るまで，たとえば「滑り台の上で立ち往生するようなグズな子ども」を叱りつけてきたという。
　両親は，それぞれの生育背景のため，本人のひきこもり（ぐずぐずしている，甘えている）に過剰に反応し，叱咤激励を繰り返してきた。相談に至るまで，自立に伴う両親の喪失感や分離をめぐる葛藤は意識化されておらず，その結果，本人に対する感受性は低下し，本人の"ひきこもらざるを得ない事情"に目を向けたり，落ち着いて話し合うことはできなかった。本人は，親との関係を回避したまま，自室に閉じこもる生活を続けている。

　次に，こうした悪循環の形成に，親のもつ自己愛的な万能感と強く関連しているケースについて述べておきたい。こうしたケースの親には，"できないこと"に対する否認や，「やろうと思えばいつでもできる」といった防衛的・万能的な態度が見られることが多く，これにより，「やろうと思っても，どうしてもできない」という子どもの側の事情を汲むことが極めて困難になる。親にとっては，"できない子ども"を認めることが，重大な喪失体験となるのである。事例を示しておく。

【事例2】
　父親は，いわゆるエリートであり，息子が一流大学へ進学することを当然のことと考えていた。高校に行けなくなった当初は，「お前は必ず一流になれる」と叱咤激励していたが，まったく動き出せない本人に幻滅し，毎日のように罵倒するようになった。現在は，本人にまったく関わろうとせず，本人にとっては母親だけが話し相手になっている。

母親は夫を批判し、「この子のことは、自分だけが理解できる」と言い切っている。本人は、高校の卒業資格をもっており、専門学校への進学と税理士資格の取得を希望しているというが、母親の話を聴いていても、それが本人の希望なのか、母親の考えなのかが判然としない。また、本人に受診・相談を勧めてはどうかと提案すると、母親は「それは絶対に無理です」と言うが、それも母親自身の抵抗感なのか本人の考えなのか、やはり理解できない。
　この両親は、家族教室に1回だけ参加したが、「皆さんより、うちの子だけが重いことがわかって、落ち込んでしまった」と言って、ドロップアウトした。

　Rubin, K.H.らは、社会的ひきこもりをきたす子どものケースにみられる親の特徴として、子どもの社会的技能の低さに対する耐性が低いこと、子ども自身の体験に基づく社会的スキルの獲得を待つことができず、直接的に教え込もうとする傾向が強いことなど、過剰な操作性と巻き込まれやすさを指摘している[23]。この種の悪循環をきたしている多くのケースで、家族が叱咤激励や「直接的な教え込み」の手を休めるだけで、家族内の緊張感は緩み、本人と家族の関係が薄皮を剥ぐように改善してゆくことは、多くのケースで経験することである。
　これまで筆者は、こうしたケースの家族相談においては、まだ会ってもいない援助者・治療者にすでに向けられている「わかってもらえるはずがない」という確信を先行転移（pre-transferanse）[14]と捉え、本人の『わかってほしい』という欲求が減退していったプロセスとはどのようなものか、本人に『わかってもらえるはずがない』と感じられてきた親の態度とはどのようなものなのかといった点について家族とともに理解を深めること、そして、家族の感受性（sensitivity；本人の感じていることを読みとり応答する機能）[1]を高めることを通して、『わかってもらえるはずがない』という本人の確信、あるいは回避性を徐々に緩めてゆくプロセスが重要であることを述べてきた[10]。しかし同時に、こうした援助方針が、しばしば別の悪循環に陥る場合があることも経験してきた。たとえば、母親が本人に対して過剰に保護的に接するようになり、母親は父親の無理解を、父親は母親の過保護を互いに批判し合う。本人には母親に対する依存性や寄生性が目立ち始め、次に述べるような「第2の悪循環」に移行してゆくような展開である。
　重要なのは、家族の叱咤激励が、あくまで「親の思う通り、手の届く範囲での行動を望んでいる」ということ、いわば、"片手では子どもの背中を押しながら、反対の手は子どもの手首をしっかり握っている"という視点である。したがって、親が「握っている手を離せるかどうか」が、もう1つの重要な課題となる。筆者は、本人と母親の密着関係と両親の対立が目立つ局面では、両親それぞれの考えがともに正当であることを伝えた上で、本人に対して、「早いうちに何かを始めるように言いわたす」「しかし、それができない事情がある時には、本人自身が相談に来る

ように命じる」という選択を促したり，今後のことを考え，親からの提案のいずれかを選択する猶予期間を定め，本人にも1つの区切りとして申し渡す．また，今後のことを考える作業は本人の責任であり，親は一切の口出しを控えるなどの助言をすることが多い．というのも，こうした局面で起こっているのは，本来自立をめぐって本人が体験し，克服すべき不安や葛藤が両親に投影され，両親はそこに巻き込まれている事態であり，こうした不安や葛藤を本人が自らのものとして体験し直すことは，治療動機を高めるために，また彼らの発達においても不可欠だからである．

2．第2の悪循環：自責的な親と他罰的な本人（図2）

この悪循環においては，本人は暴力や恫喝，巻き込み型の強迫行為によって家族を支配している．不安や葛藤を体験することはできず，たとえば子どもの頃の育て方などについて，親を一方的に批判するなどの他罰的態度を示し，万能的・魔術的な解決を迫ったりする．そのやり方は，しばしば家庭内暴力の形をとることが多い．

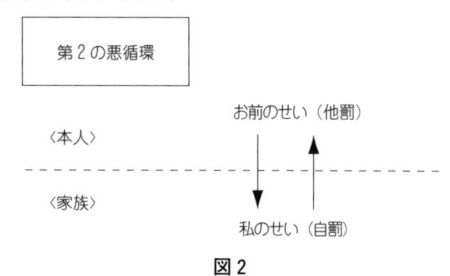

図2

一方親は，これまでの本人への関わり方に対する自責感や，子どもから逃げ出すことへの罪悪感と，密やかではあるが，「自分が子どもと家族全体を支えている」という一種の万能感を感じており，本人の一方的な暴力や支配にマゾキスティックに耐えようとしている．いわば，"召使い扱いされても，殴られても，手を離せずにいる"状況であり，適切な介入なしには何年にもわたって長期化し，本人が自ら受診・相談に訪れることはない[21]．

【事例3】

18歳，男性．中学2年生で不登校となり，閉居が続いていた．大型バイクの免許を取得したいと希望し，教習場に通い始めたが，強い視線恐怖，対人恐怖，緊張感のために中断してしまった．彼は母親に対して，「教習場に通えなかったのは，お母さんが送り迎えをしてくれなかったからだ」「5年間のブランクを，今すぐに取り戻す方法を考えろ」と迫った．そして，満足する答えが返ってこないと，壁に向かって食器や電化製品を投げつけ，母親が怪我をすることもあった．一方，本人は父親を恐れており，父親が家にいると，自室に閉じこもるか，父親の目につかないように，台所で母親をつかまえては非現実的な要求を突きつけていた．

父親にはアルコールの問題があり，初回相談の直前に，泥酔した状態で本人を怒鳴りつけ，逆上した本人が鉄パイプを持ち出して父親に殴りかかろうとするというエピソードがあった．それ以来，母親は以前にもまして本人を1人で抱え込み，夫と本人との関係を取り持つ仲介

役として神経を使うようになった。父親は泥酔していたため，その危機一髪のエピソードを記憶しておらず，母親も知らせていなかった。

　母親は1人で相談に通ってきていたが，自分の役割である家業をおろそかにはできないと感じており，月に1度の面接でさえ，たびたびキャンセルした。治療者は，夫にも相談の必要性を理解してもらい，できれば同行してもらうようにと勧めてみたが，彼女は強い戸惑いを示したため，まずは母親との面接を継続することとした。

　母親との面接過程で，彼女が本人との間で距離をとることを，「突き放す」と感じていること，そしてその背景として，結婚した直後に，妊娠に気づかないまま仕事を続け，流産したというエピソードがあり，流産した子どもに対する罪悪感や喪失感が本人に置き換えられていること，夫と本人との関係を仲介しないと家族が崩壊してしまうという不安，そして一方では自分が家族を支えているという，密かな万能感を抱いていることが理解できた。また，彼女は酒乱の父親と，夫に決して不満を言わない母親との間に育っていた。彼女は，父親への嫌悪感と同時に，暴力に脅かされながらも夫の世話役に徹し，子どもたちには我慢を強いる母親に対しても不満を感じながら育ったという。しかし一方では，「お母さんはかわいそう」と感じており，「お母さんに心配や迷惑をかけない」ために，何かを要求したり，愚痴を言ったりしたことはなかったという。

　彼女は夫から，しばしば「お前が息子を甘やかすからいけない」と指摘されていたが，本人の要求を拒んだり，仲介役をやめることはできなかった。援助者は母親に「あなたと息子さんの関係の中に，息子さんを赤ん坊にしてしまう側面がある」と伝え，父親の考えを支持した。同時に，父親の言う通り甘やかさないように対応する必要があるが，そうすると本人が逆上する可能性があり，是非とも父親の助けが必要であると伝えた。またこの時期，母親は自らの母親同一化，つまり自分と子どもとの関係が，両親の夫婦関係と同質のものであることに気づき始めており，ようやく援助者の提案を受け入れ，次の予約には夫を連れて来た。

　このセッションでは，本人の粗暴行為に対しては母親が1人で対応せず，夫に援助を求めること，あるいは夫が不在の時には家を出ること，最悪の状況では，夫の判断に基づいて警察通報することを話し合った。最後に，不測の事態に対応するために酒を控える必要があるかどうかと遠慮がちに尋ねると，父親は力強く「控えた方がよいでしょう」と答えた。2週後のセッションでは，父親の不在時に受けた暴行を契機に，母親が実家に逃げたこと，母親自身は早く家に戻りたいと言っているが，父親の指示により，まだ戻らずにいることが報告された。

　こうした局面は，本人の現実感を回復させることに役立った。本人は，当初は「お母さんのせい」を繰り返していたが，次第に「あれだけやれば仕方がない」と話すようになった。また，家に戻った後も，何かと夫に相談したり援助を求めるようになった母親について，「俺のお母さんはもういない」と言って泣き出したという。その後は，衝動行為を自分で抑制しようとする様子や，壊した物を自分で片づけたり，怯える祖母をいたわるような態度が見られるようになり，映画を観に行く，近所の飲食店に食事に行くなど，生活面にも少しずつ変化がみられるようになった。

　治療者からの勧めに応じて現われた彼は，「つらくて悲しくて仕方がない」「自分は普通に進学して就職したかったのに，もう取り返しがつかない」と訴えた。治療者が「同じ不登校や中退を体験しても，生き生きしている人もいるよね」と応じると，「それはぼくの性格のせ

いだと思います」と応え，定期的な相談に同意した。

　こうしたケースにおいては，本人から家族に向けられる暴力や支配的態度が目立ち，しばしば家庭内暴力と言える様相を呈している。親に対して子どもの暴力に無抵抗でいることや，「理解すること」「受容すること」のみを助言することは，家族の罪悪感・自責感を強化し，「悪循環」を硬直化させる危険性がある[3,17]。

　多くのケースで暴力の対象は母親であり，相談に訪れるのも母親が多い。まずは母親と，次いで，傍観者の立場をとってきた父親を相談の場に引き入れること，そして，暴力に対するより積極的な対処策を家族とともに模索することが必要である[25,26]。緊急性の高い場合には，家族が本人から距離をとるために，別居や警察への通報を勧めることもある。

　こうしたアプローチは，危機的な家族状況に介入し，家族を支えると同時に，本人の現実検討能力と衝動コントロールを回復させることに役立つことがある。また，抑うつや孤独感や無力感，依存心など，それまで否認されたり，親に投影・排除されていた情緒を自らのものとして体験できるようになると，本人自身が治療のコンテクストに入ってくることになる。

　また，犯罪に結びつくことが予測されるようなケースに遭遇した場合には，本人の年齢や状態像，入院治療による治療可能性，紹介できる医療機関の診療内容，家族状況などを多角的に評価し，警察官通報による措置診察など精神保健福祉法に基づく介入，少年法に基づく家庭裁判所への送致，あるいは一時保護などの児童福祉法による介入のうち，どれを選択するかを検討する必要がある（第Ⅴ部参照）。しかし筆者は，こうした危機的な状況の多くが，適切な家族援助によって回避できるのではないかとも考えている。

3．第3の悪循環：親子のひきこもり相互作用（図3）

　このタイプのケースでは，親のひきこもり傾向が1つの障壁となる。家族は，しばしば誰にも援助を求めようとしない。あるいは，まったくと言ってよいほど，自らの問題に向かい合うように本人に直面化することがないため，ひきこもりは長期化しやすい傾向がある。こうしたケースの親は，本人の体験を"わかりす

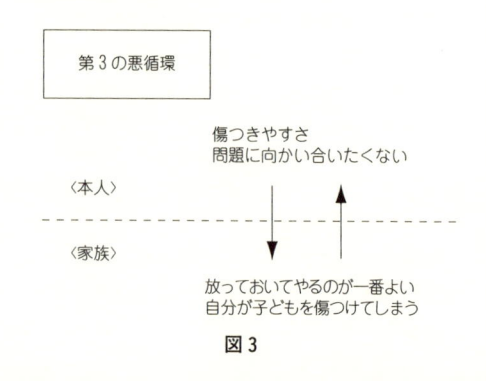

第3の悪循環

〈本人〉
傷つきやすさ
問題に向かい合いたくない

〈家族〉
放っておいてやるのが一番よい
自分が子どもを傷つけてしまう

図3

ぎてしまう"ことが多く，子どもを追い詰め，傷つけてしまうという強い不安を感じている。その結果，「自分の問題に向かい合いたくない」「これ以上傷つきたくない」「誰にも会いたくない」などと感じている本人との間で，当たらず障らずの共謀関係が成立し，ひきこもりは長期化してゆく。以下に示す事例は，父親の反応がこのタイプに特異的である。

【事例4】

30歳の長男は，高校を卒業後，単身アパート生活をしていたが退職し，そのまま再就職しようとせずに半年が経っていた。本人は，「しばらく休むけれど，生活費の心配はない」と言っていたが，母親は「放ってはおけない」と感じ，送金をしたり，何度もアパートに押し掛け，本人との関係はかえって悪化していた。

母親には，親戚宅に疎開したまま二度と親元に戻ることはなかったという体験，そして何人もの親戚を亡くすという戦争体験があった。彼女は面接の中で，「もし自分の家庭をもったら，家族の絆を大事にしよう」と結婚前から感じていたこと，また「もし援助をやめれば，長男は死んでしまうのではないか」と語り，アパートで白骨化している長男の姿を空想した。

さて，父親のライフスタイルは，休日も自宅で1人で過ごし，親しい友人もいないという社交恐怖を思わせるものであった。また，自分の生育歴・生活歴などについては，家族にさえ詳しく話したことはなかった。父親は，妻の態度について「おまえは口うるさい。とにかく放っておいてやるのがいいんだ。健康なおまえに何がわかる」と批判し，本人に関わろうとはしなかった。相談を始めた当初は，オドオドした態度が目立っていたが，最近になって「私が関わると，息子を壊してしまいそうです」と漏らした。

こうしたケースにおいては，しばしば父親自身が深刻なスキゾイド的不安を抱いている。また，"わかりすぎてしまう"という体験世界は，親自身の不安を子どもに投影していること，あるいは自他（事例4においては父親と子ども）の境界が曖昧であることを反映しており，第1・第2の悪循環以上に分離の困難な事態が生じているものと理解できる。

こうしたケースに対しては，まずは親が援助者に対して信頼感を感じられ，相談の場面を安心できる場として体験できることが重要であろう。その上で，本人に問題を直面化したり，受診・相談を勧めることを，援助者が確固たる姿勢で親に求めてゆくこと，あるいは親がどのような事態を恐れているのかを充分に聴き，そうした恐れの由来や背景を理解するための支持的・洞察的なアプローチについても検討する必要があるかもしれない。筆者は，すでに述べたような『期限つき二者択一』と，その決定を本人にすべて任せるよう家族に助言することを試みているが，このタイプの膠着状態はかなり強固であることが多く，実際には，本人との関係が比較的よい兄弟・姉妹，叔父・叔母などに注目し，キーパーソンとして加わってもらう

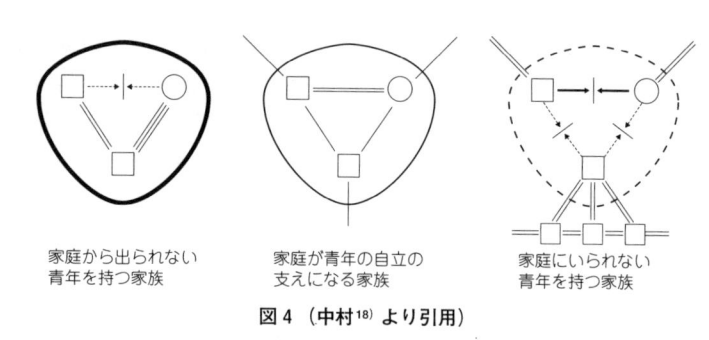

家庭から出られない　　家庭が青年の自立の　　家庭にいられない
青年を持つ家族　　　　支えになる家族　　　　青年を持つ家族

図4　(中村[18]より引用)

ことが早道な場合もある。

Ⅳ　3つのタイプに共通するもの

　以上，本人が相談・受診に現われないひきこもりケースを3つのタイプに分類し，本人の精神病理や家族との相互関係，家族背景，援助指針について述べてきた。特に，各タイプにおける援助指針については，できるだけ具体的に提案しようと試みたが，その違いよりは，むしろ共通点が明らかになったような気がする。この共通点は，本人が受診・相談を求めようとしない，動機づけをもたないことに留まらず，思春期・青年期の子どもの自立を支えるという家族の機能が不全状態に陥っていることを示しているように思われる[18,20,21]。

　本稿で示した家族の諸特性は，思春期・青年期ケースの家族研究において，これまで指摘されてきたことと重なる部分が多い。たとえば中村は，青年期の子どもを社会に送り出してゆく家族の機能を，個人と社会に介在する『橋渡しシステム』と呼び，家庭から出られない青年を持つ家族のモデルとして，両親間に慢性的で潜在的な葛藤が続いていること，これらを棚上げして治療に協力する姿勢を示すこと，しばしば母親はずっと以前から，子どもとの関係を夫婦の潜在的な満たされなさを埋め合わせるものとして形成してきたこと，そして世代間境界の稀薄さと，家族の外的境界の透過性が低いこと，その結果として，家族は『橋渡し機能不全システム』を形成していることを指摘している（図4）[18]。

　こうした家族状況は，親と本人との間で活性化している未分化な自己愛的対象関係として集約される。そこには，第1に，家族と本人との関係において活発にはたらいている投影や投影性同一化，あるいは子どもを自己の延長物と捉えるような自己愛的対象関係のため，家族の認知は主観的で感受性が低く，体験の様式としては自他の境界が曖昧であること，そしてそれだけに，家族にとっては，"親から自立

してゆく自分"，あるいは"子どもの自立を支える親としての自分"といういずれの役割においても，分離・自立といった課題が大きな不安・葛藤を引き起こすことになるという第2の観点，そして第3に，こうした対象関係にもとづく二者関係優位のプリミティブな体験様式は，母子の密着といったように，家族状況としても二者関係優位の状況となり，これが世代間境界の曖昧さとして捉えられるという観点，さらに，こうした親子関係が持続する結果，家族は青年期の発達課題に直面し，危機的な状況に陥っている子どもに必要なholding environmentを提供することに失敗しているという第4の観点などが含まれる[2,3,4,5,11,13,18,20,21,24,28]。

こうした観点からは，ひきこもりケースに対する家族援助のもっとも基本的な課題は，境界例や摂食障害をはじめ，これまで論じられてきた思春期・青年期ケースへの家族援助と同様に，やはり「世代間境界の確立」が中心的な課題となる。また，親の体験に注目してこの課題を捉え直せば，「家族の対象喪失を支えること」に他ならない。言い換えれば，本人の自立を支えるholding environmentとしての家族機能を高めることが，中心的な治療・援助テーマとなる。ただし，ここで言うholdingな機能とは，乳幼児期の子どもを「抱っこする」といった保護的・滋養的ニュアンスだけではない。青年期の子どもをもつ中年期の発達課題から見れば，むしろ，「親自身の葛藤や喪失感に耐え，被害的になって報復したり，子どもの自立を阻むために行動化しないこと」が重要であろう[5]。

そして，そのために必要な治療者・援助者の中心的な役割は，子どもの自立に伴って直面する家族の喪失感を支えること[13,18,24,28]，あるいは，『家族が家族のために，新しい関係性のあり方を経験し，学び，認識できるようなholding environmentを提供すること』である[5,6]。つまり，家族相談の場は，「そこにいると少しほっとできたり，支えられていると感じられる場」「1人では向かい合えないような，さまざまな体験を想い出したり，自分自身に向かい合うことができる場」「過去や現在，そのときどきの感情を生き生きと感じることができる場」であることが不可欠である。こうした基本的な観点が，個別相談，あるいは家族教室や親の会といった個々の援助実践に一貫して反映されてゆくことが，ひきこもりケースへの家族援助を考える上でもっとも重要な課題であろうと思われる。

V 治療・援助の進展に伴う親へのサポートについて

最後に，本人が治療・援助につながった後の家族援助についても触れておきたい。特に，本人との間で良好な治療・援助関係が築かれつつある時期，あるいは本人がひきこもりの状態から脱し，社会に向けて動き出しつつある時期は，それまで硬着

状態にあった家族システムに大きな変化が生じやすい時期でもあり，家族の思わぬ動きに遭遇することがある。そのような家族の動きは，意識的には本人を心配してはいるが，無意識的には家族自身の不安，羨望，嫉妬などの情緒，あるいは親自身の分離不安を背景とすることが多い。以下に示す事例は，母親の説得で本人が精神療法につながり，治療過程において母親の分離不安が顕在化したものと思われるケースである。

【事例5】

19歳の女性，A子。視線恐怖のため，高校2年の2学期から不登校となった。その後2年間，自宅で家事や読書，あるいはテレビや新聞を見たりして過ごしていた。

母親は自己評価が極端に低く，自己不全感や劣等感が強かった。また母親自身，思春期から現在に至るまで，対人関係においてひきこもりがちになるという悩みを抱えていた。そして母親面接では，「人付き合いが下手なこと，ぐずぐずしたところ……娘は自分にそっくりです」と何度も強調し，本人との間で，ある種の一体感を感じているように思われた。援助者が夫の来所を求めると，「夫は精神的に弱い」という理由で，頑なに拒否した。そして，「娘の問題は私1人で解決しなければいけないと思っています」と言い，夫の協力を求めようとはしなかった。母親が強硬に本人を説得したことで，ようやく本人も相談に訪れ，個人精神療法を開始した。母親は支配的・侵入的な傾向が強く，娘が精神療法で語った内容の詳細を知ろうと何度も治療者に問い合わせてきた。本人は強迫的・スキゾイド的傾向の強い人であったが，2年ほど経過した頃から，母親との関係について「お母さんは私が幸せになることに嫉妬するみたい」「私はお母さんに似ていると言われてきて，ずっと自分でもそう思ってきた。でも，私は友達も作れるし，お母さんとは似ていない」といった内容を話し始め，まもなく高校時代の友達と再会するなど，対人関係に広がりが見られるようになった。この時期，「自宅から遠い」といった理由で，母親は繰り返し娘の精神療法を中断させようとした。

この他にも筆者らは，子どもの自立的な動きに伴い，母親が抑うつ状態に陥ったり，被害感が高まり，援助者を敵視するようになったケースを数例経験しており，こうした時期には，親サブシステム（夫婦関係）の強化など，親への心理的サポートが特に重要であることを強調しておきたい[18]。家族相談と本人への個人精神療法を並行して実施しているケースにおいて，「1人になることの寂しさ」が本人と親の双方から語られたり，同じ時期に抑うつが顕在化することもあり，こうした臨床経験は，ひきこもりケースの援助・治療を検討する上で重要な示唆を含んでいるものと思われる。

文　献

1) Ainthworth, M.D.S., Blehar, M.C., Waters, E., Wall, S.: Patterns of Attachment: A psychological study of strange situation. Lawrence Erlbaum Associates, Hillsdale, New Jersey, 1978.

2) Bowlby, J. : Attachment and Loss : Vol.2. Separation : Anxiety and Anger. Hogarth Press, London, 1973.（黒田実郎, 岡田洋子, 吉田恒子訳：母子関係の理論Ⅱ：分離不安. 岩崎学術出版社, 1977）
3) 本城秀次：登校拒否に伴う家庭内暴力の治療. 精神科治療学, 4(6); 699-707, 1989.
4) 狩野力八郎：システム家族論からみた家族と精神分析からみた家族：おもに三者関係をめぐって. 思春期青年期精神医学, 5(2); 175-182, 1995.
5) 狩野力八郎：動機と創造：境界例の家族療法について. 家族療法研究, 14(3); 179-184, 1997.
6) 狩野力八郎：対象関係論と家族療法. 家族療法研究, 16(2); 126-130, 1999.
7) 狩野力八郎, 近藤直司編：青年のひきこもり. 岩崎学術出版社, 2000.
8) Kernberg, O. : Severe Personality Disorder. Yale University Press, New Haven and London, 1984.
9) 近藤直司：非精神病性ひきこもりの現在. 臨床精神医学, 26; 1159-1167, 1997.
10) 近藤直司：引きこもりケースの心理教育.（後藤雅博編）家族教室のすすめ方, 金剛出版, 1998.
11) 近藤直司：非分裂病性引きこもりケースに対する精神保健サービス：コミュニケーション能力と受診動機についての一考察. 精神分析研究, 43; 121-129, 1999.
12) 近藤直司, 長谷川俊雄編著：引きこもりの理解と援助. 萌文社, 1999.
13) 近藤直司：本人が受診しないひきこもりケースの家族状況と援助方針について. 家族療法研究, 17(2); 122-130, 2000.
14) Langs, R. : The Technique of Psychoanalytic Psychotherapy. Jason Aronson, New York, 1973.
15) 益子茂：精神障害者の受診の促進に関する研究. 平成11年度厚生科学研究（障害者保健福祉総合研究事業）分担報告書, 1999.
16) 中村伸一：家族療法における面接. 精神科治療学, 5(8); 1015-1021, 1990.
17) 中村伸一：家庭内暴力. シリーズ精神科症例集6, 中山書店, 1994.
18) 中村伸一：家族療法の視点. 金剛出版, 1997.
19) 楢林理一郎：「ひきこもり」とは. 保健婦雑誌, 56(2); 94-99, 2000.
20) 成田善弘：境界確立の努力としての「家庭内暴力」. 思春期青年期精神医学, 5(2); 183-190, 1995.
21) 小倉清：親に乱暴する子どもたち. 臨床精神医学論文集（土居健郎教授還暦記念論文集）, pp.241-233, 星和書店, 1980.
22) 小倉清：治療的な接近を模索して. 思春期青年期精神医学, 3(1); 2-9, 1993.
23) Rubin, K.H., Asendorpf, J.B. : Social Withdrawal in Childhood. Lawrence Erlbaum, Hillsdale, New Jersey, 1993.
24) Shapiro, E.R. : The holding environment and family therapy with acting out adolescents. Int.J.Psycho-Anal.Psychother., 9; 209-226, 1982.
25) 下坂幸三：受診しない摂食障碍者の家族援助による治療. 思春期青年期精神医学, 3(1); 10-21, 1993.
26) 下坂幸三：「家庭内暴力」に対する応急の対応について. 家族療法研究, 16(2); 63-67, 1999.
27) 辻井正次, 宮本淳：自閉症スペクトラムの高機能群における社会適応とケアの問題. 臨床精神医学, 29(5); 495-499, 2000.
28) Zinner, J. et al. : Projective identification as a mode of perception and behavior in families of adolescents. Int.J.Psycho-Anal., 53; 523-530, 1972.

第2章
家族療法から見たひきこもりの家族内で起きていること：葛藤回避のベルをどのように無効化するか

吉川 悟

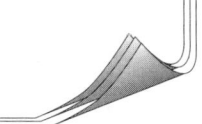

I それぞれの家族にとって困惑と感じるもの

　家族，特に両親が子どもの心理的・行動的問題に対応しようとすることは，至極当然の行為である。子どもの誕生以来繰り返されている両親の何気ない解決努力は，従来家族に備わっている機能として家族社会学などでは考えられてきた[5,8]。そこでは，両親それぞれの原家族で自らが体験した解決努力の志向性が基本的な考え方として採用され，両親間でその志向性を融合させることが多いとされている。しかし，現実の家族の取る解決努力の志向性は，このような社会学的な知見とは異なり，「より有効な方法」や「社会的な妥当性の裏づけ」「家族の生活基盤に準じる」「公的な情報」などに左右される傾向がある。特にこの傾向が促進したのは，社会的な情勢が激変しているからだと考えられる。たとえば，「子どものテレビゲームは何歳からが妥当か」「携帯電話の所持・利用の基準は何か」「カラオケをストレス発散の方法として認めるべきか」など，20年前であればこのような判断を求められることはなかった。しかし，現在の日本の社会的状況においては，これらを無視したところに子どもの成長を援助することは考えられなくなっている。

【事例1】世代間のギャップ
　22歳になるA君は，中卒以来のひきこもりである。幼い頃から高齢の両親（75,61）は，遊び相手になってやれないためにパソコンゲームを与えていた。両親は，一歩も外出せず，パソコンばかりをやっているA君の将来を心配し，いろいろと話をしたそうであるが，話がよくわからず，相談にきた。パソコンのことはいろいろ聞いたと言うが，何のことかわから

ず、困り果てていた。治療者も、いろいろと試行錯誤の末、メールによるやりとりからわかったことは、以下の通りであった。A君は、中学時代にゲームに飽き、本格的なパソコン通信を始めた。ひきこもりはじめて以来、「パソコンオタク」も顔負けというほどで、ハッキングやソフトの改造さえ、いとも簡単にやってしまえるようになっていた。家から一歩も出ないままであったが、パソコンを通じての知り合いは数知れず、仲介オークションまで開いてアルバイト代わりにしていたのである。そんなA君も、このままパソコンとにらめっこして世捨て人のような生活が続かないことを理解しており、両親の言うように将来に対しての心配は強くもっていた。

　一方、子どもにとって社会活動の中に自らを位置づけること、いわば社会的存在としての日常の社会活動を行なうことも、それほど容易なことではなくなっている。就学時の段階から、個々の子どもの学習能力に差が見られ、その差異を学校教育の中だけで埋めることが困難であるのは周知の事実である。にもかかわらず、子どもが社会人として期待される能力レベルは、社会活動の複雑さとの相乗効果としてより高度な要請をされている。たとえば、ホワイトカラーの世界では、昔であれば「キーパンチャー」という専門技能に基づく職業が成立していたが、現在ではパソコンが打てることが当然のこととなっている。一般の会社での経理業務のために不可欠とされていた経理や算盤の能力より、パソコンでデータを打ち込む早さやその解析としての貸借対照表の読解能力が要請されている。「手に職をつける」とされていた職人の世界でも、機械・技術の発展から専門的な職業人を必要としなくなっている。また、稀にそのような職業が残っていたとしても、技術獲得のための徒弟制ではなく社員としての人権が守られる一方で、日常的に見られた子どもたちの社会化へのサポート機能は崩壊している。表面上の社会活動が激変していることは感じなくとも、子どもたちにとって社会活動を行なうための前提条件は、徐々に高いレベル設定となっているのである。

【事例2】社会化のための高い壁

　19歳のB君は、高校中退後、やりたかった大工の道を目指したそうである。3カ月の「9時－5時修行」で疲れ果て、仕事を辞めて帰宅して以来3年以上、深夜にコンビニに行く以外はひきこもっていた。両親は幾度となくB君と話をして、彼が今も大工になりたいと思っていることを確認した。しかし、B君はガンとして就職に関する活動を拒否し続けた。困り果てた両親が来談し、B君との話し方を変えてもらったところ、意外な話が出てきた。修行中に親方から繰り返し言われた「暗算ができないなら仕事にならん」という言葉が耳にこびりついており、それ以外にも「設計図を読めること・原材料の種類を覚えること・建築に関わる社会的儀式の対応をすること」など、大工になるためにはこれらの社会常識がないといけないと思い込んでいたことである。驚いた両親は、修業先に問い合わせた。すると、親方

からの言葉は、「いずれ覚えろ、とは言ったが、うちで仕事をするなら、その技能があるに越したことはない」との返事であった。両親は、B君に「大工はそんなことを常に必要としているのではない」と言い続けたが、出来上がってしまったB君の「大工」のイメージはなかなか変わらず、心配ばかりを繰り返していた。

このような両親の困惑や子どもの社会化の困難などが、ひきこもりという新たな不適応を生んだと関連づけるのは早計であり、本論の趣旨ではない。しかし、ひきこもりに類似する子どもの問題が生じるのは、特定の家族だからではなく、現在のどの家族にも起こり得ることであり、前述のような家族の負っている負荷を理解することが不可欠な視点であると思われる。それは、家族にとって子どもの「困りごと」に対応することが、社会的にもそうそう簡単なことではない上、子どもにとっても社会活動の中に自らを位置づけることが過去より困難になっているからである。その上で家族を眺め直していただきたいからである。

Ⅱ 家族療法から見た「家族で起こっていること」

まずお断りしておきたいのは、以下に述べる視点はひきこもりの家族だけに対する特殊な視点ではない部分を含んでいるということである。問題や状況の差こそあれ、子どもの心理的・行動的問題に関して家族の中で起こっている出来事を理解するには、基本的に「家族を単位として見る視点」が不可欠である。この家族療法の基本的な視点である「家族を単位として見る視点」とは、家族を見る場合に陥りがちな誤解・困惑を払拭するために必要な視点である[9]。

家族に対する家族療法の視点は、従来の精神医学や心理学的知見とは異なり、個人という単位を超えた凝縮された特殊な「集団を理解するための視点」である。これまでは、個人に「性格」が存在すると心理学では考えられてきた。しかし、家族は個々の性格を持った個人の総和として理解できるものではない。むしろ、家族の中での日常的な相互作用による役割行動が、個人の「性格」に反映していると考える。そうした「作られた性格」がこれまで「ひきこもり家族の特徴」として語られてきた。たとえば近藤は、「ひきこもり家族文化と家族特性」として、個々人の特徴の共通性を述べながら、それが家族の特徴として反映する関連性について述べている[2]。7項目にわたる家族特性の記述についての妥当性はあるが、家族という集団を家族療法的な視点で見る場合と大きく異なっており、両親か患者個人を理解するためには有効であっても、家族援助という文脈でこの特徴は利用できない。斎藤も、「ひきこもりシステム」の中で、本人－家族－社会という三層の乖離について述べている[6]。それぞれのシステム間で、他からの介入を受け入れないことをその

特徴として述べているが，それではコミュニケーションの欠如という結論となりかねない。他にも家族特性について言及している著名な論文もあるが，総じて概論的にその説明は個々に適切であるが，臨床における家族を援助する中では，「だれが悪かったのか」という視点を作りかねない。

　家族療法では，家族内の相互作用そのものを変化の対象として扱い，個々の病理や逸脱行為を変化の対象として扱わない。したがって，患者さんの逸脱行為も，家族や両親などの不適切と思われるような対応も，個々には評価の対象として扱わない。むしろ，それらの逸脱行為や対応がどのようなつながりの中で行使されているのか，コミュニケーション行為の連続性そのものを理解することから始めるのである。そして，その連続性を維持している状況やその文脈を変化の対象として扱うのである。

　たとえば，ひきこもっている子どもがイライラして，母親の働きかけに対して揚げ足取りをすることがあるとする。母親も我慢はしていながらも，ある程度以上続くと子どもを叱責することになる。すると，子どもはその叱責に対して親の配慮不足によってひきこもることになったと両親を責める。母親は躊躇し，沈黙して子どもからの叱責を受け続ける。母親が子どもの叱責に耐えきれなくなる直前に，子どもは捨て台詞を吐いて部屋に戻る。母親は1人で耐えかねて，帰宅した父親にそのあらましを話す。父親は，子どもの母親への対応が不当であると叱責しようとする。母親は，父親が子どもを叱責しようとする意図を読みとって，父親に叱責を留めるように依頼する。父親が母親の説得を了解し，有効な関わりについて相談をする。両親で有効な対応が見つからず，無力感を強くする。父親が子どもと顔を合わせた際に，思わず強い口調で子どもの行動を問題として取り上げる。子どもが父親に腹を立てるが，無言のまま部屋に戻る。子どもがイライラして，……（図1参照）。

　このようなコミュニケーション相互作用の循環は，個々の内容にわずかな違いこそあれ，この循環を繰り返すこととなっている。これが家族療法による家族の特徴の理解の仕方である。子どもや両親のコミュニケーションについて「なぜそのようなコミュニケーションをするか」について最小限の考慮はするものの，いわゆる心理的な分析を行なうことはしない。むしろ，一連のコミュニケーションのつながりを構成している状況や文脈を理解しようとするのである。

　このような視点でひきこもりの家族の中で起こっているコミュニケーション相互作用の特徴を考えた場合，その家族に成立している一定のルールは，本人に社会活動の必要性を迫ったり，子どもの日常行動の変容のための説得をしたり，行動変容のために子どもに強く働きかけようとしたり，両親間で働きかけのコンセンサス作りをしたりなどをしながらも，ある程度になるとそれらの行動を中断するという動

```
┌→ 子どもは，イライラして母親に当たる ←─────┐
│   母親は，我慢をして応対する      ←────┐│
│   子どもは，イライラが続く         ││
│   母親は，子どもを叱責         ││
│   子どもは，親の配慮不足を指摘     ││
│   母親は，躊躇して沈黙する       ││
│   子どもは，叱責をくり返す       ││
│   子どもは捨て台詞を吐いて部屋に戻る ─┘│
│   母親は1人で耐えかねて，帰宅した父親にそのあらましを話す │
│   父親は，子どもの母親への対応が不当であると叱責しようとする │
│   母親は，父親が子どもを叱責しようとする意図を読みとって，父親に叱責を留めるように依頼する │
│   父親が母親の説得を了解し，有効な関わりについて相談をする │
│   両親で有効な対応が見つからず，無力感を強くする │
└── 父親が子どもと顔を合わせた際に，思わず強い口調で子どもの行動を問題として取り上げる
```

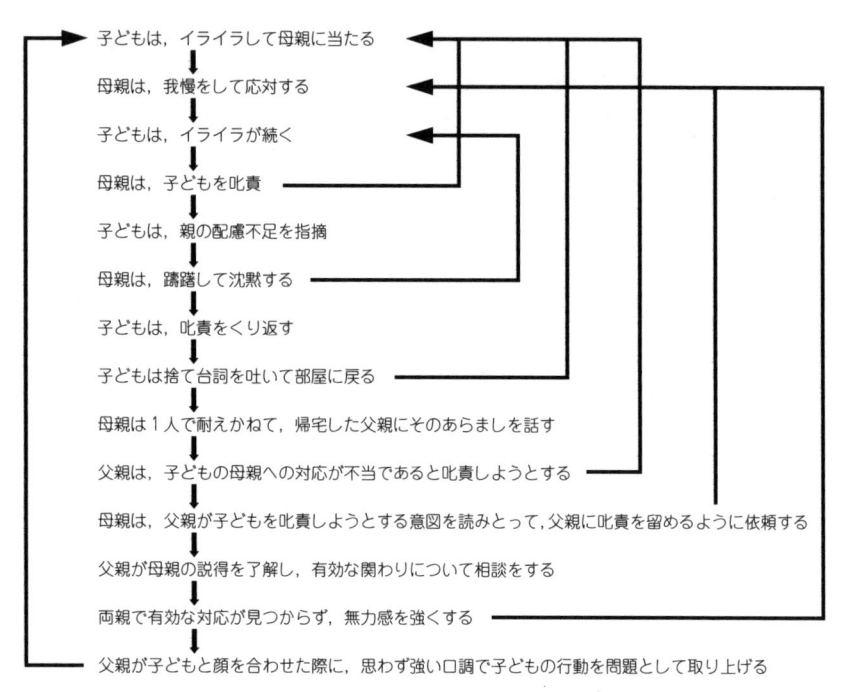

図1　家族のパターン

きが必ず見られる。さまざまに働きかけた中で，稀に有効な反応があり，それによって本人が活動を始めようとする場合がある。その場合でも，過剰に心配したり，必要以上に配慮したりすることで，結果的にその動きを抑制する結果となっている。これらの家族の特徴をあえて日常的な特徴として記述するならば，葛藤回避的コミュニケーションが必ず生まれているということである。第三者的視点からすれば，「ひとがんばりすればいいのに……」と見えてしまうほど変化が起こりそうになりながら，結果的にその変化に結びつかないのである。ただ，誤解のないようにしたいのだが，これらの葛藤回避的コミュニケーションは，家族が意識的に行なっているのではなく，さまざまな経過や要因から生じた単なる家族の特徴に過ぎないのである。

【事例3】葛藤回避の渦

　相談に来ていたC君の家族は，深刻な顔つきで呟いた。「家族で家を出ることにしたのですが，自殺したりしませんよね」と。約10年にもなるC君のひきこもりに，両親は一大決心をしたのだと話されていた。そして，家族は家を出て，C君1人の生活が始まったのだが，様

子は少しずつ変わっていった。最初は，内緒で電力測定器の回転からC君の生死を確認していたが，そのうち電話をかけるようになり，1カ月もすると，買い物を届けるようになり，家の掃除をしに帰るという状況になっていった。最初の決心をした両親の話では「心配でこちらの身がもたなくなって，電話をしてしまった。電話で話をしているうちに，かわいそうになって食料を届けるうちに，出入りするようになってしまった」とのこと。治療者が「C君のためと，始めたのでは……」と問いかけると，「べつに悪いことをしたり，暴力をふるうこともない。冷静になれば，あの子もかわいそうだとわかったのです」と，悪びれずに答えが返ってきた。しかし，その半年後，家族は再び「C君のため」と絶縁宣言をし，その2カ月後には，仲よく夕食をとるようになっていた。

Ⅲ 家族療法から見た家族援助の基礎的考え方

ひきこもりが，「家族の甘やかし」「家族内の見えない葛藤の反映」「幼児期の不適切な対応」などと理解されたり，「わがまま」「甘え」「贅沢病」などと批判的な目を向けられたりする。こうした一面的な理解ではなく，「家族」を正統に理解した上で援助が始まるべきであろう。ひきこもりの家族との相談にあたっては，これまでの一般的な臨床と異なる「家族支援・援助」の指標が不可欠となる。以下に示したような家族療法による方法が唯一無二のものであるとは言い難いが，ひきこもりに類似する非病理圏の相談の多くに利用できる指標である。その基本となる視点は，「家族が問題を維持している」のではなく，「家族が有効な解決を探し模索している」と考えることである。家族内での対応の是非についての議論は，問題が生じるからこそなされるものである。なぜならば，問題のない家族の中には，それ以上の不適切な対応が見られる場合も少なくなく，それでも子どもたちは社会性を維持しているからである。

1．継続相談を成立させる配慮

ひきこもりの家族は，本人への対応に疲れ果て，家族の側の無力感も手伝って，疲弊している。直接・間接の援助的な関わりや，強制や懇願を含む説得，方法論の不在から生じる静観，暴力や脅しへの事前対策としてのへつらいなど，個々の事例によって置かれている状態に差こそあれ，概ね同じような状態が持続し，疲れ果てている。その家族が相談に来るということは，家族が外部に手をさしのべてくれることを期待していることである。そこですべきことは，来談した家族の「援助を求めたい」という動機づけを維持することである。基本的な考え方は，「家族の感じているひきこもりに対する無力感をコンプリメント（complement）すること」である[11]。

これまでの精神保健に関連する援助の仕組みから見れば，家族が主体的な相談者になる場合の対応が十分に出来上がっていない。精神分裂病や慢性身体疾患などに対する支援・介入体制は，精神保健センターや保健所などで作られている。しかし，その支援・介入体制をそのまま利用することは，ひきこもりの事例には不適切な場合も多い。むしろ，ひきこもりの相談としての家族支援体制が必要であるが，その基本となる考え方は，「家族を精神的な面で支えること」となる。これまでのような家族の相談であれば，初回から家族の対応の是非を議論し，問題点や家族の非を指摘することも見られるが，ひきこもりの相談では絶対的に避けなければならない。それは，多くの場合表面上は「ひきこもっている子どものこと」が相談内容であるが，実質的には「子どもがひきこもっており，家族がその対応で無気力になってしまった」という主訴の相談であって，あえて困っている人が誰かと言うならば，「家族」だからである。

2．「できていること」を見つけること

こうした配慮とともに，初期段階から家族をエンパワーメント (empowerment) するように心がけたい。当たり前のことなのだが，家族はひきこもりの子どもの日常生活が破綻しないように支え続けてきている。これこそが「家族のできていること」である。その是非はともかく，日常生活を支えるためには，経済的な負荷，精神的な配慮，身の回りの世話など，表現は不適切であるが「子どもがひきこもれる環境を提供している」のである。これが家族の二次的な心理的負荷となっていることも少なくない。したがって，日常を支え続けていることは積極的に肯定すべきであり，その内容や方法よりも，「解決」のために取り組んできたという意識を肯定すべきである。家族は，その結果が現れていないが故に，解決のための関わり方そのものが問題を膠着させているのではないかという疑惑を強く持っている。これに対応するためには，「子どものことを心配しない親はいない」との前提で，その効果の是非については別の次元で考えるべきである[11]。

3．目標設定について

ひきこもりの年齢層を考えた場合，ほとんどが就労可能年齢である。したがって，家族の要望についても，「働くこと」が目標設定とされやすい。しかし，ひきこもりの問題の主となるのは，「社会からひきこもっていること」であって，不就労が主訴ではない。患者にとって困っていることは，就労ではなく，社会的適応の可否に関する不安である。治療者は，両親の述べる「子どもの将来に関する不安」を解消するためには，就労がもっとも適切な目標であると思い込みやすい。しかし，そ

の就労までに子どもの側から見た社会適応のための不安をどのように解消するかということを無視することはできない。したがって，安易に「働くこと」が目的となるような治療契約ではなく，社会との接点を構成し，その中での子どもの不安を解消できるようにすることが目的となるべきである。

4．家族の新たなコンセンサスを作る

家族が相互作用によってある一定のルール設定が成立しているとすれば，その一部分的行動の是非について扱うのではなく，その設定されたルールを更新する可能性のあるコンセンサスを両親間で設定することが重要となる。家族療法の立場から述べるならば，その断片的な変化を目標としても，家族の中ではその変化を拒否し，元のコミュニケーション相互作用を維持しようとする傾向がある。Jackson, D.D.は，このような家族の特徴を「家族ホメオスタシス（family homeostasis）」と呼んでいる。これは，治療者からの有効な介入であっても，その介入は，家族の安定を脅かすものとして受け取られ，家族の設定したルールに基づくコミュニケーション相互作用を維持しようとするのである。

そこで，直接的に家族ホメオスタシスに対抗するような介入を設定するのではなく，家族の焦燥感を肯定し，子どもに対応するための両親間のコンセンサスを作ることが重要なのである[12]。このコンセンサスを作ることができれば，家族が設定したコミュニケーション相互作用のそれぞれの部分に対しての検討が同時進行的に行なわれることとなり，複数の部分に対する同時進行的な変化を導入することができるのである。家族療法では，このような介入の視点を「家族のコミュニケーション相互作用の文脈を変えること」として位置づけている。

5．葛藤回避を回避すること

極端な表現であるが，ひきこもりの家族の設定しているルールには，一定の閾値を維持するという傾向がさまざまに働くようになっている。極論するならば，「二者関係の高まった緊張を，第三者が介入することで，緊張を回避する」という目的のため，さまざまなルールが設定されているのである。これは，家族が患者と直面化しさえすればよいということではない。また，緊張緩和や葛藤回避そのものを阻止すべきであるということでもない。むしろ，必要な場面でさえ，このルールが遵守されるため，せっかくの変化を無効化してしまうルールとなりかねないのである。

家族療法では，このようなコミュニケーション相互作用を維持するためのルール設定を維持するための動きを「ベルが鳴る」と表現している[4]。家族のルールが維

持できなくなるほどの閾値に近づくと，危険を知らせる「ベルが鳴る」という意味からこの言葉を用いている。このベルが鳴らなくなること，ベルが鳴ってもそれに呼応した家族のルールが機能しないようにすること，そのベルの鳴らし役を治療者が一時的に預かることなどが，具体的な対応である。

6．責任追及・家族内葛藤という神話

ひきこもりの家族の中で扱われやすい話題として，責任の話題がある。現実には「適切な子どもの養育」が決定的なものでない以上，親子間には少なからずさまざまな葛藤の種は存在している。ひきこもりの子どもと両親の葛藤は，それぞれの受け止め方に大きな差がある。語られる内容が事実であるか否かに治療者が囚われてしまいかねない。個人療法であれば，子どもの内面にある両親イメージを治療対象として扱うことになるかもしれないが，子どもの挑発的とも思えるほどの陰性感情に目が向いてしまうことも少なくない。家族関係の観察に慣れていない臨床家にとっては，「家族関係の病理」として問題を表面的に理解しまう要因となっている。

日本の文化的背景から考えれば，「子どもの問題は親の責任」であり，結果「親の作り上げた家族の問題である」といった短絡的発想に棄却させる傾向が強い。一方，どの家族でも，対立やけんかと称するに値するトラブルは，日常的な出来事である。家族療法の立場から考えれば，親子間の葛藤は「真実であるかどうか」を考慮するべきことではなく，パターンを変えるための「話題」である[10]。むしろ，親子という密接な心的相互作用が見られる関係においては，第三者から「家族内葛藤」として見えるコミュニケーション相互作用も，人間間の葛藤そのものではない。むしろ，親子という特殊なコミュニケーションを基本とした相互作用であり，いわゆる「甘え」による親密さの確認と考えることや，「かわいさあまって，憎さ百倍」の諺のように，心理的には言葉上のその意味と異なるローカルな意味を持つことがほとんどである。

7．社会化過程での過剰適応による悪循環

ひきこもり状態から社会参加につながる決断や契機となる場合，ひきこもっていた本人と援助に関与する関係者との間に大きな意識の差があることを留意すべきであろう。その差とは，ひきこもりから社会化を急ぐ時は，その社会における適応基準が一般的な社会的物差しと大きく異なっており，過剰適応となりかねない[7]。これまで援助・支援を続けてきた多くの人にとって，ひきこもりから社会に出ていこうとする行動がどのようなものであれ，「最低限のことができればよい」と考える。しかし，彼らにとっての「最低限」は，それほど容易なハードルではないだけでな

く，彼らの対他意識から見ても相当高いレベルの適応を「最低限」としていることである。

家族は，このような彼らの「最低限」としている過剰適応の実状は理解できず，多くの援助者も適切な抑制がかけられないままとなる。その結果，彼らの社会化のためのせっかくの努力は，再度の挫折体験となる可能性が高く，よほど適切な抑制をかけない限り，「自分はやはり社会とは相容れないのだ」という不要な合理化を生むことになりかねない。

この段階で適切な抑制のための対応を行なうためには，それまでに家族が本人とのコミュニケーション相互作用を適切に行なえるようにしておくことが不可欠である。いわば，彼らが社会化のための行動をする中での報告に応じて，個々に適切な抑制をかけることができるまで，コミュニケーション相互関係が変化していることが必要だと思われる。

IV 閾値を維持するためのベルと，そのベルの止め方

さて，このような家族との相談を行なう場合，援助者がもっとも留意しておかなければならないのは，「家族の相互作用を維持するルールができていること」「そのルールを維持するために家族内の緊張を一定の閾値に留めるルールがあること」「これらのルールをできるだけ負担のない形で変更できるように働きかけること」が重要となる。ひきこもりの家族は，相対的に緊張の閾値設定が明確にされている。たとえば，新たな働きかけを治療者が示唆した場合，それが有効であることを知的には理解できたとしても，情緒的に「そんなことをして大丈夫か」「本人に何か悪い影響を与えるのではないか」など，変化のための対応を無効化してしまう傾向がある。

これをもっとも顕著に示すのは，家族内の相互作用が起こっている場面においても，そこでのやりとりが日々わずかにエスカレートすることはあっても，急激な変化は起こらない。父親が子どもに働きかけを行なったとしても，そこでの会話が突然喧嘩になることは少ないし，仮に日常的に喧嘩になっていたとしても，その喧嘩が極端にエスカレートすることはあまりない。仮に一時的にエスカレートしたとしても，翌日には普通の日常的なやりとりが可能となり，何事もなかったかのように元のルール通りの関わりが繰り返されることになる。ここでは危機管理のためのベルの機能を持つコミュニケーションが存在しているのである。

ある事例をもとにこの現象を細かく見てみたい。まず二者関係でのベルについて考える。これまでたまにしか話をしなかった父親と子どもが外出を巡って相談をし

たとする。2人の会話は，互いに緊張感が高まらないように互いの出方を伺っている。その中で，父親が「いい加減にしろ！」と怒鳴り始めたとしても，子どもは「ごめん。でも，いいかげんな約束して裏切りたくないんだ」とベルを鳴らすように切り返せば，父親は子どもが自分の気持ちに正直になっているのだとして，それ以上怒りの気持ちをぶつけることにはならない。逆に，子どもが「ぐちゃぐちゃうるさい」と怒鳴ったとしても，父親は「言い過ぎたかもしれんけど，心配で仕方がないから，どうしてもぐちゃぐちゃうるさく言ってしまうことになっているんだ」とベルを鳴らすように切り返し，子どもも父親が心配してくれているならと，それ以上父親の発言を拒否しない。こうして互いに相手が一定の緊張の閾値を超えないようにベルを鳴らし続け，「話し合いができた」という満足で終わってしまうことになる。

　三者間で考えても同様である。この2人のやりとりを母親が聞いていたとする。父親と子どものそれぞれが互いの出方に留意していながらも，思わず父親が「いい加減にしろ！」と言い，子どもが「うるさいんじゃ」と切り返し，場の緊張が一気に上がったとする。しかし，そこに母親が突然入ってきて，父親に「この子だってどうしていいかわからないのよ，それはお父さんだってわかっているって言っていたじゃないの」と父親の緊張を下げ，子どもに「お父さんは心配だから言っているのが，あなたならわかるでしょう」と子どもが落ち着けるように関わろうとする。この母親の発言によって，父親と子どもは，落ち着きを取り戻して冷静に話を続けるか，母親が「今日はこのへんにしておこう」とその場の設定自体を変更することで，緊張緩和のためのベルを鳴らすことになる。

　もっと極端な場合には，両親と子どもで話をしていても，そこに他の家族が入ることでベルを鳴らす場合もある。前述の場面で母親も興奮して子どもに「あなたは何を言っているの！」と怒鳴れば，そこに兄弟や祖父母の誰かが「隣近所に聞こえたら恥ずかしいから，静かに話をしたらどうなの」と緊急のベルを鳴らして3人を落ち着けるようにする。他にも「明日の朝早いから，6時に起こして」と，その場と関わりのない話を突然投げかけるという荒技も少なからず見受けられる。

　このような家族の相互作用を結果的に一定の緊張に留める動きは，家族の関わり方が変わらないように機能することになる。これらのベルを鳴らすコミュニケーションは，緊張緩和を目的とはしているものの，悪意によるものではない。また，それぞれに意識されているものではなく，家族の中で繰り返されてきた自然な行為である。したがって，このベルを鳴らさないようにするための働きかけは，この状況を説明して理解を求めるのではなく，むしろ積極的にこの相互作用そのものに働きかけたり，ベルを鳴らすに値する「心配・配慮・気遣い」などを事前に抑制できる

ように家族の動きを予測してベルが鳴らないようにすることが必要である。

前述の父親が子どもに話すという場面では，「子どもがある程度まで自分のことに直面しているのがわかっても，そこで鬼になったつもりでもう少しだけ突っ込んで話してみて下さい。すると，子どもはしんどいから多少その場の緊張が上がるような発言をするかもしれませんが，それに輪をかけて『真剣に考えるのは辛いのはわかるが，どうするか考えろ』みたいな突っ込みを1つだけ入れて下さい。あくまでも突っ込みすぎないように，1つだけ入れるのがミソです」と，治療者がその場で起こることを予測しながら，彼らのベルを鳴らせないようにすることを目的とした関わりを要請することが重要である。母親の介入も決まったタイミングで起こるので，同様に場面設定をして，「そこでお母さんとしては涙を飲んで黙って下さい」と依頼し，「お母さんが黙っているところで，お父さんがもう一頑張りして下さい。あくまでも少しだけですから，ご両親共に今までの我慢をほんの少しだけ超えてもらって，超え過ぎることは避けて下さい」と。

ここでミソになるのは，「少し超える」ことによってベルを1つずつ壊していくことである。緊張緩和のルールは，一気に壊すと危機を感じることとなりかねない。そこで必ず抑制をかけることを忘れてはならない。前述の「1つだけ突っ込みを入れる」という場合の「1つ」も同様で，「一気に突っ込むこと」は家族の危険信号にまともにひっかかるので，指示自体を受け入れてくれなくなるが，「ほんの少しだけ」というニュアンスであれば，その有効性を理解しているため，治療者の意向に準じた行為をしてくれること，いわばわずかずつの変化へのはじまりとなる。

V ひきこもりの治療・援助・支援から見えて来るもの

ひきこもりの特徴を考えた場合，本人なしでの相談という家族療法的なアプローチの治療構造がもっとも有効な手だての1つとなり得ることは明白である。家族療法によるひきこもりの報告例はまだ少ないが，治療・援助の実践が試みられているもっとも多い領域でもある。

ひきこもりに限らず，これまでの社会的な治療・援助の文化は，専門家にとってもっとも都合のよい構造の中での方法論がもてはやされ，治療者に都合のよい立場を「社会的当然の行為」として成立している。ひきこもりの相談は，これまでの精神医療・臨床心理学的援助・ケースワークなどの領域における「常識」では，もはや対応できないことを露呈する格好の材料となっている。

欧米の個人主義的な視点だけであれば，援助を求めることの責任は，個人責任として本人が援助に関わるサービスを要求し，そのサービスを受ければよい。しかし，

ひきこもりが現在の段階では日本に特有の問題としてクローズアップされていることから類推すれば，家族の中での個人の困窮をその家族が適切に支援・援助できないことが問題として相談の場に登場し始めていると考えられる。いわば，病理学的な意味での問題の主体者だけが相談を要請するのではなく，その周辺の関係者，特に家族が求めているサービスという新たな視点が必要なのではないだろうか。

　個人のライフヒストリーにおいて，もっとも家族の存在がそこに色濃く表れるのは，やはりその個人の突発的な精神・身体に関わらない不適応の場面である。家族の側の立場としてのライフヒストリーでは，この種の支援・援助は「できて当然，できなければならないこと」としての不文律があるかのようである。しかし，ITなどの言葉に象徴されている現代社会の文化的背景の変動は，革命的である。その革命のさなかを個人が荒波を乗り越えるべきであるという視点よりも，やはり荒波を乗り越えるために船団を組んだ方が有効なことは言うまでもない。

　ただ，誤解していただきたくないのは，本論は「現代家族への期待」よりも，「治療・援助に関わる側の意識革命」を期待したものであることである。ひきこもりの家族に対する治療・援助の方法論の中に，これからの精神保健に関わる大きな流れの転換を感じるのは，家族療法の世界にいるからかもしれないのだが……

文　献

1) 加来洋一，吉川悟：ひきこもりの続いた一症例に対する家族療法を振り返って．家族療法研究，12 (2); 143-151, 1995.
2) 近藤直司：ひきこもりケースの家族特性とひきこもり文化．(狩野力八郎，近藤直司編) 青年のひきこもり：心理社会的背景・病理・治療援助，pp.39 46, 岩崎学術出版社，2000.
3) 近藤直司：プライベートコミュニケーション．2000.
4) 近藤直司，後藤清恵，吉川悟，蔵本信比古，楢林理一郎：座談会「青年のひきこもり」へのアプローチを考える．家族療法研究，17(2); 103-121, 2000.
5) 森岡清美：現代家族変動論．ミネルヴァ書房，1991.
6) 斎藤環：社会的ひきこもり：終わらない思春期．PHP新書，1999.
7) 阪幸江，吉川悟：ひきこもりに対するシステムズアプローチ：長期化した不登校の後，社会的ひきこもりとなっていた症例．思春期青年期精神医学，10(2); 186, 2000.
8) 清水新二編：家族問題：危機と存続．ミネルヴァ書房，2000.
9) 吉川悟：家族療法：システムズアプローチの〈ものの見方〉．ミネルヴァ書房，1993.
10) 吉川悟：ひきこもり事例への家族療法：家族のコミュニケーションをどう変えることが有効か．(狩野力八郎，近藤直司編) 青年のひきこもり：心理社会的背景・病理・治療援助，pp.161-171, 岩崎学術出版社，2000.
11) 吉川悟：ひきこもりへの家族療法的アプローチ．家族療法研究，17(2); 95-99, 2000.
12) 吉川悟：ひきこもりと家族療法：患者を対象としない家族援助のあり方について．現代のエスプリ，403; 137-144, 2001.

第3章
スキゾイド病理をもつ家族への援助

狩野力八郎

I　はじめに

　ひきこもり問題にアプローチする治療者や援助者が，最初に直面するのはこの問題の持つ複雑さであろう。精神医学モデル，家族モデル，社会モデルを念頭に置きながら個人－家族－地域社会へのアプローチを考えなければならないし，自分1人で自己完結的に援助はできないので，他職種－他施設アプローチを念頭に置かなければならない。その際に，スキゾイド病理が，家族関係や地域との関係，治療援助関係において，どのように現れるのか，そしてそれらにどのようにアプローチするのかという問題は，ひきこもり問題のもっとも中核的なものだというのが筆者の考えである。スキゾイド病理は，その性質からむしろスキゾイドジレンマと言った方がしっくりくるかもしれない。ひとことで言えば，それは「人を求めながら，人と親密になること自体が相手を破壊してしまう恐怖をひきおこすために相手からひきこもらざるを得ない」というジレンマである。

　近藤は本書において，ひきこもりの家族を3つに類型化しているが，第3の型，親子のひきこもり相互作用が，この問題と直接関わってくる。家族は互いに「あたらずさわらず」の関係で，表面的には何事も起こっていないかのように見えながら，実は家族メンバーそれぞれが疑惑と不信に支配されていて，もっぱら自分の役割遂行に忠実であり，情緒交流が乏しい家族である。しかし，家族相互作用におけるこのようなスキゾイドジレンマは，なにか特殊なタイプの家族だけでなく，むしろ，ひきこもっている家族メンバーをもつ家族にひろく認められるような基本的問題である。そして，それは家族にとどまらず現代社会に特徴的な社会的性格にもなって

いる。

　筆者は本稿で，まず援助関係あるいは治療関係におけるスキゾイド病理の特徴を述べ，ついでスキゾイド病理と家族社会の価値観との関係について述べる。最後に，治療的アプローチについていくつかの考えを述べたいと思う。

II　スキゾイド病理の特徴

　われわれは，日常の対人関係において絶えず欲求不満や対象喪失に伴う苦痛な情緒を経験している。ほぼ健康な場合，そうした欲求不満や苦痛な情緒を自分の心の中で味わい咀嚼し，時には苦痛な情緒をもっと建設的な力へと変換することさえできる。人と接する時，われわれはこうした自身の能力と相手の身になるというやり方によって，相手の気持ちを理解することができる。こうした能力が共感能力であり「常識」である。しかし，こうした「常識」を基盤とした他者理解ができるのは，相手にもまた「常識」が備わっている場合に限られる。人格においてスキゾイド病理が優勢な人とのコミュニケーションや，コミュニケーションがスキゾイドジレンマで覆われている場合には，この「常識」や「共感」といった通常のやり方だけでは，相手の内的世界もコミュニケーションも理解できないのである。その場合，なんらかの「理論モデル」を援用することによってそれらを理解する必要が起きてくる。以下に述べるスキゾイド病理の特徴は，スキゾイド病理を理解するために役立つと思われるような先行研究から抽出したものである[6]。

　さて，スキゾイド病理が優勢な人格では，基本的には欲求不満耐性が乏しいために，欲求不満や苦痛な情緒を心に留め置くことができず，衝動的に外部に排出してしまう[1]。それがあからさまな形で現れることも稀にはあるが，通常は非常に複雑な形をとることが多い。こうした，スキゾイド病理の特徴を，特に人と人の相互関係の脈絡に即して以下に述べてみたい。

1．深い情緒関係を避ける

　彼らは，人との愛情関係を求めているにもかかわらず，人との深い情緒関係に入ることを避けてひきこもってしまう。なぜかと言うと，彼らは，人の誠実さについて深刻な疑いをもっているからである。人と親密な関係をもつということは必ずそこで欲求不満を経験することを意味する。彼らには，欲求不満に際して起きる攻撃性を自分の内面に留め置く耐性がないために，それを相手に投影してしまい，相手が自分を攻撃するという被害的不安を感じ，初めからそうした親密な関係を避けるのである。こうした力動は瞬時に起きるため，主観的には自分の愛情が破壊的にな

ってしまうと体験される[3]。

2．唐突な情緒表現のパターン

　深い関係を避けながらも，しばしば，相手がとまどうような唐突な形で情緒が表現される。たとえば，治療関係において，理由も分からずに患者から唐突に「怒り」が表出されることがある。治療者は「なぜ患者がそんなに怒るのか分からない」と考え，時には「自分の態度が不適切だったのか」と根拠なしに自分を責めることすらある。後に治療者が，よくよく考えてみると，実はごく些細な意見の違いや気持ちのズレがあったということに気づくことがある。つまり，彼らはそうした「違い」「ズレ」を深刻な分離・分化と体験するわけであるが，重要なことは，本人にとってはそうした心の動きは無意識的だということである。

3．自分を失う不安，呑み込まれる不安

　人と親密になるということは，部分的であれ自分の一部が相手に取り込まれることになるが，この事態を彼らは主観的には「相手に自分が全面的に支配され自分を失ってしまう」「相手に自分のすべてを食べられる，呑み込まれてしまう」と体験する。こうした恐怖のため，相手と情緒的に距離を置こうとする。したがって治療状況は，出会いの最初から強い緊張と不安をはらんだものにならざるを得ない。すなわち患者は，治療を求めて治療関係をもつわけだが，同時にそれは自分が治療者に呑み込まれ，支配され，自分を失ってしまう恐怖を伴う結果，治療関係は非常に複雑な様相を呈することになる。

4．寄生的依存関係と傲慢さ

　以上のように，彼らは人と深い情緒関係をもつことを避けるが，同時に彼らは孤独に耐えることができない。孤独に耐える能力の発達は，分化した自己と他者との安定した対象関係が内在化されることによって初めて可能になる。つまり，この状況は，他者との関係をもちながら孤立した内的世界をもつという，すぐれて逆説的な関係によって成立している[9]。スキゾイド病理をもつ人格の場合，こうした孤独に耐える能力が欠けているために，自分で自分を維持したり守ったりすることができず，したがって環境からの強い持続的な保護を必要とする。しかし，他者との安定した情緒関係をもてない。このような深刻な状況を解決するために彼らがとる手段は，人や物への寄生的な依存である。たとえば，食べ物への依存，薬への依存という形をとるが，人に対しても，彼らは相手の人格を無視し，傲慢で，まるで人を物のように扱うことによってはじめて，依存関係をもてるのである。われわれは，

スキゾイド病理をもつ人の表面的な内向的態度の背後にこうした傲慢さを発見することができる。こうした態度によって，他者と自分とは分化した存在だという事実が否認されてしまうのである。つまり，人にも物にも嗜癖的だと言ってもよい。

5．全能感と貪欲さ

彼らは自分について全能感が非常に強く，たとえばあらゆることを知り尽くしていると感じているために，新しい体験から何も学ぶことができないのである。相手に対しても自己中心的で支配的，かつ貪欲である。それは，食べても食べてもなお満足できないような，そして食べることが相手を破壊するような，ある意味では絶望的な貪欲さである。

6．変化への抵抗

変化は，寄生的依存関係の放棄，自己と他者との分化，相手の人格を認めること，全能感の減少を意味するので，彼らは変化することに強烈に抵抗する。そもそも，前述したように，自分はすべてを知り尽くしていて経験から学ぶものはないという病的な機制そのものが，変化に対する抵抗の源泉になっている。

この抵抗は，偽の自立，偽の自己，かのような人格という言い方で表現されている。つまり，見かけ上相手の言うことに同意するとか，相手に同一化したように振舞うことによって，相手の言うことの本来の意味を無効にしてしまうような態度である。この機制をBion, W.は「展望の逆転（reversible perspective）」と述べている[2]。したがって，治療や援助が何らかの変化を期待する限り，治療者にとって，この傾向を見抜き，本当の変化と偽の変化との区別を認識することは，もっとも重要な治療作業の1つなのである。

7．スキゾイドジレンマ

以上まとめると，スキゾイド病理が優勢な人は，人との愛着を強烈に求めながら，親密になったり愛情を向けたりすると，たちどころにそれは相手を破壊する不安か，あるいは相手に呑み込まれ，支配され，破壊されるという恐怖をもつ，そのため相手との関係からひきこもる，しかしなお人への強い愛着から再び関わろうとする。こうして人との関係に出たり入ったりすることを繰り返すのがスキゾイドのジレンマである。Guntrip, H.はそれをイン・アンド・アウト・プログラム（in and out program）と呼んでいる[5]。そして，この関係は愛情がたちどころに悪意や憎しみに変化したり，人を物のように扱うという意味で，サディズムとマゾキズムが融合した倒錯的関係であることを忘れてはならない。

ひきこもりを示す人は，過去はどうあれその時点では概しておとなしく内気に見える。しかし，そうした表面的に現れている現象の根底にあるこの病理性を認識しなければ，「ひきこもり」という心理社会現象についてのわれわれの理解は，「普通の子が急に切れて暴力を振るった，人を傷つけた」といった類のマスコミ調理解にとどまってしまうであろう。少なくとも専門家としての治療者や援助者は，表面的現象だけでなく，潜在しているこうした病理を発見する努力が必要だと筆者は考えている。

Ⅲ　スキゾイド病理と家族社会

1．モラトリアム人間の社会とスキゾイド心性

　小此木は，現代の社会的性格であるモラトリアム人間とは，前項で述べたスキゾイド病理の心理構造が，国家，社会，組織，家族といった局面で社会化したものであると述べている[8]。つまり，モラトリアム人間の心理で言うと，現代人は，組織，集団への帰属感が希薄であるということや，帰属することを回避しようとさえする傾向があることがあげられる。そして，現代社会もその中の組織も，このような傾向を容認しているのである。その背景には，第1には深く関わって自分が傷ついたり，犠牲になったりすることへの恐れがある。第2に，組織や集団は，個人を搾取し傷つける存在だという暗黙の不信感，疑惑がある。これらは，まさにスキゾイド的ありかたである。

　しかし，それだけでは，人は孤独であり孤立的である。そうした孤独を恐れる結果，現代社会に横行しているのは安易な同調主義である。そしてこの同調主義集団は，現実に根ざしていない思いこみ的な考えや価値観を共有することによって，容易につるみ，仲良しクラブをつくる。その結果は深刻な状況である。多少でも異を唱える人が簡単に排除され傷つけられてしまっても，誰もなんとも感じないのである。つまり，同調主義集団に共有されている価値観の内実は，きわめて権威主義的で破壊的なのだということが分かる。しばしば若者のひきこもりの引き金になる「いじめ」はこうした安易な同調主義とスキゾイド心性を土壌として生まれているように思われる。

2．価値観の形成と価値観の病理[7]

　価値観は個人の内的構造としては，超自我・自我理想としてとらえられるが，同時に社会的なものでもある。価値観は，個人が家族という集団の中で，親との同一

化を通して，個人としての同一性を形成するとともに内在化されるものである。個人が成熟し，新しい集団に入っていくと価値観はさらに変化する。個人は新しい集団に所属するたびに，価値観をめぐって，以前の集団における古い価値観と新しい集団における新しい価値観との葛藤を経験しながら，自己を適応的に修正しなくてはならない。つまり価値観の変化は，集団の中での自己と他者との関係，集団への同一化，集団の中での役割と密接に関連しているのである。

このように，価値観の形成過程における葛藤という視点から家族を見ると，その家族が社会システムとして開かれたものであるか，それとも閉じられたものであるかということが重要になる。開かれた家族の場合，個人は社会と協調できるし，閉鎖的な家族の場合，個人は新しい集団を恐ろしい有害なものとして経験する。この意味で，家族と地域社会がそれぞれオープンなシステムとして有機的に関連しているかどうかが決定的な問題である。しかし，現代社会においては，スキゾイド的なありかたが支配的になっていて，個人と家族，家族と社会の関係は希薄になっている。つまり家族はコミュニティを失っているのである。この根無し草的状況においてはもっぱら，現実的な葛藤に根ざしていない「すべての価値観から自由であるのはよいことだ」「価値の多様化が大切だ」という価値観が共有されている。

しかし，こうした葛藤を伴う価値観形成過程を回避した結果として出来上がった「価値観」は，いかにも脆く危険でさえある。前述したように，それは同調主義を補完するような「思いこみ」「神話」でしかない。このことの危険性を初めて主張したのはFromm, E.である[4]。現代の人間は，伝統的な権威から解放された結果，その自由の重荷すなわち孤独に耐えかねて，むしろ世論とか正論という曖昧な権威に束縛され，そうしたものからの期待に外れることをひどく恐れるのである。つまり，権威から自由になった結果，権威主義，破壊性，機械的画一性に走ってしまうのである。現在，個人にも家族にも社会にも広く共有されている，「思いこみ的価値観」「神話的価値観」は，そうした破壊的－画一的－権威主義の質を持っているがゆえに危険なのである。「ひきこもり」という心理社会的現象は，こうした現状に対するSOSなのかもしれない。それでもなお，高度経済成長を達成し，物も情報も豊かであるがゆえに，「これでよいと考え変化を求めていない」大人が多いのではないだろうか。

Ⅳ 治療援助についての示唆

個人のスキゾイド病理に対する治療アプローチに関しては，過去30年間精神分析からの膨大な文献があるので，ここでは繰り返さない。ただ，containing, holding, empathyといった治療態度は, こうしたスキゾイドの治療経験からもたらされた成果である。つまり, どんな治療アプローチをする場合でも, 患者からコミュニケートされるスキゾイド病理あるいはジレンマを, 知的にも情緒的にも抱え, 治療者の内で代謝し, より建設的な意味に変換して患者に伝えるという作業が基本になる。そして, こうした作業においてもっと重要なのは, 逆転移の分析であることは言うまでもない。

1．理解すること

繰り返し述べてきたことだが, 患者や家族との関係において, スキゾイド病理やスキゾイドジレンマを理解すること, 彼らが治療者の誠実さに深刻な疑いを抱いていることを察知すべきである。その際, 特に破壊性の質と程度を把握することが大切である。ひきこもりを呈する人が, 本来的にやさしいとか内気だということはないからである。

治療動機の程度や, 本人や家族がもっている回復能力について, どんな能力があるのか, それはどの程度か, を理解することが大切である。しばしば, われわれは病理にとらわれ, こうした長所を発見する努力をしないからである。

このように患者や家族メンバーの内面, 治療者と彼らとのコミュニケーションについて, それらの両側面——よい面と悪い面, 建設的質と破壊的質, 希望と絶望など——を同時に理解するという態度が治療者に要請される。

2．「ひきこもり」をめぐる神話に左右されないこと

「ひきこもり」のような心理社会的現象には, 必ずと言ってよいほどさまざまな「神話」が出来上がっている。そして, われわれ専門家もそうした神話から自由ではないことがある。たとえば, 家族については「家族のせいだ」「戦後日本社会の核家族化が問題だ」「父親不在が問題だ」などなどである。医学については「ひきこもりは病気ではない」「思春期の問題は時間が解決する」「待つことが大事だ」から始まり,「行為障害だ」「ADHDだ」といったDSM神話や脳物質神話などである。教育については「学校が悪いからだ」「教育が荒廃しているからだ」などが典型的なものである。

われわれは専門家として, 自分の個人的, 家族的, 職業的価値観にオープンでなければならないし, 現代社会が共有している価値観に鋭敏でなければならない。1つ1つの事例を通して, 自分の価値観や思いこみを洞察することは, 苦痛な情緒を伴うものである[7]。

3．治療目標の設定，計画の設定

　治療目標は本人によっても家族によっても異なるし，治療の段階によっても違うような，それぞれにユニークなものである。そして目標の設定は，情緒的には希望を与えるという意味をもつということが重要である。短期目標と長期目標を立てるが，最初に立てる目標は具体的で小さなものがよい。治療計画には本人だけでなく，家族資源や社会資源を組み込んだものにするのがよい。

　当然のことだが，こうした作業は本人や家族と協力しながら進めるわけだが，目標にしても計画にしても，それらを紙に書いて，渡しておくのがよい。紙に書かれた事柄は，話されたものよりも，具体的かつ物的だから，相対的に情緒関係から自由であり，「壊されにくい」ものである。これは，治療者－患者・家族の合意事項であり，両者の関係を規定するルールでもある。それゆえ，「書かれた目標・計画」は，治療構造を形成する相対的に安定した持続的な要素となり得るのである。

4．「お節介」を恐れないこと

　治療的援助は，患者や家族との間で部分的にせよ距離がなくなり，彼らを支配したり呑み込むという意味をもつ。これはスキゾイド病理を持つ人にとっては大変恐ろしいことである。しかし，だからと言って治療者が受け身になっては「あたらずさわらず」の関係になってしまう。治療者は，よい意味での専門家としての確かな権威は提供するのがよいであろう。たとえ病理的であっても，依存を多少は満足させなければ治療関係は維持できないからである。

　しかし，こうした介入の結果ひきおこされる混乱をも，治療者は引き受ける覚悟が必要である。いずれにしても，スキゾイド病理が変化していく時に，激しい混乱は避けられないのである。

5．多元的，多職種，多施設アプローチ

　冒頭に述べたように，個人的治療だけでも家族治療だけでも不十分である。あるいは，ひきこもりに対する「フリースペース」や自助グループだけでも不十分である。つねに，多施設－多職種のネットワークを視野に入れながら，その時期その時期で活用できる治療援助アプローチを実行していくことが望ましい。その際，縄張り意識は捨てなければならない。もし，適切なネットワークができるならば，それは本人や家族にとって安心して関わることのできる「コミュニティ」になると考えられる。

　スキゾイド病理の変化には，どうしても長い時間が必要である。また，変化しか

かったまさにその瞬間に，治療関係が中断することも稀ではない。しかし，それほど悲観することもないように思う。他施設での治療を中断したことのある家族や患者の方が，初めての人よりもよほど治療しやすいという事実からすると，たとえ中断しても，そこで患者や家族は何かを得ているものと考えられるからである。

文　献

1) Bion, W.R. : Differentiation of the psychotic from the nonpsychotic personality. Int.J.Psycho-Anal, 38 ; 266-275, 1957.
2) Bion, W.B. : Elements of Psychoanalysis, In Seven Servants. Jason Aronson, New York, 1977.
3) Fairbairn, W.R.D. : Psychoanalytic Study of The Personalities. Tavistock, London, 1952.
4) Fromm, E. : Escape from Freedom. Holt, Rinehart & Winston, New York, 1941.（日高六郎訳：自由からの逃走．創元新社，1970）
5) Guntrip, H. : Schizoid Phenomena ; Objects, relations, and the self. The Hogarth Press, London, 1968.
6) 狩野力八郎：スキゾイド患者について：転移状況における治療者の反応から．精神分析研究，30；71-81, 1986.
7) 狩野力八郎：家族システムの病理から見た社会・文化的価値観の変化．精神科治療学，15；1245-1250, 2000.
8) 小此木啓吾：シゾイド人間．朝日出版社，1980.
9) Winnicott, D.W. : Playing and Reality. Tavistock, London, 1971.（橋本雅雄訳：遊ぶことと現実．岩崎学術出版社，1979）

第4章 ハイラムダ・スタイルの「ひきこもり」青年への家族療法

中村伸一・中村紀子

I　はじめに

　この事例は，極端なハイラムダ・スタイルを示した「ひきこもり」のケースである。ラムダ（L：Lambda）とは，Rorschach testで純粋形態反応（F）を総反応数（R）から純粋形態反応（F）を引いた数で割ることで得られる（期待値：0.33〜0.99）。このケースでは，R=20で，そのすべてがFという極端な数値を示した。つまり，患者は10枚のカードへのすべての反応について，それらの「形」しか言語化しなかったのである。周知のようにRorschach testの反応決定因には，人間運動反応（M）や色彩反応（C，C'）などさまざまなものがあるが，このケースでは思考や感情などを示すこうした決定因を何ひとつ示さなかった。
　Exner自身はこのハイラムダの状態を「心理的トンネル視野（psychological tunnel vision）」と呼んでいる[1]。すなわちトンネルの中に入っていれば外界からの余分な刺激はまったく入らず，視界に入るのは出口だけに限られ，自分の目的（出口）だけは認知するが，その目的に合わないものは一切排除する状況であると説明している。換言すると，彼らは特に新しい場面にはできるだけ関わらないように努力するし，関わらざるを得ない時には，できるだけ刺激を単純化したり狭めたりして，複雑な状況を極力扱いやすくし，外界の刺激の複雑性を最小限にとどめようとする。その結果，必要な情報が視野に入らないとか，大事な手掛かりを無視してしまうという欠点も目立ってくるのである。それゆえ彼らは，複雑な社会生活にさまざまな価値を見出さず，外界には拒否や反抗を示すことも多い。それゆえ他者からは責められたり，非難されると感じ，このことがまた彼らの対人関係をさらに

悪くするという悪循環を起こしていることが多い。このハイラムダ・スタイルという対処様式は，彼ら本来の人格構造の中に他にもあるはずのその人の性格特徴を覆い隠してしまうほどの威力がある。また，自分の欲求を充足したり，満足を得ようとする際には，外界の反応を考慮に入れずに，やりたいことを直裁にしてしまうために，他者からみると不適切とみなされる行動をとることにもなる[3]。われわれは，こうしたハイラムダ・スタイルが「ひきこもり」のケースのRorschach test上での1つのタイプをなしていると想定している[5]。

Ⅱ 事 例

以下に紹介する事例は，強迫症状を前景とし，固定した幻聴様体験を訴えるなど，純粋な「非精神病性ひきこもり」とは言い切れない面はあるものの，その本質はunder- / a-socializationと言えるケースである。

1．本人および家族構成（秘密保持のためのいくつかの変更が加えられている）
1）事例

初診時（両親のみ）17歳の男子。「ひきこもり」による不登校。手足の洗浄強迫。「悪魔の囁き」と本人が言う幻聴様体験と「大丈夫，大丈夫」などと繰り返される独語。父親を極端に嫌い，会わないようにしたり，父親が触る可能性のあるものを避ける。

色白でビクビクした態度。薬物療法に魔術的な期待を寄せるとともに，まったく理に合わない副作用をしばしば訴える。この時は，控え目ではあるが，治療者（筆者）に対して攻撃的である。

2）家族

大手企業に勤める父親（47歳）と専業主婦の母親（44歳），および中学2年（14歳）の妹の4人暮らし。初診時父親は九州へ単身赴任であり，本人が家に寄せつけないため帰宅できず，月に1度ほど母親と家の外で会う。

両親は母親の郷里の仙台に父親が赴任している時に出会い，社内恋愛結婚。父親は3人兄弟の長男。父親は有名大学卒，母親は女子短大卒。おとなしく控え目な母親が父は気に入り，仕事をバリバリこなしていく父親を母は気に入ったという。

父親は，はじめから子どもの養育には関わらず，「子どもには父親の仕事している背中を見せていればいい」とし，子どもに話しかけることもなかったという。家族はいつも不機嫌そうに黙っている父親を恐れ，避けるようになっていった。本人が小学校2年の頃から父親が成績のことで叱責することが増え，本人はますます父親に怯えるようになったという。父方祖父もそのような極めて男尊女卑的な態度の暴君だったと父は言い，それを肯定している。また，やや関係被害的な傾向があり他者への不信感を持ちやすく，自ら権威的であると同時に権威に対して敵対的でもある。

母親は，聞き取りにくい程の小声で，堅い笑みを絶やさず，薬物療法などについても強い不信感があり思い込みが極めて強い。

2．既往歴

3歳まで夜尿があった。小学生の頃，教師に「忘れ物をしないように」と言われると，登校前に3，4回徹底的に鞄の中を調べて確認したりするなど，あらゆる教師の指示を極めて忠実に守る傾向が見られた。爪嚙みがあり，爪切りが不要。8歳まで，母親が一緒に寝ており，その後も父親が出張のたびに母親と寝ていた。本人は母親と寝られるので，父親の出張を楽しみにしていたようだと母親は述べる。友人は少なかった。中学に入って環境が変わり非常に緊張していたという。中学1年の夏休み以降不登校となる。中学の担任からは「どのように自分が評価されるのかを大変に気にする」と指摘された。中学3年の頃時にイライラしては妹に暴力を振るう。間欠的に短期間の登校を相当努力して何回か行ない中学を卒業。この間母親がいくつかの児童精神科を訪れるが，本人は1，2度顔を出すだけで通院はできず。この時点での脳波異常はなかったという。

高校受験に失敗し浪人する。浪人中，週2回家庭教師に来てもらい，本人は一言も教師とは口をきかなかったが，教師を拒否することはなかった。私立の単位制高校に入学。入学式のみ登校し，以後自室に閉じこもる。この間，次第次第に前記症状が強まっていった。自室ではテレビやビデオを見て時間を過ごす。天気予報に大変興味を持ち，毎日丁寧に記録を付けていた。約1年が経過したが，この間単身赴任の父親は家によりつけず，母親が対応。幾度か児童精神科を受診するも打開策は見出せず，知人の紹介で筆者のオフィス（心理療法を専門とする自費診療）[6]に両親そろって来談した。

3．Rorschach test 結果

心理療法面接の14回目にRorschach testが実施できた（付表参照）。15回目にはRFBS（Rorschach Feedback Session）[4]を行なっている。

前述したような際立った特徴が見られた。すなわちR=20, L=20, EA=0, es=0, eb=0, Isolate／R=0.45, H:(H) Hd (Hd)=3:0, Zf=8, Zd=－7.5, P=3, X＋%=0.40, X－%=0.30, Xu%=0.30, WSum6=0, CDI=4（対処機能不全指標：該当する年齢に見合った社会生活を営むのに必要な心理的発達をしておらず，対社会場面で無力感を伴いやすい）といった極端な数値である。

決して拒否的な検査態度が見られたわけではなく（R=20），おそらくはかなり恒常的なパーソナリティ・スタイルを示しているとみなしてよいだろう。ただ，成育史や既往歴などから，評価されることに極端に敏感な傾向を持つことが，こうした萎縮し，硬直した反応を先鋭化させた可能性は高い。

所見を今一度要約すると，思考および感情域での狭窄化（EA=0, es=0, eb=0），実際的な対人関係の乏しさ（ただし，他者に対する関心は失われてはいない：

H=3)，極めて強い社会的な孤立感（Isolate／R=0.45），情報収集への意欲の低下（Zf=8）と得られた情報を効果的に生かせないこと（Zd=－7.5），思考の歪みはないものの認知的な判断の誤りや慣習的な判断力の低下（P=3，X＋%=0.40，X－%=0.30，Xu%=0.30，WSum6=0）が見られ，ストレスが加わると予測し得ないような反応が生じる可能性（L=20，EA=0，es=0，eb=0）があると言えよう。

われわれは今までにも，このような極端なハイラムダ・スタイルの患者を経験しているが，その多くの者が，症状の悪化の原因を治療者や家族が見出すのが極めて困難であり，往々にして妄想的な反応や単一の繰り返される幻覚様体験を急激に示したりすることがある。妄想は被害的であり，広がりを欠く。

これは一見するとOCD（強迫性障害）の治療経過中にみられる退行に伴うことの多い被害関係念慮や妄想状態とも似てはいるが，OCDの方がはるかに病識を持ちやすいし，こうした一時的な精神病様状態が生じた因果関係が推定しやすい。

さらに紹介状などをみると，多くの精神科医が，こうしたケースを精神分裂病と診断していることが多い。しかし，こうした患者との治療経過は分裂病者のものとは明らかに異なり，大半が治療者との間にある程度の信頼関係が生まれ，こちらの具体的でシンプルな指示的なアプローチに乗ってくれると比較的経過がよい。また中等度以上のメジャートランキライザーの使用は，かえって病状を悪化させたり，意欲低下や「ひきこもり」を強める結果に終わる。

前述した解釈仮説から，このケースではまずは本人が安心できる治療関係の樹立が先決であり，不用意にストレスが加わるような治療的介入は控えることにした。

4．治療経過

約2年半の経過でほぼ社会適応の足場ができた。筆者のオフィスでの心理療法面接（1回50分）は31回を数えている。以下では，主に心理療法の経過について要約して述べる。

1）導入期

患者は来談せず母親との面接が中心となる。成育史，家族歴などの聴取をしながら，母親の不安の軽減に努めた。面接へは母親から軽く誘ってみるようにしたが，本人は鼻であしらうように拒否したという。しかし，母親が面接に来ることには，留守中の不安があるとの不平を言うくらいで強く抗議はしない。

母親を巻き込んでの洗浄の確認が続いている一方，時々はコンビニや本屋，さらにはフィットネス・クラブに通いだす。ただしシャワーは自宅に帰ってから浴びる。学校へ通わなければならないとしきりに訴え焦りを示す。母親には，母親との確認行為をより機械的で儀式化するように指示し，母親の迷いや葛藤を軽減するように努めた。次第次第に確認行為が減ってきたとの報告を得たところで，「家庭教師」の話を本人に持ちかけてみることを提案する。

2）本人来談と家庭教師の導入

「家庭教師」を推薦するにしても，本人に会ってからの方が紹介しやすいとの誘いに，4回目の面接に母親に伴われて初めて本人があらわれた。優しい女性の教師との希望で，筆者の知っている大学院生（専攻は臨床心理学）に週1度行ってもらうこととする。この学生とは事前に十分な打ち合わせをし，みだりに患者の内面を探ろうとせず，教科の指導を中心に優しくゆっくり行なうように指示した。簡単な報告と，対応について迷った場合にはすぐに連絡を入れるように義務づけた。

また，寝つきが悪いという患者に，薬物療法を筆者が引き受けることにし，筆者が週1行っている診療所に取りに来るようにすすめる。ここでは10分間程度の型通りの診察をして，処方（少量のRisperidoneの投与から開始）する計画とする。

幸いなことに，患者は家庭教師を気に入り，少しずつ勉強の合間に天気図に関心があることなどを話すようになっていった。3カ月後，患者から実際に登校して週1回のスクーリングを受けてみたいと述べ，われわれもこれを支持することとした。かなり緊張した面持ちで登校し始めたことが報告され，われわれも両親（特に父親）も陰ながら喜んだ。

患者は2週に1回の外来診療に定期的にあらわれるようになり，筆者による非侵襲的な診察が続けられた。患者は次第次第に家庭教師のこと，スクーリングの様子，教室の雰囲気，教師とのやりとりなども，さりげなく水を向けると話してくれるようになる。さらに「悪魔の囁き」のごく簡単な内容やその消長について報告し，薬物の効果にも期待を寄せるようになっている。心理テストを通じて自分のことを知りたいかと問うと比較的肯定的で，筆者のオフィスでテストを取ることができた。

3）継続的な父親との面接

父親の単身赴任が解除され，東京に戻ることとなると同時に，母親に代わって父親が心理療法面接を受けに来るようになる。非常に気難しい打ち解けるまでに大変時間のかかる父親であったが，徐々に患者との接触の仕方について質問したり，その苦労を語れるようになった。さりげない挨拶にはじまり，共通する野球チームのテレビ観戦など，次第次第に父子間の緊張は緩んできている。平行して患者の洗浄強迫はさらに減退してきた。

時々，両親面接を持つことができた。患者との対応が話題の中心であったが，両親の関係は，そこから十分に知ることができた。はじめのうち患者への対処についてさえも，両親間で話し合うことはあたかもタブーのようであったが，筆者の仲介でわずかずつではあるが，穏やかな話し合いができるようになった。

患者は週に4日ほどのスクーリングをさしたる緊張なしに続け，2人ほどの友人との会話を楽しめるようになっている。

III 考 察

近藤は，①世間体などによる不安や恥意識から問題を否認あるいは合理化すること，②家族同士が問題をめぐって牽引しあうこと，③親自身の自己不全感や劣等感の子どもへの投影，④親の情緒的応答性の不全，⑤世代間伝達の傾向（筆者による要約），を「ひきこもり」の家族特徴としてあげている[2]。本事例家族でもこれら

のことがよく当てはまる。

　ところで筆者も青年期の子どもを社会に送り出してゆく家族の機能を，個人と社会に介在する「橋渡しシステム」と呼び，「家庭からでられない青年を持つ家族」のモデルとして，両親間に慢性的で潜在的な葛藤が続いていること，これらを棚上げして治療に協力する姿勢を示すこと，しばしば母親はずっと以前から，夫婦の潜在的な満たされなさを埋め合わせるものとして，子どもとの関係を形成してきたこと，そして世代間境界の希薄さと，家族の外的境界の透過性が低いこと，その結果として，家族は「橋渡し機能不全システム」を形成していることを指摘した[7]。

　「ひきこもり」の理解とアプローチへのさまざまな工夫は「家族療法研究」第17巻第2号[8]にも詳しいが，この事例から言えることを整理してみたい。

　まず治療者は，家族という情報のフィルターの透過性と歪曲性をアセスメントすることが重要である。家族からの情報を鵜呑みにするのもよくないし，無視するような態度（たとえば「患者を連れてこないとどうしようもない」といった姿勢）も慎むべきである。むしろ，情報の真偽に神経質になるよりも，来談した家族の苦労を受け止め，努力に敬意を払い，彼らの不安を鎮める方が，よりこの家族という情報フィルターは精度が増す。そうは言っても自傷他害（家族の患者への具体的殺意を含む）のおそれについては敏感であるべきであり，その場合の対処法について具体的な打ち合わせが重要であることは言うまでもない。

　その上で，患者へのアプローチを考える。おおよそはイソップ童話の「北風と太陽」の逸話にあるように，患者の"under-/a-socialization"という厚いマントを脱がすには，カタツムリが歩きだせるような，刺激が少なく安心できる暖かな環境を間接的に提供してゆくことが大切である。何もせずじっと待つことはよくない。

　本事例では，幸いにして患者に復学の意欲が十分にあったこと，以前に家庭教師を受け入れて勉強した経験があることなどが，治療の進展を促した。さらに筆者にとって患者のRorschach testの結果を得られたことは，治療方針の再確認と両親への対応の指導を容易にした。

　この治療経験をその他のさまざまな「ひきこもり」のケースのアプローチに敷衍することはできないのは当然だが，いくつかのヒントを提供できればという願いから報告した。

IV　おわりに

　「ひきこもり」現象は，このように1冊の本として編纂されるまでになった。最初に「ひきこもり」を提唱した臨床家は筆者には定かではなく，むしろマスメディ

アが先に動きだした感がある。世間で先に「市民権」を得た問題現象が，いかにわが国の精神医学の中に「市民権」を得るのかというプロセスのような気がする。そう考えてみると，こうした現象は目新しいものではなく，精神医学における疾患概念の形成の歴史そのものかもしれない。はたしてTaijin-kyofuのように，Hikikomoriと名づけられてDSMにでも将来載る可能性のある現象なのだろうか。

「ひきこもり」が，「AC（アダルトチルドレン）」などのように勝手に世間に走りだし，臨床家をも混乱させるような有害な概念にならないように願うとともに，これからもより慎重な精神医学的診断，心理学的査定，そしてとりわけ家族（システム）のアセスメントと治療資源の査定と開発利用とが，今後ますます重要になってくる領域であると確信している。

（付表）

```
====================RATIONS, PERCENTAGES, AND DERIVATIONS====================
R = 20        L = 20.00              FC:CF+C = 0: 0      COP = 0    AG = 0
--------------------------------      Pure C  =    0     Food    = 0
EB = 0: 0.0   EA =   0.0  EBPer= N/A  SumC':WSumC= 0:0.0 Isolate/R =0.45
eb = 0: 0     es =   0       D =  0   Afr     =0.54      H:(H)Hd(Hd) = 3: 0
           Adj es =  0   Adj D =  0   S       =   0      (HHd):(AAd) = 0: 0
--------------------------------      Blends:R= 0:20     H+A:Hd+Ad   =11: 0
FM = 0  :  C'= 0   T = 0              CP      =   0
m  = 0  :  V = 0   Y = 0
                              P  = 3          Zf  = 8       3r+(2)/R=0.40
a:p     =  0: 0   Sum6  = 0   X+% =0.40       Zd  = -7.5    Fr+rF   = 0
Ma:Mp   =  0: 0   Lv2   = 0   F+% =0.40       W:D:Dd =11: 8: 1  FD   = 0
2AB+Art+Ay= 0     WSum6 = 0   X-% =0.30       W:M =11: 0    An+Xy   = 0
M-      =  0      Mnone = 0   S-% =0.00       DQ+ = 0       MOR     = 0
                              Xu% =0.30       DQv = 4
--------------------------------
   SCZI = 3   DEPI = 2    CDI = 4*   S-CON = 2   HVI = No   OBS = No
=============================================================================
```

文　献

1) Exner, J.: The Rorschach: A comprehensive system vol.1 3rd.ed. pp.405-406, Wiley & Sons, New York, 1993.
2) 近藤直司，長谷川俊雄編著：引きこもりの理解と援助．萌文社，1999．
3) 中村紀子，中村伸一：心の構造とロールシャッハⅡ．思春期青年期精神医学，5(2)；207-212, 1995.
4) 中村紀子，中村伸一：ロールシャッハ・フィードバック・セッション（Rorschach Feedback Session：RFBS）の方法と効用．精神療法，25(1)；31-38, 1999．
5) 中村紀子：「ひきこもり」のケース．Exner Japan Associates（EJA）による基礎臨床解釈講座ワークショップから，東京，2000．
6) 中村伸一，中村紀子：保険を用いないクリニック．臨床精神医学，26(8)；1033-1037, 1997．
7) 中村伸一：家族療法の視点．金剛出版，1997．
8) 楢林理一郎，近藤直司，後藤清恵，吉川悟，蔵本信比古：特集および座談会「青年のひきこもり」へのアプローチを考える．家族療法研究，17(2)；85-121, 2000．

第Ⅲ部

グループを活用した家族援助の実際

総論
家族グループの有効性と留意点

近藤 直司

Ⅰ はじめに

近年，ひきこもりケースの家族援助として，親の会や家族教室といった取り組みが地域の相談援助機関に定着し始めている。第Ⅲ部では，こうした家族グループや心理教育的アプローチの機能と役割，運営方法や配慮すべき点などについて検討する。

Ⅱ 家族グループの機能

まず，Yalom, I.D.らによる「グループのもたらす効果的な因子」[3]に準拠しながら，ひきこもりケースにおける家族グループの役割と機能について述べてみたい。

①希望をもたらすこと

Yalomらの言う「他者の成熟をみることは，自らの成熟への大きな希望をもたらす」というグループ機能は，ひきこもりケースの家族グループにおいても重要な援助要素の1つである。たとえば，他の家族による，「うちの子がアルバイトに行き始めた」「ホームヘルパーの資格をとるために，研修に行き始めた」といった報告は，絶望感を感じてきた他の家族にも大きな希望を与える。また，他の家族が本人との建設的な関係を取り戻してゆく過程を目の当たりにすることにも大きな意義がある。

②普遍性

「押しつぶされそうな孤独感を体験し，社会的に孤立した状態にある家族は，自分の問題が普遍的な問題であり，他のメンバーと分かち合えることに気づくと，大きな安堵感を得る」というYalomらの指摘は，そのままひきこもりケースの親グ

ループにも当てはまるものである。これまで実施してきたアンケートから，家族教室や親の会に参加した家族から聞かれる声でもっとも多いのは，「自分の家だけの問題ではないことがわかって，ホッとした」という感想である。

③情報伝達

治療者・援助者が，あるメンバーに提供した助言を他のメンバーも共有することができる。また，参加メンバーが他のメンバーに助言するなど，グループ内での情報伝達が生じる。筆者らの実施している家族教室では，家族内に生じている「悪循環」と，その背景にある世代間境界の混乱や親の側の分離不安を中心的なテーマとして取り上げている。これらは，当事者には認識しにくいものであり，しばしば他の家族の発言から気づかされることがある。

④愛他主義

他者に何も提供できるものを持っていないと感じているメンバーにとって，互いにサポートし合ったり，他のメンバーに安心や洞察を提供したり，新たな方法を提案したりする行動は，その人の自尊心を高めたり，回復させることに役立つ。抑うつ，絶望，怒りなどの情緒に圧倒されている家族にとって，自分の中に「力」を感じられることは，きわめて重要な体験となる。こうしたメカニズムは，家族が本人との間で新しい関わりを試みてみようと思えるようになる最大の原動力になるのかもしれない。

⑤社会適応技術の発達

ソーシャル・スキルの向上は，メンバー同士のフィードバックなど相互作用的な志向性を意識したグループにおいて発揮される。

⑥模倣行動

グループへの参加は，他のメンバーの行動様式を取り入れる機会となる。子どもとの関わり方は，ひきこもる子どもを抱える親たちにとってもっとも関心のあるテーマであり，他の家族から語られた家での様子や本人とのやりとりなどは，積極的に取り入れられる。

⑦カタルシス

自らの体験を語り，他者に受容されるという体験の重要性は，グループの本質的な効果的因子の1つである。

⑧早期家族関係の修正的反復

グループにおけるメンバーの言動は，依存，反抗，競争心など，家族との早期の体験がグループに転移されている可能性がある。また，早期における家族との葛藤的な体験を修正する機会となり得る。

⑨実存的因子

ある種のグループでは，死，孤立，自由，空虚さなど，人間の存在における永久

の葛藤が，避けることのできないものであることを学ぶ体験となる。メンバーがこれらの体験を受け入れ，勇気を持って率直に対峙できるようになるにあたって，メンバー間の信頼関係や親密な出会いには，大きな価値がある。

⑩グループの凝集性

Yalomは，凝集性の高いグループ体験自体が治療的であり，凝集性の高いグループでは，メンバーは自分自身をよりよく表現し，探求する傾向が強まること，これまで受容されなかった部分に気づき統合するようになり，他のメンバーとより深い関わりをもつようになること，また，特定の問題を専門にしているようなグループにおいては，この機能が発展しやすいことを指摘している。

ひきこもりケースの家族グループの凝集性が急速に高まる局面の1つは，「自分の育て方や関わり方が，子どもを追い込んでしまった」といった自責感が語られる時ではないかと思う。こうした局面では，あるメンバーはそれに同意し，あるメンバーは彼らを慰めたり，「これから先のことを考えるようにしよう」と激励するなど，メンバー同士の相互交流が活性化されることが多い。

Ⅲ ひきこもりケースに対する家族グループの実施と課題

冒頭でも述べたように，近年，精神保健福祉センターや保健所，市町村などの公的相談機関において，ひきこもりケースに対応しようとする雰囲気が高まっている。このこと自体は，援助の幅を広げ，本人と家族がアクセスできる社会資源を増やすという社会的な要請に基づいたものであり，歓迎されることである。しかし一部には，家族教室や親の会の開催という目的が優先され，ひきこもりを事由に相談に訪れた家族をすべて一律に導入するような実践もみられ，いささかの危惧を感じざるを得ない。筆者らを含めて，親へのグループ援助に取り組んでいる諸機関は共通してその有効性を報告しており，家族成員の誰かがグループ援助を活用することで，家族システム全体に変化が生じるケースがあることは間違いない。しかしグループは，すべてのケースに建設的な変化を及ぼすほどには万能でもないし，有効に機能したと思われるケースについても，そのメカニズムについては，まだ充分に説明されていない。家族がグループを体験することがケース全体にどのような影響を与えるのか，どのようなケースや家族がグループ援助のよい適応になるのかなどについては今後の検討課題であり，詳細な事例研究に期待したい。

現時点では，やはり丁寧な個別援助が基本であること，全体的な援助構造の中に，家族へのグループ援助がどのように位置づけられ，どのような役割を果たすのか，その援助目標が明確に意識されていることが必要であることを強調しておきたい。

Ⅳ ひきこもりケースに対する心理教育的アプローチについて

　次に，家族を対象とした心理教育的アプローチについて述べてみたい。後藤は，McFarlane, W.[2]を引用し，精神障害者をもつ家族への心理教育的アプローチにおいては，①知識・情報，②対処技能，③心理的・社会的サポート，という3点が基本となってプログラムが組み立てられていること，その結果として，①正確な知識情報を得ることで，スティグマや自責感を軽減すること，②技能訓練や経験の分かち合いによる対処能力やコミュニケーション能力の増大，③グループ体験や新しい社会的交流による社会的孤立の防止，④専門家との継続的接触による負荷の軽減と適切な危機介入，⑤協同して治療を進めることや，他の家族を援助することによる自信と自尊心の回復，を獲得することが目的であるとまとめている[1]。

　ひきこもりケースに対する心理教育においても，こうした基本的観点の多くをそのまま踏襲できるものと思われるが，当然のことながら課題も多い。精神障害者をもつ家族への心理教育は，たとえば精神分裂病という「単一の疾患」についての生物学的知見と，長年にわたって積み重ねられてきたリハビリテーションや生活支援の経験に支えられている。一方，ひきこもりケースについて言えば，EE研究に相当するような実証的データが皆無であるばかりか，ひきこもりケース全体について，私たち援助者がどれだけ正確な知識情報をもっているかという点においてすら，きわめて不充分な現状である。また，ひきこもりは個人の精神病理学的観点から文化・社会的観点まで，きわめて多面的に捉え得る現象であり，家族にどのような知識を提供するのか，それがどのような治療的役割を果たすのかなどの課題について，現時点で結論を出すことはできない。

　ひきこもりケース対する家族援助が本格的に議論され始めて，まだ日が浅い。ましてや，親の会や家族教室などのグループ援助にあっては，一部を除いては，その試みが始まったばかりであり，本書で紹介するいずれの実践も試行錯誤の途上である。さまざまな視点や援助・治療論に基づいた家族へのグループ援助を積み重ね，それらを比較検討しながら，より有効性の高い援助指針を作り出してゆくべき段階であり，それぞれの施設における積極的な取り組みに期待したい。

文　献

1) 後藤雅博編：家族教室のすすめ方. 金剛出版, 1998.
2) McFarlane, W. : Family Therapy in Schizophrenia. Guilford Press, New York, 1983.
3) Vinogradow, S., Yalom, I.D. : Concise Guide to Group Psychotherapy. American Psychiatric Press, Washington, DC, 1989. (川室優訳：グループサイコセラピー：ヤーロムの集団療法の手引き. 金剛出版, 1991)

第1章
家族教室・心理教育的アプローチ①
：発達論的観点に基づいた心理教育

近藤直司

I　はじめに

　思春期から青年期，成人期に至る発達課題を本人がいかに達成してゆくのか，また，子どもの自立を支えるための家族の役割とはどのようなものか，といった発達論的観点は，ひきこもり問題を理解し，解決してゆく上で欠かすことができない。本人は親からの束縛を逃れて自由を享受したり，自立にともなう達成感を味わう一方で，それに伴う不安や孤独に耐えなければならないし，成熟した社会的存在としての同性の親や友人・先輩など，新たな同一化の対象を見出せることが重要である。また親には，子どもとの分離を重大な喪失と体験し，抑うつ的になったり，見捨てられ感や被害感によって，子どもの自立を阻もうと行動化したりしないことが求められる。こうしたライフサイクル上の発達課題を重視した心理教育は，精神分裂病をはじめとする「疾患モデル」に対し，「発達モデル」と位置づけられるかもしれない。

II　ひきこもりケースの治療・援助経験と心理教育のコンセプト

　山梨県立精神保健福祉センターでは，1997年から「ひきこもり家族教室」を事業化している。プログラムの内容や回数については試行錯誤が続いており，毎年少しずつ変化している。事業化した1997年の時点では，本人に対する家族の共感性の低さによって生じている本人と家族との間の慢性的なすれ違いに注目し，その改善と本人と親との間の緊張感を軽減することを中心的なテーマとしていたが[2,3,4,]

6)，その後の援助・治療経験から，現在は，自立に伴って体験する子どもの不安や孤立感，抑うつなどの情緒をover-controlしようとする傾向，あるいは子どもの自立的な動きを抑制しようとする傾向に焦点を当てるようになってきている[5]。この間，筆者らが経験してきたのは，以下のようなことであった。

第1に，共感性を強調したアプローチは，本人と親（多くは母親）との硬直した二者関係（第Ⅱ部第1章を参照）をかえって助長する危険性があり，たとえば家庭内暴力など，本人が家族をコントロールしようとしていたり，親世代と子どもとの世代間境界の強化が緊急の課題となるケースに同一のプログラムで対応することが困難であると感じていたことである。

第2に，当初は第Ⅱ部第1章で示した「第1の悪循環」にのみ注目していたが，その後，他にも典型的な悪循環があり，いずれの悪循環においても，「手を離せない親」とひきこもる本人との二者関係が優勢であるという点が共通すること，そして，そのことが青年期における自立をめぐって本人と家族が克服すべき発達を阻害していること，あるいは，このことと本人が受診にも相談にも結びつかないことを，一連のテーマとして扱い得る感触を得たこと，また第Ⅱ部第1章でも述べたように，発達促進的な家族機能や世代間境界の強化という課題は，家族の対象喪失をサポートすることと密接に関連しており[1,5]，そのためには，家族に対して適切なholding environmentが提供される必要があること，またグループの機能がもっとも期待されるのは，まさにこの点であると考えるようになったことなどである。

そして第3には，本人との個人精神療法の経験から，万能的に理想化された自己・対象表象との分離や対象喪失をめぐる脱錯覚のプロセスが治療の中心的なテーマとなることを実感し（第Ⅰ部第1章を参照），家族教室の内容にも反映させる必要があると考えたことである。たとえば，ひきこもる本人たちは，しばしば「何年間かのブランクやこれまでの人生を，一発逆転のウルトラCで解決できる」という空想に囚われており，治療場面においては，その万能感を治療者に投影する。精神療法におけるもっとも中心的な課題は，「一発逆転」を実現できない治療者や自分自身への幻滅や不満，怒り，あるいは無力感を抱えられ，そのような情緒を体験しながらも治療関係を維持できるようになる過程を支えることである。しかし現実の家族状況においては，本人と親とのすれ違いが改善されても，「今まで息子にかわいそうなことをしてきた」といった罪悪感から，親は「この子のことを理解してやれる（守ってやれる）のは自分しかいない」と過剰に保護的になったり，「放っておいてやるのが一番よい」といったような一切の葛藤を回避しようとするやり方を選択することで，本人との間で新たな悪循環が形成されやすい。その結果，本人の万能的・自己愛的空想はそのまま保護され，痛みを伴うような自立的な動きはみら

れないまま経過するケースを少なからず経験した。

　これらの経験から筆者らは，家族内に張りつめている緊張感を軽減し，本人と親との関係を改善させようとするアプローチは，危機介入や援助の初期においては有効であるが，家族と本人が，将来のことや本人が抱えている不安，つまり本人が本当に困っていることを建設的に話し合えるようになる，あるいは本人の治療・援助を求める動機づけが高まらない限り，それだけで本人のひきこもりに変化を生じさせることのできるケースは決して多くはないと考えるようになった。

Ⅲ 家族教室の実際

1．参加者の概要

　次に，山梨県立精神保健福祉センターにおける家族教室の概要を報告したいと思う。2000年度の家族教室（資料別添）には，個別相談ケースの中から家族教室のプログラムに適すると思われたケースと前年度までの参加者に声をかけ，12ケース（新規6ケースと，前年度から引き続き参加した6ケース），延べ99人（このうち，父親の参加は24人）が参加した。本人が分裂病圏と思われるケースには個別相談のみで対応し，家族教室の対象から除外した。軽度の発達障害が疑われているケースについても，レクチャーの内容や他の家族との交流が有益であると思われたケースは対象に含めた。なお，参加者のすべてが，毎月1回から隔月1回程度の個別相談を並行して続けているか，状況の変化に応じて，すぐに設定することとなっており，個々の局面での実際的な対処については，主に個別相談が活用されている。

2．第1回から5回まで

　第1回では，オリエンテーションとして，家族教室の目的を「それぞれの家族が，今後の生活や本人との関わりを考え直す機会とし，10回が終了した時には，何らかの方向性を見出していること」と伝えた。また，第4回までを一区切りとし，ジェノグラム・セッションなど，家族のプライベートに触れる第5回以降の参加については，第4回終了時に改めて希望を取り直すこと，また，10回ないしは4回を終了した時点で，家族がどのような方針を選択しても継続的な支援を提供することを保証した。

　レクチャーとしては，ひきこもりケースについての一般的知識として，まず最初に，①人生のどこかで発病した精神疾患を背景とし，薬物療法の有効性が高いケース，②もって生まれたハンディキャップを背景とし，不適応感や被害感など，その後の二次的な心理的反応が加わっているケース，③「心のクセ」が一次的な問題と

資料

家族教室開催のお知らせ

　ここのところ，当精神保健福祉センターにおいて，若者の「ひきこもり」や「閉じこもり」についてのご相談をお受けすることが増えてきています。個別相談とともに，それぞれのご家族の皆様にお集まりいただいて，共通する多くの悩みや不安についてご一緒に考えたり，話し合える場として，「家族教室」を年1回開催してきました。ひきこもる若者の心理について勉強したり，彼らへの関わり方を話し合ったり，さらには親自身をふりかえる機会としても考えています。
　今年度も次の日程で開催いたしますので，お忙しいとは思いますが，できるだけご両親お揃いでご参加下さいますようご案内申し上げます。参加ご希望のご家族は事前にご連絡をお願いいたします。

****

1．日時と内容

第1回	H12年9月28日(木)	午後1時30分～3時30分	オリエンテーション「ひきこもり」の理解
第2回	10月11日(水)	午後1時30分～3時30分	「ひきこもり」への対応(1)
第3回	10月26日(木)	午後1時30分～3時30分	「ひきこもり」への対応(2)
第4回	11月8日(水)	午後1時30分～3時30分	「ひきこもり」への対応(3)
第5回	11月24日(金)	午前10時～12時	自立について考える
第6回	12月7日(木)	午後1時30分～3時30分	自立について考える
第7回	12月21日(木)	午後1時30分～3時30分	自立について考える
第8回	H13年1月10日(水)	午後1時30分～3時30分	自立について考える
第9回	1月25日(木)	午後1時30分～3時30分	自立について考える
第10回	2月7日(水)	午後1時30分～3時30分	自立について考える

2．場所
　山梨県立精神保健福祉センター・集団精神療法室（山梨県福祉プラザ3階）

3．講師
　山梨県立精神保健福祉センター所長　近藤直司

〈問い合わせ先〉精神保健福祉センター
TEL 055-254-8644～6
担当　小林

なっているケースといった分類について，続いて，④「心のクセ群」の下位分類として，自己愛パーソナリティ，スキゾイド・パーソナリティ，強迫パーソナリティについて，事例を交えながら紹介した。後半は，それぞれの参加者から簡単な自己紹介をしてもらった。

第2回では，基本的な関わりとして，本人たちの「やろうと思っても，今すぐにはできない事情がある」ことを一旦は受け入れる必要があること，同性の親の役割が重要であることなどを伝えた。後半は，それぞれの家族が，子どもや配偶者への期待を述べたり，夫婦そろって参加している他のメンバーをうらやましがるなど思い思いに発言し，和やかな雰囲気となった。

第3回と第4回では，受診や相談，あるいは自立的な行動に動き出さない本人と家族との間で起こっている関係性について取り上げた。このセッションでは，中村の言う「橋渡し機能」と，その下位分類として，本書第Ⅱ部で述べた「悪循環」の3分類を，そのまま資料として示した。1回から4回までのセッションでは，家族相談や精神療法の過程で実際に起こった局面を，できるだけ具体的に盛り込んでレクチャーした。また，「青年期においては，問題を解決するのは本人以外にない」という点を強調した。後半の話し合いでは，子どもへの過保護を夫から批判されたエピソードを語った母親を，それまで「ひきこもりなんて，甘えとしか考えられない」と発言していた父親を含めた全員が支持する場面があった。

第4回が終了した時点で，ジェノグラム・セッションの予定など，5回目以降の内容についてオリエンテーションしたところ，ある家族から，どの程度の「自立」を目標にできるのかは個々のケースで違うと思うので，これまでに援助者が関わってきたケースの援助・治療過程を紹介してほしいという要望があげられた。スタッフにとっては予定外の要望であったが，第5回では事例をあげながら，同じタイプの「心のクセ」にも軽いものから重いものまでさまざまであること，個々のケースによって援助・治療方針や目標も異なること，薬物療法が有効であったケースも，まったく効果の見られなかったケースもあること，本人はアルバイトを考えているが，どうしても一歩が出ないまま，すでに数年が経過しているケース，自宅での内職ではあるが，親会社との交渉や納品は自分でやっているケースなど，実際の事例を紹介し，「まずは家族が落ち着きを取り戻し，本人の抱えている問題や家族状況，これまでの本人との関わりなどを考え直す機会とし，10回が終了した時には，それぞれの家族が何らかの方向性を見出してもらえること」という目標を再確認した。

3．第6回から10回まで

第6回では，ジェノグラムに用いる記号の意味などを説明し，それぞれジェノグラムを作成してもらった。簡単に感想を述べてもらったところで時間切れとなったが，「夫にも描いてもらいたい」と言って，用紙を余分に持って帰る母親もいた。第7回と8回では，何人かの家族に，作成したジェノグラムを使いながら自らの生活歴について語ってもらった。援助者は，語られた生活歴と現在の家族状況との関連，あるいは「橋渡し機能」の低下と親が体験した過去の外傷的な出来事との関連を明確化するために質問やコメントを加えた。たとえば，子どもの問題に関与しようとしないことで，妻に批判され続けており，内心では，子どもへの妻の過保護ぶりにうんざりしていたという父親からは，思春期に兄の自殺を目の当たりにした経験があり，ある時期から，「子どもをこれ以上追いつめると，自殺してしまうのではないか」という強い不安を感じ始めたことが語られた。同席していた妻も，「初めて聴いた話でした」と驚きを隠せず，これまでの夫の態度が腑に落ちたようであった。また父親も，自らの外傷的な思春期が現在の子どもとの関係に関連していることや，自分が子どもと自然に関われないことで，子どもに対する妻の関わりがいっそう保護的になっている側面があることを理解した。何人かの参加者が，父親に「それだけの体験を乗り越えた強さ」に対して尊敬の気持ちを伝え，援助者は「子どものひきこもりは，親だけのせいではない」「ご家族は，さまざまな事情を抱えながら，精一杯やってこられた」と繰り返し伝えた。

　第9回と10回では，「精神病でも発達障害でもない青年期の若者にとっては，ひきこもりの生活を変えようと努力を始めるのか，それができない事情がある場合には，自分が相談や治療を受けるという2つの選択肢しかない」こと，「痛みを伴わない自立はあり得ない」こと，親にとっては，「肩代わりしようとするより，手を放すこと」や，「期限を定めて，2つのうちいずれを選択するかを本人に任せる」といった対応も1つの選択肢であることなどを伝え，家族同士の話し合いにつなげた。ここでは，「レクチャーの内容にショックを受けた」「私の読んだ本には，とにかく待つことが大切だと書いてあった」といった批判的な意見を述べたり，「息子から親の育て方が悪かったのだと責められ続けているが，今は息子が納得するまで聴いてやるべきだと思う」と発言する母親もいたが，援助者が「ご主人から息子さんに，『俺の女房の悪口を言うな』とたしなめてもらったら？」とコメントすると，「そう言ってもらいたいわ」と笑った。

　第10回の終了時には，すべての家族が「仲間ができてよかった」「励まされて楽になった」「これからも集まりたい」といった肯定的な感想を述べ，多くの家族が，「これからは，自然体で子どもと付き合ってみたい」「まずは，夫とこれからのことを，よく話し合ってみたい」など，それぞれ今後の方針について語れるようになっ

た。

4．反省と今後の課題

　2000年度の家族教室を終了した時点で残った課題は，第1にジェノグラム・セッションの難しさであった。もともとジェノグラムは，家族が子どものひきこもりを，自分と子ども，または配偶者と子どもといった二者関係や，現在の家族状況からのみ理解しようとし，自らの罪悪感や配偶者への批判を強めていることに介入する目的で導入したメニューであったが，今回は強烈な外傷体験が予想以上に率直に語られたことで，参加者の多くが圧倒されてしまった。また，嫁ぎ先の親に養育の主導権を握られてしまい，ようやく「自分たちの子ども」になるはずの3人目の子どもを流産し，その後に設けた子どもを大切に育ててきたが，結果的にひきこもってしまったと語った母親が，次の回でもつらそうな様子を示していたことで，参加者の中からは，「こんなつらいことを話してもらって，何か役に立つのですか？」といった批判的な発言がスタッフに向けられる場面もあった。結果的には，このジェノグラム・セッションを通して，これまで以上に家族同士の凝集性が高まり，第10回の終了時には，1人の父親から「父親の会」の立ち上げが提案されたが，グループでジェノグラムを活用することの難しさを改めて実感した。

　2つ目の課題は，プログラムの内容を「青年期の自立」に絞り込み，特に男性例を主な対象として構成したため，来年度以降の参加者によっては，青年期女性の発達課題について取り入れるなど，さらに工夫する必要性を感じたことであった。また，心理教育というよりは集団精神療法的な側面の強い第6回以降のセッションでは，これまで以上に集団力動に目を向けながら，教室を運営する必要があることを実感した。

　家族教室は，援助者の経験が豊富であればあるほど，それだけ内容も充実する。まずは，各施設で多くの援助経験を積むことが必要不可欠であると思われる。

文　献

1) 狩野力八郎：動機と創造．家族療法研究，14(3)；179-184，1997．
2) 近藤直司：非精神病性ひきこもりの現在．臨床精神医学，26(9)；1159-1167，1997．
3) 近藤直司：引きこもりケースの心理教育．(後藤雅博編)家族教室のすすめ方，金剛出版，1998．
4) 近藤直司，長谷川俊雄編著：引きこもりの理解と援助．萌文社，1999．
5) 近藤直司：本人が受診しないひきこもりケースの家族状況と援助方針について．家族療法研究，17(2)；122-130，2000．
6) 塩倉裕，近藤直司：ブックレット・ひきこもる若者たち．朝日新聞大阪本社厚生文化事業団，1997．

第2章
家族教室・心理教育的アプローチ②
：家族を対象としたアディクション・モデルの発展型

長谷川俊雄

I　はじめに：家族援助の前提条件の検討

　「ひきこもり」という現象の出現・長期化に伴い，ひきこもり本人以外の家族構成員（以下，家族と表現する）はどのような「問題」に直面しているのであろうか。

　本人が「ひきこもり」の生活を始めた頃は，家族は「どうしたんだろう？」「どのように働きかけたらいいのだろう？」「しばらくは様子を見てみよう」と思う。さらに「ひきこもり」が長期化するにつれて，「いったいどうしたんだろう」「このままの状態が続くとまずいことになる」「きっと怠けているんだ」と，不安感や焦りが大きくなっていく。本人の「ひきこもり」という一次的問題が，「ひきこもり」に伴なう家族の問題を二次的に生み出していく。そして，両者間において，「不安」「不信」「焦り」といったネガティブな感情と生活状態が悪循環する構造を生みだし，家族全体が社会的孤立という生活状態に直面していく。本人の「ひきこもり」状態に対して，同居する家族が巻き込まれていく（過剰な意識・過度な働きかけ・過度の静観）中で，「私の育て方が悪かった」「父親の協力や理解がなかったからだ」「あの時こうしていたなら……」と，家族の自信・尊厳が傷つき，期待・夢を失うことを体験する。そうしたある種の家族の喪失体験や挫折体験は，結果として家族全体の構造を固定化したり，さらに歪ませることによって，本人の「ひきこもり」状態を固定化・長期化させることにつながることがある。

　このような本人と家族の関係性の特徴（慢性疾患・難治性疾患・障害も同様）を踏まえた本人・家族・家族全体に対する援助が必要となる。ここでは，家族へのグ

ループ援助に限定して検討することにする。なお，あくまでも本人・家族・家族全体だけの特殊・個人的な問題としての認識を強調しているのではなく，社会との関係性が「ひきこもり」状態の出現・固定化・長期化に大きな影響を与えていることを認識することを忘れてはいけない。また，本人以外の家族や援助職による「こうあってほしい」「こうあるべきである」という目標設定は本人の意思を疎外した援助行動であり，本人にとっては暴力的行為と思われても仕方がない場合がある。援助職が援助職自身の無前提・無検討の常識や社会通念に，あるいは家族の大きな不安感や焦りに巻き込まれることによって，援助職が「ひきこもり」状態を固定化・深刻化させてしまうことを認識することは大変重要である。

　本人が相談機関・医療機関に登場しにくいことが多く，同居する家族ですら解決する糸口を見出すことが難しいことが多い。こうした特徴から，援助職は「ひきこもり」状態に対して「無力」であることを認めることで，かえって適切な援助のあり方や方法を考えることが可能になるのではないだろうか。「どうにかしなければ」という意識を家族と援助職が同じように持つのであれば，結局のところ本人と家族を巻き込む"ネガティブ・スパイラル（負を志向する構造的悪循環）"に援助職が加わることにしかならないと言えよう。

　"ネガティブ・スパイラル"からの家族の離脱。家族が負の循環に加担しないことや促進させないこと。家族の喪失体験・挫折体験に対するケアの必要性について気づくこと。混乱している本人と家族の「境界（boundary）」をはっきりさせること。家族自身が拘束されて「生きづらさ」を感じている価値観からの「自由」性の確保。「ひきこもり」状態を客観的に見ることで可能となる本人を含んだ家族全体への「適切な行動」。こうした点が「ひきこもり」状態に直面している家族援助の中心的テーマになると思われる。

II　家族の理解と位置づけ

　家族をどのように理解し位置づけるのかは，家族援助にとってもっとも基本的な課題である。医学モデルの影響を強く受けた「心理教育」や「家族教室」においては，本人と援助職の中間に家族を位置づけることになり，家族は両者の板挟み状態となり，本人との葛藤的な関係性を維持・強化することや，家族の自信や自尊心をいっそう傷つけることに機能する可能性も高い。相談機関・医療機関から長期間にわたり中断した事例を検討してみると，「（援助職による）アドバイスを受けるのが苦しくなってしまった」「私自身の苦しさや辛さを受けとめてもらえなかった」「結果があらわれなかったり，実際にできないことを，遠まわしであっても親の責任に

1. 家族はクライエントである。(援助者になるのかどうかは家族が決める)
2. 家族は家族の生活についての専門家である。(援助職は家族に学ぶ／共同作業)
3. 家族は本人へ影響力を持つ。

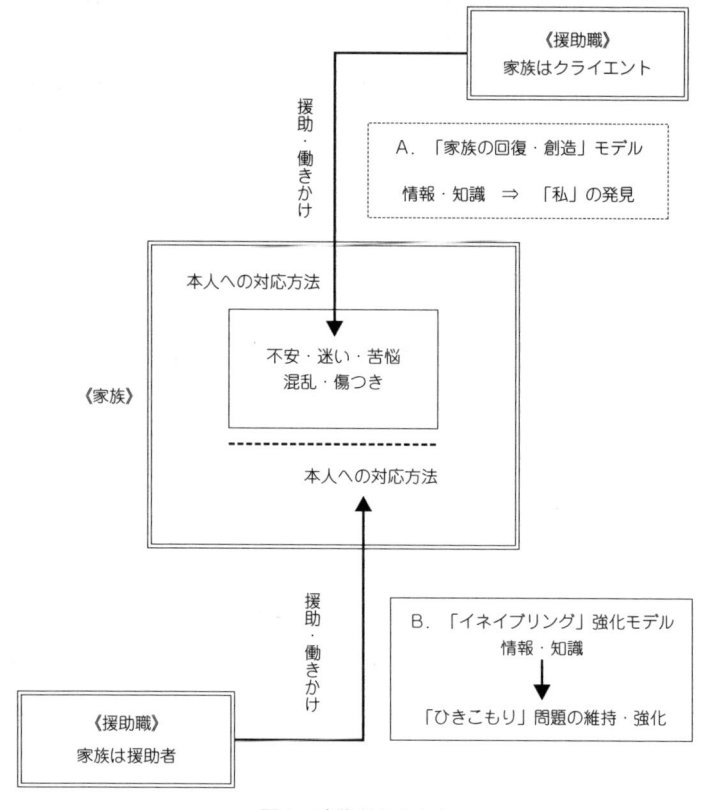

```
                                          《援助職》
                                        家族はクライエント
  援
  助
  ・                              A．「家族の回復・創造」モデル
  働
  き                              情報・知識  ⇒  「私」の発見
  か
  け
  ┌──────────────────────┐
  │   本人への対応方法          │
  │   ┌──────────┐          │
  │   │ 不安・迷い・苦悩 │      │
《家族》│ 混乱・傷つき   │      │
  │   └──────────┘          │
  │   - - - - - - - - - - - - - -│
  │     本人への対応方法        │
  └──────────────────────┘
  援
  助
  ・                              B．「イネイブリング」強化モデル
  働                                    情報・知識
  き
  か                              「ひきこもり」問題の維持・強化
  け
      《援助職》
    家族は援助者
```

図1　家族のとらえ方

されているように感じられた」という家族の声がある。

　一方，慢性疾患や障害を持つ本人の家族援助，特にアルコール依存症などのアディクション問題における家族援助では，本人の持つ問題へ，家族はある特有の思考と行動パターンで対処する傾向があり，その傾向は本人の問題を固定化・深刻化・促進化するにとどまらず，家族自身の生きづらさを固定化・促進化することが指摘されている。そのために，家族が援助者になることによって本人の問題を解決していこうとする方法を「あきらめる」(放り出すのではなく，物事の本質を明らかに認識するという意味)ことが適切な場合もある。本人に対して家族がある一定の距離をはかり，家族自身の苦しさ・不安感・焦りなどの悩みを緩和・解決することを援助目標にすることによって，結果として家族自身の正しい情報にもとづく認識と，

家族自身や家族全体への気づきによって，今までと異なる本人との関係を創造・展開することを期待する。つまり，援助職が家族を，「家族＝援助者」と理解し位置づけるのか，「家族＝クライエント」と理解し位置づけるのかによって，家族援助の内容・進め方は大きく異なると考えられる（図1）。もっと簡単に言えば，私たち援助職の前にいる人が，本人であっても家族であっても,常に「ファースト・クライエント」として理解し位置づけることが重要であるということである。もちろん，緊急避難・危機介入が必要となる場合は例外であることは言うまでもない。

Ⅲ 家族教室の構造と内容

1．家族教室の位置：継続した家族相談が基本

　家族に対する個別援助（家族相談・個人精神療法・家族カウンセリング）と複数の家族を対象とする家族グループ援助の関係性と位置づけが大変重要な意味を持つ。最近の傾向として，グループ援助は，グループの持つ問題解決効果や治療的効果，および援助における合理的観点からの肯定的評価などの影響を受けて注目されている。また，対人関係スキルやコミュニケーションの改善が，そこだけ切り取られて実践化されようとしていることは，援助職の自己満足や援助充足感を満たすことはできても，同時に家族や本人にとっての自己肯定感やエンパワメントを強めることにつながるのかどうかは別問題と言えよう。「ひきこもり」状態・問題と表現しても，その状況が生み出される背景や経過，家族全体が持つ力と生活基盤の状態，利用可能な社会資源の状況などの個別性があることは当然である。その個別性を踏まえた上で援助が可能となるわけだから，個別援助がグループ援助に先立ち，あるいは基礎としてあることは自明のことである。

　「ひきこもり」問題については，「ひきこもり」という現象そのものを広範囲にわたりいくつかのタイプに類型化することが可能であると考えられる。しかし，「ひきこもり」の基礎理論や援助方法論の統一的理解と基準設定（ガイドライン）が確定していない状況の中で，マスメディアなどによって情報が刺激的に一方的に伝えられている。そのことによって，家族が「ひきこもり」に対して誤解や先入観を持ってしまう可能性がある。そうした環境を踏まえると，「ひきこもり」状態・問題の個別性を重要視しないグループ援助は，根拠のない一般論や不適切な見解を一方的に伝達するという機能が働いてしまう危険性を持つことになる。よくあるパターンは，グループに参加する家族間のグループ・ダイナミックスが機能しないまま，バラバラな個人の集合体となってしまい，時として集団相談会になってしまうことが多いのではないだろうか。たとえば，1つの例外的な事実がグループ体験の中で

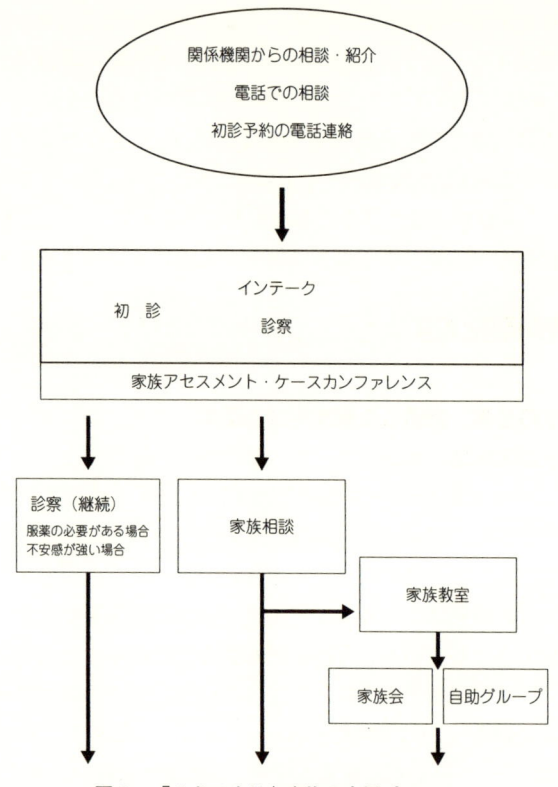

```
         ┌─────────────────────┐
         │ 関係機関からの相談・紹介 │
         │    電話での相談      │
         │  初診予約の電話連絡   │
         └─────────────────────┘
                    ↓
┌──────────────────────────────────┐
│          インテーク               │
│   初 診      診察                │
│                                  │
│  家族アセスメント・ケースカンファレンス │
└──────────────────────────────────┘
       ↓              ↓
┌──────────┐    ┌──────────┐
│診察（継続）│    │ 家族相談  │
│服薬の必要が│    └──────────┘
│ある場合   │         ↓        ┌──────────┐
│不安感が強い│────────────────→│ 家族教室  │
│場合      │                   └──────────┘
└──────────┘                      ↓
                          ┌──────┐ ┌────────┐
                          │家族会│ │自助グループ│
                          └──────┘ └────────┘
```

図2　「ひきこもり」家族の支援プロセス

一般化されて共有されてしまい，結果として「ひきこもり」状態・問題の継続化や深刻化につながることもある。そうした危険性を回避することと，援助が本来の援助機能を保つことによって家族に対して何らかの効果をもたらすことができるためには，家族に対する個別援助が基本であり，その個別援助で提供できないことや，家族がグループでなければ体験できないことを，グループ援助という方法を活用して補足するといった理解と位置づけが重要である（図2，図3，図4）。

筆者のクリニックでは，家族相談の継続が家族教室の参加要件となっている。その場合，父親・母親の同席を基本的に求めている。たとえば，父親の参加が消極的な場合は，母親との相談・承諾の上で，父親へどのような働きかけをするのかを検討したり，援助職が父親宛に協力依頼の手紙を送付することなども行なっている。実際には，家族の中で母親が子どものひきこもり状態・問題に対して過剰な責任を請け負い，また困難な対応を1人で背負っていることを多く見受ける。それをその家族の固有の問題や夫婦・家族病理と理解することは妥当ではない。社会が強制す

第2章 家族教室・心理教育的アプローチ②：家族を対象としたアディクション・モデルの発展型

図3　継続した家族相談が基本

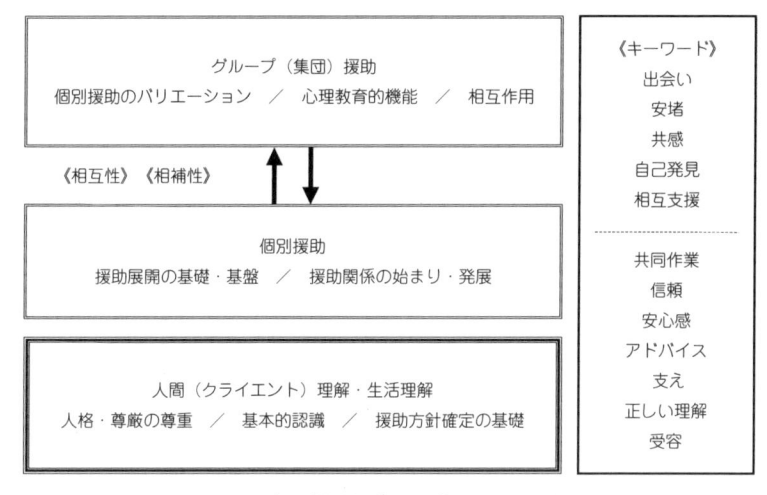

```
家族援助・支援のスタート
                [家族教室]  [家族会
                            自助グループ]
        [          家  族  相  談          ]
-------→
時間の経過
```

図4　個別援助とグループ援助の関係性

```
┌─────────────────────────────────────┐   〈キーワード〉
│        グループ（集団）援助              │    出会い
│ 個別援助のバリエーション／心理教育的機能／相互作用 │   安堵
└─────────────────────────────────────┘    共感
   〈相互性〉〈相補性〉    ↑ ↓               自己発見
┌─────────────────────────────────────┐   相互支援
│              個別援助                   │   ---------
│ 援助展開の基礎・基盤／援助関係の始まり・発展│    共同作業
└─────────────────────────────────────┘    信頼
┌─────────────────────────────────────┐   安心感
│        人間（クライエント）理解・生活理解   │    アドバイス
│ 人格・尊厳の尊重／基本的認識／援助方針確定の基礎│支え
└─────────────────────────────────────┘    正しい理解
                                              受容
```

る生活構造（生産過程・消費過程における人間疎外のメカニズム）や，ジェンダー役割の反復した学習化と日常化によって生み出されているという理解が大切になる。その点を克服・解消するために，子どもの「ひきこもり」状態・問題について，夫婦が共通の理解を持つことや，夫婦が協力して取り組むことなど，今まで行なわれていない新たな行動は，家族の構造（家族システム）の一部を変化しやすくすることもある。しかし，ここで留意すべきことは，「子どものため」にするのではなく，「母親（父親）自身の生活しやすさ」「夫婦関係の快適さ」を目標とした援助であることを認識することである。

2．家族教室の運営

1）実施時間帯

現在は，隔週金曜日の10：30～13：00に実施している。以前は，水曜日の13：30～16：00に実施していたが，多くの参加者が母親であることから，家族教室終了後にまっすぐ帰宅して炊事や家事を行なわなくてはならないという事情があった。そのため，参加者同士のフェローシップを育む時間的余裕がもてなかったことが残念であったという参加者からの提言を受けて時間帯を変更した。現在の時間帯にしてからは，家族教室終了後に，参加者同士が誘い合って，クリニック周辺にある中華街やオフィス街のレストランなどの混み合わない時間帯を利用して，ゆったりと昼食を共にしながらフェローシップを育むことが可能になっている。また，開始30分前の10：00以降，会場を開放することによって，参加者同士のおしゃべりの時間にあてられることも，フェローシップを育むことや緊張感を軽減することに役立っている。

家族教室の実施時間の設定そのものが，提供する内容に限らず家族教室の目的をいっそう豊かにすることを気づかされている。そうした配慮の重要性については，従来あまり指摘されてこなかったが，家族教室の成否や充実度の点からは重要な要素と言えよう。

2）スタッフ

ソーシャルワーカーが中心となり，カウンセラー・研修生（大学院生・医療機関や相談機関からの研修参加希望者，全回参加を条件として受け入れている）のスタッフ構成となっており，4～5名のスタッフが運営にあたっている。医師は，診療時間による制約と参加者に緊張を与えないことを配慮して，初回と最終回に短時間の参加となっており，ピンポイントのアドバイスを受け持ってもらっている。スタッフは，司会・レクチャー担当・記録・フリー（1～2名）という役割分担となっている。司会は，グループの安定性（進め方の同質性維持による安心感の提供）を保つために1人のスタッフが専任している。レクチャーは，つとめて他のスタッフが代替可能であるように取り組んでいる。各回の終了後，約1時間，昼食をとりながら，家族教室の振り返り・気づき・評価点・改善点について，スタッフミーティングを実施している。

3）空間（場所）

長方形をしたミーティングルーム（5m×8m）で実施している。テーブルをコの字型に配列するため，最大でスタッフを含めて18名が定員である。デイケアでストレッチ体操や卓球を行なう場所と兼用になっており，防音とクッション機能が必要となるため，マットカーペットが敷かれている。そのため，家族教室は靴を脱いで参加することになるが，このことが参加者の緊張感を弱めたり，リラックスでき

表1 家族教室の運営における留意点

1. **寛げる雰囲気をつくる**
   BGM／コーヒー・紅茶・煎茶が選べる／スタッフの笑顔／ユーモアを入れたレクチャー／話し合いでのパスあり／参加者の定員制（10家族以内）
2. **家族の苦労を労う**
   今までの取り組みを肯定的に評価／最終回に修了証書を授与
3. **批判しない**
   わからなかったのだから仕方なかった／今回の失敗は次回の成功のもと
4. **今までの体験を交流する**
   家族の体験を素材にしたグループワーク
5. **ワークを通した自分への気づき**
   エゴグラム・ワーク／バウンダリー・ワーク／エコマップ・ワーク
   コミュニケーション・ワーク

る気分になることを，参加者のアンケート結果で指摘されている。

4）進め方

　家族教室は約2時間30分。第1回〜第5回は，最初の約15分はウォーミングアップと前回の振り返り，1時間がレクチャー，休憩とコーヒー・ブレイクが15分間，話し合いが1時間という配分となっている。第6回〜第9回は，レクチャーよりもワークが中心となるため，最初の約15分はウォーミングアップと前回の振り返り，その後の15分がワークに関する説明，ワークが約40分，休憩・コーヒーブレイクをはさんでワーク体験の感想や話し合いが1時間となっている。

　毎回，必ずレジュメを配布するとともに，レクチャー・説明はカラーのOHPシートを使用している。また，必要に応じて資料とワークシートを配布している。家族教室の運営に支障がない限りBGMを流している。また，スタッフは，私服で参加しており，フリーの役割を持つスタッフは参加者のあいだの席に座ることで，参加者のサポートをしやすくしている。

　休憩時のコーヒーブレイクでは，ドリップ・マシーンによるコーヒー，ティーポットでつくる紅茶（茶葉は数種類用意しておりリクエストを受ける），緑茶（玉露）が選択できるようになっており，参加者の注文を受けて対応している。カップは，使い捨てではなく陶器のカップ＆ソーサーを準備しており，さながら喫茶店並みのもてなしを行なっている。参加者の家族教室終了後のアンケートでは，「ありきたりの配慮ではなく，大切にされているように感じられてうれしかった」「今日は，コーヒーにしようか，紅茶にしようかと，出かける前から迷うのが楽しみだった」

「毎回，紅茶の種類が違って紅茶のことに詳しくなりました」「あたたかい飲み物は気持ちが落ち着き安心できました」などの感想が寄せられている。時間を作り出して参加している家族の努力を労うための配慮が，家族に正確に伝わっていると感じている。休憩時間やコーヒーブレイクの過ごし方は，参加している家族にとっては，大事な心理教育プログラムの一部となっていることを認識してもよいと思われる。

最終回は，医師のワンポイント・アドバイス（仲間と共に粘り強く継続して取り組むことの大切さ）と修了証書（本物の賞状を作成）を授与していることが特徴である。ひと区切りついたことへのコンプリメントと，今後の方向性の提案を行なっている。

家族教室の運営についての留意点をまとめると表1のようになる。

3．家族教室の内容

家族教室のプログラム内容は，表2の通りである。プログラム内容は，2期に大別することができる。2週間に1回の割合で10回のセッションで構成されている。5カ月間の長期にわたるプログラムは，クリニックの実施体制上の必要から要請されているものであるが，内容面についての積極的な意義としては，参加者間のフェローシップが深まること，家族の行動変容を踏まえた家族関係・家族構造の変化には時間が必要になることなども意識して企画している。

1）第1期（第1回〜第5回）

第1期の目的は2つある。1つは，「ひきこもり」についての理解を踏まえて，本人の状態や行動を共感的に理解することを目的としている。家族相談ですでに個別的に説明した内容を，体系的・系統的に復習する内容になっている。極力，具体例やエピソードの紹介を通して家族に理解しやすいように努めている。

もう1つは，同じ悩みや焦りを持っている家族同士が，話し合う・分かち合うことを通して「肩の荷を降ろす」「ほっとする」「ひとりではない」という体験をすることである。

2）第2期（第6回〜第10回）

すでに5回にわたり家族教室に参加していると，打ちとけた雰囲気となり，食事やお茶の機会を持ったり，住所を教え合う関係性が生まれてくる。こうした参加者同士の親密性が生まれてきたことを踏まえて，第1期の本人に焦点づけた内容から，家族自身に焦点づけられた内容へ変化している。

第2期は，家庭の中で無意識・無自覚に（オートマチックに）行なわれている，日常的な家族自身の「感じ方」「考え方」「行動の仕方」「関係性」の特徴やクセに気づくことを目的としている。その目的を参加者が確実に体験することができるた

表2　「ひきこもり」家族教室のプログラム内容

	内　容	ねらい（目標）
No.1	①オリエンテーション ②院長挨拶・スタッフ紹介 ③話題提供　「ひきこもり」とは ④自己紹介・話し合い	①「ひきこもり」本人の理解についての心理教育プログラム。 ＊レジュメ・資料・OHPで説明 ＊具体的事例の活用 《家族ニーズへの対応》 ②参加者同士による体験・分かち合いと共有を目的とした話し合いを行なう。 《不安感・焦り・孤独感の軽減》
No.2	①前回のおさらい ②話題提供　「ひきこもり」にいたるプロセスと心理状態 ③話し合い	
No.3	①前回のおさらい ②話題提供　本人の性格傾向 ③話し合い	
No.4	①前回のおさらい ②話題提供　本人への対応 ③話し合い	
No.5	①No.1からNo.4までの振り返り ②話題提供　本人の声 ③グループ・ディスカッション ④話し合い	心理教育プログラムの学習を踏まえて、実際の本人の声を聞くことを通して再確認する。 《学習経験の体験化》
No.6	①話題提供　私を知る（1） 　　　　　　私の性格傾向 ②ワーク　エゴグラム・ワーク ③話し合い	①ワークを通して「私」自身の発見・理解を深める。「私」と本人および家族との関係性・コミュニケーション・パターンの変化の必要性についての気づきが目標。 《「私」の発見・理解》 ②「私」の個性・特徴についての気づき、あるいは変化を、話し合いで確認・共有する。 《個性・違いの認め合い》
No.7	①話題提供　私を知る（2） 　　　　　　私の「境界」 ②ワーク　バウンダリー・ワーク ③話し合い	
No.8	①話題提供　私を知る（3） 　　　　　　私と家族の「環境」 ②ワーク　エコマップ・ワーク ③話し合い	
No.9	①話題提供　私を知る（4） 　　　　　　私のコミュニケーション ②ワーク　コミュニケーション・ワーク ③話し合い	
No.10	①ワーク　家族教室を振り返って ②感想・話し合い ③院長挨拶 ④修了証書授与	家族教室を通して変わった「私」・変わらなかった「私」を振り返る。 《「私」と「本人」》

めに，レクチャーではなく「ワーク」という方法的手段を用いて実施している。"治療的"なイメージを与える「ワーク」ではなく，"お遊び"感覚で行なえる「ワーク」となっている。

　エゴグラム・ワークは，テストやテストの前提となっている心理学的な考え方を説明した上で，自分のテスト結果を予想してもらい，その後実際にテストを行ない，その結果と予想について比較することで自分の性格傾向を知ること，あるいは自己イメージと実際の自分とは異なることなどを気づくことができる機会として位置づけている。興味津々という好奇心，結果に対する「え～，うそ！」「やっぱり，そうだったんだ……」「だから，辛いんだわ」の発言が交わされたりテストを見せ合うなど，お祭り騒ぎの雰囲気が毎回繰り返されている。

　バウンダリー・ワーク，エコマップ・ワーク，コミュニケーション・ワーク（資料1）は，自分自身の日常生活を振り返りやすいこと，特徴を認めやすいこと，変化を確認しやすいことなどがあることから，ワークに伴ないがちな傷つきや嫌悪感といった感情を持ちにくいという利点がある。さらに，それらのワークは，日常生活上で誰もが必要な生活技術（social skill）としての意味合いを持っている。「ひきこもり」状態・問題に特有で特別な内容でないことが，家族が素直に受けとれて楽しみながら行なえていることにつながっていると思われる。

　これらのワークは，すでにクリニックのアルコール家族教室や家族会で実施してきたものを，「ひきこもり」状態・問題の特性や家族の特徴を考慮してアレンジしたものである。つまり，さまざまな慢性疾患や障害のある本人を持つ家族に対しても，共通して活用できる内容になっている。「自分を理解すること」を基本に置いたグループ・ワークとしての性格が強いと言える。

Ⅳ　家族教室の課題

　家族教室参加者のアンケート結果では，表3のような意見が出されている。おおむね肯定的評価をもらっているように思う。また，家族教室が家族にとって，どのような意義があるのかについては，表4のようにまとめることができる。

　家族教室の課題としては，「平日の昼間の時間帯に開催されているために，夫婦で参加しづらい。ぜひ，夜間あるいは土曜日か日曜日に父親教室を実施して欲しい」「ワークをやって自分のことを振り返る経験をしたことがなかった。他の方々といっしょにもっと続けて取り組んでみたい。10回は短い」「家族教室終了後に家族会があることは知っているけれども，今の仲間で勉強を続けてみたい気持ちを持っている」などの声が寄せられている。これらの声は，家族が家族教室というグループ

資料1　コミュニケーション・ワークの例

女優さんになったつもりで演じてみよう！
―― コミュニケーション・ワーク ――

　心配しているのに，伝えるときは，つい怒った話し方になってしまう。いつも遠回しに話してしまい，私の真意が伝わらない。相手がどう思うのだろうかとあれこれ考えてしまい，結局話す機会を失ってしまう……こういうこと，ありませんか？
　コミュニケーションは，十人十色。生まれ育った家族，学校，友人，職場……，さまざまな場所・人間関係のなかで培われてきました。自分では気がつかない，コミュニケーションのクセを身につけてしまっている私。それでも，伝えたいことを，誤解なく正確に伝えることで，その人との関係はずいぶんと快適に変わる可能性もあるはずです。普段は考える機会の少ない自分のコミュニケーションのクセについて振り返ってみましょう。

コミュニケーション論
1．コミュニケーションの種類
　　A．言語的コミュニケーション
　　B．非言語的コミュニケーション
2．コミュニケーションのメッセージ性
　　A．情報（意味）
　　B．感情（情緒）
3．クセ
　　A．「結果・結果提示」型　→　（　　　　　）型
　　B．「間髪入れず・直線」型　→　（　　　　　）型
　　C．「きっとよかれ」型　→　（　　　　　）型

コミュニケーションの改善のコツ（別紙資料）
1．「私」を主語で話してみましょう。
2．自分の「感情」を表現してみましょう。

　さらに《ワーク》を通して，自分のコミュニケーションについて検討してみましょう。
　そして，いつもの私とは違うコミュニケーションを試してみませんか。そう，女優さんになったつもりで演じてみましょう！

表3　家族教室参加者のアンケート結果

Q　家族教室に参加されてよかったと思われることは何でしょうか。

自分自身を見つめることができました。また，家庭を離れて息抜きする時間を持つことができました。少しずつ，娘の心を受け入れることができるようになってきたように思います。

今までよくわからなかったことが，少しずつ理解できたかなぁと思えるようになりました。子どもが親や他人にわかって欲しいと思っているのと同じように，私自身も誰かにわかって欲しいと思っていたことが，この教室を通して共感できる人に出会えたことがよかったと思っています。

自分1人では会うことができない同じ悩みを持つお母さんたちに出会うことができたこと。そのお1人お1人の話の中で，子どもへの対応を教えていただくことが多かったように思います。その結果，自分の気持ちが軽くなり自分が変われたように思います。

自分の子どもだけが苦しんでいて，本人にも他にもそういう人がいるということがわかったら，きっと楽になれたのではと思う。そして，私自身がいろいろなことを勉強したことで，自信を持って考えを話すことが，以前よりも多くなってきました。

子どもだけの話題だけではなく，私自身の問題をあらためて考えさせられました。他の人の話を聞いて力づけられました。

子どもと私の関わり方が見えてきたように思います。

＊家族教室修了者に無記名返送方式で依頼しているアンケート結果から

表4　家族教室の意義（アンケート結果から）

1. 不安・焦り・孤独感の軽減
2. 援助職の情報提供による悩み・迷い・心配の軽減
3. 家族同士の経験・体験の交流と有効な情報交換
4. 「聞く」ことによる共感と安堵
5. 「話す」ことによる心理的負担の軽減
6. 「集う」ことによる支えあい

に参加することで，「共感」「学習」「気づき」「安心」「フェローシップ（友情）」などを肯定的に体験していることの現れである。家族教室の改善点として提案されている夫婦での参加は，母親が希望してはいるものの，実際に参加するとお互いが意識してしまい本音が言えなかったり，感情表現を抑制してしまうことがある。しかし，父親教室の提案は，父親が子育てや子どもの成長過程に参加できずに体験してこなかったこと，社会的地位・世間体への配慮やジェンダー役割を担わざるを得ない状況に長年にわたり置かれてきたことを考えると，父親に対する心理教育プログラムの提供は重要であると思われる。

また，家族教室に参加した家族は，ほとんどが公的相談機関・医療機関からの紹介ケースである。5カ月間で1クールの家族教室は，結果として年に2クール実施

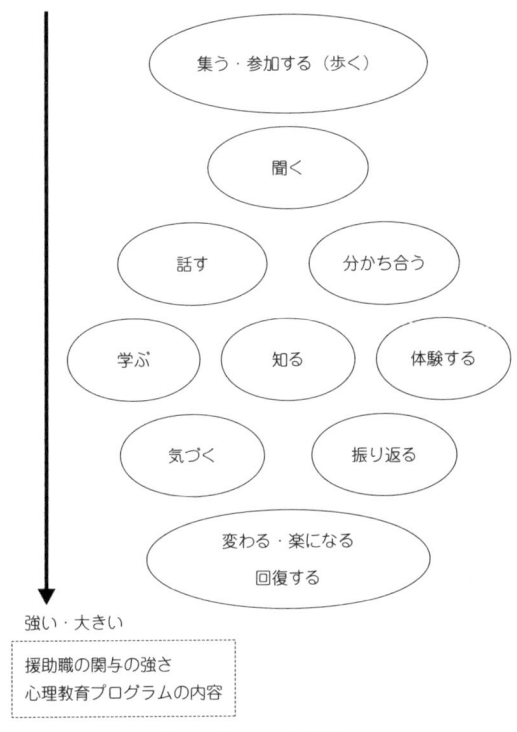

図中:
- 集う・参加する（歩く）
- 聞く
- 話す　分かち合う
- 学ぶ　知る　体験する
- 気づく　振り返る
- 変わる・楽になる　回復する

強い・大きい
援助職の関与の強さ
心理教育プログラムの内容

図5　グループの機能

することしかできない。つまり，2クールで20家族しか参加できないことを意味している。紹介されてくるということは，地域の相談機関の保健所や医療機関・民間機関（カウンセリングルーム・フリースペースなど）が，心理教育プログラムを内容とした家族教室を実施していない状況を反映しているものと考えられる。しかし，クリニックだけで対応しきれることではない。つまり，クリニックの家族教室の課題と言うよりも，地域での家族支援をめぐる連携・ネットワーク・社会資源の整備という課題として位置づけるべきである。「ひきこもり」問題を，自治体行政のレベルでの公的機関の援助・支援対象として位置づけ，新たな地域精神保健福祉施策として展開することが緊急の課題と言えよう。

しかし，施策整備や社会資源の充実の実現にはかなりの時間が必要となることから，家族グループの実践化が地域の中で多様に展開される具体的課題があると考えられる。家族グループは，グループ機能という視点からは図5のように考えることができる。筆者のクリニックでカバーしようとしているのはすべてのグループ機能である。しかし，これから取り組む機関や団体は，それぞれの制約や条件に規定さ

れるものと考えられるが,「集う・参加する」「聞く」「話す」「分かち合う」といった機能を持つ家族グループであれば実践可能ではないだろうか。

V おわりに

「家族を対象としたアディクションモデルの発展型」というタイトルをつけたが,それは読者に医療関係者が多いことを想定したからである。"治癒がない慢性疾患の本人を持つ家族へのグループ援助"と表現した方が,クリニックで行なわれている家族教室のイメージを理解しやすいかもしれない。しかし,筆者の社会福祉職としての立場からは,社会福祉の領域における障害福祉の概念や実践が,「ひきこもり」状態・問題についても有効に機能するのではないかという仮説を持っている。つまり,障害を持ちながらも,障害そのものを否定・克服するものとして捉えないで,障害によって生み出される生活上の不便性や不利益性を,制度・施策の創設・拡充,社会資源の整備・対人援助サービス等によって軽減・緩和・解決するという社会福祉の概念や実践が有効ではないかと考えている。筆者のクリニックで行なわれている家族教室は,「障害福祉モデル」あるいは「エンパワメント・モデル」と位置づけることも可能ではないだろうか。

文　献

1) 後藤雅博編:家族教室のすすめ方.金剛出版,1998.
2) 岩田泰夫:セルフヘルプ運動とソーシャルワーク実践.やどかり出版,1994.
3) 狩野力八郎,近藤直司編:青年のひきこもり.岩崎学術出版社,2000.
4) 清眞人:経験の危機を生きる.青木書店,1999.
5) 近藤直司,長谷川俊雄編著:引きこもりの理解と援助.萌文社,1999.
6) 小田兼三,杉本敏夫,久田則夫:エンパワメント実践の理論と技法.中央法規出版,1999.
7) 尾崎新:対人援助の技法.誠心書房,1997.
8) 佐藤俊一:対人援助グループからの発見.中央法規出版,2001.
9) 杉本貴代栄:社会福祉のなかのジェンダー:福祉の現場のフェミニスト実践を求めて.ミネルヴァ書房,1997.
10) 山田昌弘:近代家族のゆくえ.新曜社,1994.

第3章
家族教室・心理教育的アプローチ③
：行動療法の視点から

林　祐造

I　援助の枠組み

　ここでは，ひきこもりという状態を，不安や焦りに対する対処行動の結果であり，刺激を統制している状態であると考える。そして，この不安や焦りによって過度に肥大化した対処行動を緩和させ，新たな行動を形成していくことで，この状態を解消することができると仮定する。

　ただし，長期化しているひきこもり事例のほとんどは，環境との相互作用の中で不安や焦りを増幅させている。強すぎる不安や焦りは，対処行動を直接的で一方向的なものにし肥大化させる傾向がある。これは家族も同じである。子どものひきこもりという事態に直面させられることで起こる不安や焦りを背景にして，家族の対処行動はこれまでのやり方をさらに強めたものになるか，腫れ物にさわるように刺激しないようにするか，両極端になる傾向がある。どちらにせよ，結果的に家族の無力感は強まり，不安や焦りの高まりと共に，解決努力の方向性が限定されていく。そして，本人と家族，双方の対処行動がお互いの不安や焦りを煽るような形で悪循環を形成し，それは次第に重層性を持ち始める。

　家族教室の役割は，家族が主体的にひきこもりという状態に関わることができるように情報を提供し，本人の自信を少しでも回復させることができるような具体的な方法を，家族が自ら考えそして働きかけることができるように援助することにある。家族が主体的になるためには，家族の不安や焦りを緩和し，無力感を払拭すると同時に解決のための努力の方向性を指し示す必要がある。その上で家族の本人に対する働きかけが，本人の不安や焦りを下げることが本人の新たな行動を作り出す

助けになるという理解のもとに，具体的に考え実行できるように援助する。その結果，双方の不安や焦りが下がれば，硬化し肥大化した対処方法は緩和され，新しい行動も形成しやすくなると仮定する。新しい行動が形成されれば，悪循環は徐々に解消する方向に動き始める。

II　家族教室の進め方

　家族教室のプログラムは，家族が，本人の不安や焦りを対象に，これを緩和するという目標に向けて，自信を回復させるような働きかけを行ない，自己コントロール感を発揮することのできる機会を段階的に作り，それを実行させ，先の見通しを立てながら現実の生活を構成していくことを援助するための方法を身につけることを目的としている。そして，その目的に向けて活動していく中で，必然的に本人と家族の間で生じている不安や焦りを増幅させるような悪循環に対しても，直接・間接的に働きかけていくことになる。

　家族教室の構造は，月1回の頻度で実施，時間は1時間30分。教育セッションが20～30分，続けてグループセッションを行なう。定員は10名程度でクローズド，スタッフは1名である。参加者の募集は地域の保健所に案内を送付したり，新聞社に広報を依頼している。対象者の選別は特に行なっていない。また，個別の相談が必要になった場合や本人が治療を希望するような場合は，原則的には他のスタッフが担当する。

　以下，それぞれのセッションにおけるポイントについて述べる（教育セッションの内容は表1参照）

［セッション1］

　このセッションでは，ひきこもりという現象は誰にでも起こる可能性があり，それは1つの原因で起こるのではなく，複数の要因と偶然が重なりあって起こるのだと定義する。ひきこもりの責任が誰にあるわけでもないということを強調することで，家族の罪責感やそれに由来する不安や焦りを下げ，それに基づく硬化・肥大化した思考や行動を緩和させ，結果的に不安や焦りを煽るような相互作用を抑制することをねらいとする。

　家族は子どものひきこもりという困難な事態に直面し，これまでにさまざまな解決努力をしてきている。そして，そのもっとも普遍的な方法は，原因を探り，その原因を修復するという方法である。ただこの思考パターンには落とし穴があり，「そもそも」と根源的なことを考え始めるとそれは袋小路に入ることになる。多く

表1　教育セッションの内容

セッション1：ひきこもりの要因

思春期・青年期は身体的にも心理的にも大きく変化する時期であり，この時期を乗り越えることは今も昔も困難なことである。とりわけ現代の青年にそれは難しい。身体的には，急激な成長により身体感覚や身体イメージが掴みづらくなり，なんとなく自分らしさが感じられなくなるし，生理的には，二次性徴を迎え男性ホルモンや女性ホルモンの分泌が活発になり攻撃性や能動性が高まり，わけもなくイライラしてしまうこともある。心理的には自己意識が変化し始め，自分はどういう人間か，周りから自分はどんな風に見られているのかを考え始める。

このような時期に不安や緊張が高まると，さらに内省と観察が加速し，他人の一挙一動に敏感になり，思考の上で独り相撲をとってしまうようになる。発達課題としては親からの自立が促され，愛情対象は友達へ移行する。したがって，これまで以上に友達集団への帰属感を求めるようになり，友達に受け入れられるかどうか，みんなと同じであるかどうかをとても気にするようになる。そもそも思春期・青年期というものは非常に不安定なものであり，いろいろなものに躓きやすい時期である。現代において，元来，支え手であるはずの社会がその意味ではあまり機能しなくなっている。過剰な情報と欲求刺激が氾濫し，雑多で許容的な価値観が流布され，さらには日常の生活習慣すらも多様になっている。「確かなもの」という幻想を作ることが非常に難しい時代である。成長はよい「変化」であるが，常に大きなリスクを伴っていることを忘れてはいけない。

セッション2：悪循環の罠

思春期・青年期の青年は日常的に不安感や緊張感を抱えている。何気ない日常の出来事が重なっても案外と消耗するものである。こんな時に予期せぬ出来事が起こると不安は極度に高まる。不安が高まると普段考えないようなことまで考えるようになり，周りにも過敏に反応するようになる。意識するあまり言動もぎこちなくなり自己不全感を強く感じるようになる。

この頃になると自分は周りから疎まれているのではないか，嫌われているのではないかといった考えが確信に近いものになっていることが多い。自分はだめだと劣等感を抱くようになり，何とかしないといけないと焦り一念発起する。しかし，焦りを背景とした行動は成功の基準が高すぎることが多く，失敗する確率が高い。失敗すると，今度は失敗することを恐れて動けなくなる。次第に日常の生活の中でも先に失敗を想定して考え，不安になるような状況を避けて行動するようになる。やがて，動けない自分を，周りと比べて何もできない自分を責めるようになり，自分は取り残されていると感じ絶望する。不安な気持ちで一杯になり，先のことを考え始めると抑えきれない焦りが吹き出てくる。耐えきれなくなり何も考えないようにしようと，自室にとじこもり誰とも口をきかなくなる。しかし，考えが頭の中を巡り，焦りを抑えきれなくなり，はけ口を求めて部屋のものを壊す。しばらくすると自己嫌悪に陥り，自分を追い詰めてしまうような考えが頭の中を巡る。現状を何とかしようとしてきた逐次的な行動が，結果的に解決の糸口を摘むような悪循環を生み出してしまう。

こうなると自分独りで何とかしようとしても難しい。そのことは本人自身も気づいていることが多い。しかし，親には素直に助けて欲しいなどとは口が裂けても言えないし，自分がどのような状態であるのかをうまく表現することなど無論できない。こんな自分に育てたのは親の責任だと親を責めることでそれを表現する場合もある。それは自分ではどうすることもできないから何とかして欲しいと言っているのだと理解できる場合が多い。

セッション3：回復の道標

自室に閉じこもったり，誰とも話さなくなったり，何も考えないようにしてみたり，部屋で暴れたり，親に無理な要求をしてみたり，

それらはすべて，不安や焦りに対する対処行動と考えられる。ただし，この方法は不安や焦りを一時的に下げることしかできないので繰り返される（言い換えれば一時的にでも下げてくれるので繰り返される）。次の段階ではこの対処行動の量が増える。この時に質は問うてはいけない。周りから見ればたわいのない時間つぶしにしか見えないが，彼らにとっては重要な対処行動である。たとえば，布団の中でゴロゴロする，音楽を聴く，漫画や雑誌を読む，ゲームをする，楽器を弾く，歌を唄う，インターネットをする，これらのことが増えるとそれに比例して考え込むことが減るのが普通である。気分の切り替えが多少できるようになると，何かに没頭することも可能になる。

この頃になると，対処行動を邪魔したり，不安が高まる内容でなければ家族との多少の会話が可能になる。部屋の掃除を始めたり，生活リズムを整えようとする行動が見られるが，焦りを伴っていることがほとんどである。しばらくすると家族と雑談ができるようになり，頼めば家の手伝いもしてくれるようになる。このあたりまでくれば誰かに相談できる素地はできあがっていると考えてもよい。彼らが望むものを提供することができれば相談できる誰かにつなげることも可能だろう。自分の中でこの先の方向性がまとまってくると，行動範囲も広がってくるのが普通である。

セッション4：誰も自分のことを理解してくれない

不安が高まると，何をしても失敗しそうな気がして，しないといけないとは思いながら，動けなくなってしまう。動けないことでこんな自分は駄目だと思う。弱い自分を責め，自分に嫌悪感を持つようになる。そうなると自分の中で嫌いな自分が大勢を占めるようになり，他人に弱い自分や嫌いな自分を知られるのが怖くなる。誰かに相談すると，「勇気がない」とか，「甘えているだけだ」とか言われそうで相談することもできない。家族から励まされたり慰められたりすると，弱い自分を感じて反発してしまう。そして自分のことは誰も理解してくれないと感じるようになる。彼らは弱い自分や嫌いな自分を知られたくないと思っている。そのことに触れられると不安が高まり混乱する。

この時期に彼らを内側から支えてくれている信念は，意地や面子や見栄であることが多い。彼らが望む理解は，不安にさせられない接し方そのものであり，何か特定の観念内容を本質的にはさしていない。（不安にさせられない→理解している・不安にさせられる→理解していない）

セッション5：なぜ動かないことを選択するか

不安が高まると，周囲に敏感になり，自分は周りから疎まれているのではないか，嫌われているのではないかと考え込むようになる。外出の際に，学校や仕事に行っていないことで気後れしてしまうし，噂になっているのではないかとも考える。同年代の人たちを見ると笑われているのではないかと不安になる。しだいに人目を避けるようになり，他人から非難されない基準や方法を常に考えるようになる。たとえば，仕事をしていて，誰とでも緊張せずに話ができて，誰にでも自分の考えがはっきり言えて，明るく冗談が言える人間が基準になる。安心できる人間像を描こうとすればするほど，完全な人間像を描いてしまうことになる。安全な基準としての容姿や性格そして話し方や振舞い方と，実際との間でギャップが大きくなり，行動しようと思うと不安が高まり動けなくなる。やがて不安な要素を常に探すようになる。行動を起こそうとすると不安が高まり，その不安に対処しようとして起こりそうな出来事を予測し対応策を考える。しかし，安全の基準が高すぎるので対処できない可能性をすぐに見つけてしまうことになる。結果，動かないことを選択するので不安は下がる。

この悪循環ができあがると一歩目のハードルがとてつもなく大きなものとなってしまう。動こうと思っても動けない経験を何度も繰り返していると，無力感に支配されるようになり，何をどうしたとしてもどうしようもないと確信するようになっていく。

セッション６：焦りと代償行為

動かないという選択をすると不安は一時的に下がる。しかし，彼らもこのままでよいと思っているわけではないので，すぐに先のことが気になり始め，考えが止まらなくなり，イライラした日々を送ることになる。焦りとは先の見通しがつかない不安である。焦りが極まってくると冷静な判断ができず，無理なことを思いつきやすい。段階的にことを進めるという発想にならないので失敗する確率もかなり高くなる。しかし，焦りを解消するために一念発起して行動しようとするよりも，代償行為によって焦りを一時的に下げようとすることの方が多いように思う。たとえば，部屋の模様替え，机上の計画，収集癖，浪費，暴力などである。

この代償行為により将来の見通しが立つわけではないが，焦りを下げてくれるので繰り返されることになる。建設的な行動を起こそうとして結果的に動けないという悪循環から，焦りとそれを下げる代償行為という二次的悪循環へと入っていく。

セッション７：なぜ暴力的な行為はエスカレートするのか

最初は物を壊したり，壁や床を叩いたり，家族に暴言を吐いたりするところから始まる。単発で起こる場合には，焦りや怒りを下げるための対処行動であると理解できる。怒りは期待するものが手に入らない時の感情反応である場合が多い。暴力的行為には単発で終わる場合とエスカレートする場合がある。エスカレートする場合は必ず家族が巻き込まれている。家庭の中で暴力的な行為が頻発するようになると，家族は彼らの気配や行動に対して敏感に反応するようになり，彼らを怒らせないように行動しようとするのが普通である。そのことが彼らの孤独感や無力感の背後にある不安や焦りを一時的に下げる働きをするので，家族に関わろうとする行動が強化される。一方，本人との関わりが増えることで，家族の不安はさらに高まり，怒らせないようにしようとする行動は過剰になり，相互作用の中で悪循環が形成される。客観的に見れば，本人の行動も家族の行動も機能不全を起こしている。

しかし，これらの行動は不安を一時的に下げる働きをしているので強化され，継続されることになる。

セッション８：家族の悪循環

ひきこもりという事態に遭遇すると，家族にも不安や焦りが生まれる。そして，この事態を何とかしよう考え，本人への働きかけを始めるのが普通である。それは，何が原因なのかと本人を問いただしたり，叱ったり，励ましてみたり，慰めてみたり，性格的に改善した方がよい所を指摘したり，日常生活上の乱れを注意したり，外へ注意を向けさせようと外出に誘ってみたり，趣味や習いごとを勧めたり，アルバイトを見つけてきたりとさまざまな働きかけを試みる。働きかけに応じてくれる場合もあるが，本人を不安にさせたり，落ち込ませたり，イライラさせて，結果的にひきこもりの悪循環を促進してしまう場合も多い。言い過ぎたら駄目だと分かっていながら行き過ぎることもしばしば起こる。

しかし，何もせずに様子を見ることが家族にとっては一番つらい。家族の不安や焦りは，こうしたらうまくいくかも知れないと考えることで，そして働きかけようとすることで一時的に下がるし，時に本人が話を聞いてくれたり働きかけに応じてくれると急激に下がる。このことが働きかけるという行動を必要以上に増幅させてしまう。

セッション９：家族の働きかけ（まとめ）

セッション１〜８までのまとめを行なう。特に不安と焦りへの対処行動の結果としてひきこもりという悪循環が形成されること，その状況を打破するためには対処する主体としての本人の自信を回復させることがもっとも重要であることを強調する。自信を回復していく過程は不安を克服していく過程でもある。まとめは，現在困っていることを話題に，各々のセッションの課題についての成果を織り込んだ形である。対処方法とセットで理解する方がより実際的である。

の場合,ひきこもる原因は「本人の性格の問題」に還元され,ひいては本人をそのように育てた親の「育て方の問題」に行きつく。当然ながら,ひきこもりの原因の主犯は本人を含んだ家族の中から選ばれることが多い。そして,原因の主犯を責めるという形で結論に至る。現在起こっている事態を,ともかく定義づけることは,不安を軽減させる作用がある。したがって,認知された定義づけは多用されパターン化する。仮に本人の「性格に問題がある」とした場合,性格を改変させるような家族の働きかけは,しばしば本人に駄目な自分を認めさせるような働きかけになる。その結果,自分を否定された気持ちになり,生きている意味を見出せなくなり,無力感にさいなまれるようになる。そうなれば不安や焦りはさらに増大しやすくなる。また,「親の育て方の問題」となれば,親は自分の育て方を悔いて,駄目な親のレッテルを貼り,親としての無力さを痛烈に感じ,過剰な罪責感に悩むようになる。このことは不安や焦りを増大させる。原因の主犯を責めるという形の定義は,不安を一時的に下げるが,さらに大きな不安を循環的に作り上げてしまう。

[セッション2]
　このセッションでは,不安や焦りに対する逐次的な対処が,不幸にも不安や焦りを増大させる循環を生み,結果的にひきこもるという対処行動を形成させてしまう仕組みについて学習し,不安や焦りを軽減させる働きかけが,ひきこもりの緩和に有効であることを提示する。そうすることで,援助の方向性を指し示すことができ,そのこと事態に家族の不安を和らげる力がある。不安や焦りを軽減するためには,本人が陥っている現在の困難に理解を示し,現状について保証してあげることと,自信を回復させるように行動を形成していくことが必要である。
　自信を回復させるような働きかけとは,第1に現在できていることを拾い上げて逐一誉めてあげる(認める・労う)ことである。その前提には,現在の困難な状況の中では何をするのにも大変なエネルギーを必要とするのだという理解がある。したがって,部屋から出てきて食事を摂るという行動は十分に賞賛されるべきものである。第2に頻度は少ないがたまにする行動を見つけだして誉めることである。これは少々観察力を要する。第3はできそうなことをお願いして感謝することで,周りから認められる行動を形成することである。第2の例外に繋げることができれば行動形成は案外うまくできる。たとえば朝刊とか夕刊を取るという行為が例外的にあるとすると,これをお願いして取ってきてもらう,そして感謝する。これを繰り返せば,お願いしなくても自発的に取ってきてくれるようになる。この時に感謝を忘れないことが重要である。主体的な行為は特に大切にしてあげたい。

[セッション3]

　このセッションでは回復の指標を提示する。どのように回復していくのかのモデルは短期的な目標の設定を容易にさせるし，その指標が日常的で具体的なものであれば，家族は日常の中でそれを探そうと努力するようになるので，セッション2の誉める部分を見つけやすくなる。回復の指標を見つけだすことは，家族にとっては安心材料となるし，積み重なってくると援助の流れは自然に形成されていくことが多い。
　ここでのポイントは，ひきこもりという状態は不安への対処行動の結果であり，同時に回復の初期段階であること，そして些細な行動の変化，日常の生活行動の広がりは，不安の軽減を示していることを伝える。ここで話し合われる内容はできる限り具体的である必要がある。すべての行動において，回復の意味づけは可能である。

[セッション4]

　このセッションでは，「誰も自分のことを理解してくれない」という訴えに対する対応について学習する。家族が理解しなければならないのは原因と思われる過去の事象についての心情ではなく，本人が現在感じている困難に対する理解である。原因の追求は侵襲的になるし，現状の困難に対する理解の伝達を省いた打開案の提示は，批判されていると受け取られる可能性が高い。現状の困難さに対する理解は，不安や焦りを軽減する接し方を続けることで，より的確に本人に伝わる。不安や焦りを軽減する接し方にはいろいろある。本人が気にしているような日常生活上の問題を解決し生活環境を整えること，通常は些細な行為と見られることに対して，誉める，認める，労うなどの働きかけをすること，本人が悩んでいることとは違う側面でコミュニケーションを持つこと，焦って何かをしようとした時には本人より先にブレーキをかけ，その行動内容と絡めて必ずできそうな行動課題を提示し促すことなど，段階に合わせて組み合わせるとよい。

[セッション5]

　このセッションでは，成功を望む周到な慎重さが不安を高め，その結果，動けなくなってしまう悪循環を理解し，初動のハードルを低くする方法を学習する。その際には大きな成果より過程の中の小さな要素を肯定的に評価することが重要である。たとえば，仕事について，思いついたこと，考えていること，そのことを人に話せたこと，直接的に仕事ではないがそれに繋がるような行動を起こせたこと，仕事に向けた探索行動をし始めたことなど段階的に評価できる部分は多い。また，就労などを目標にするより，新しい体験を積むことを目標にする方がよい。そうすれ

ば失敗も1つの大切な体験となり，肯定的に話し合うことができる。この時にも失敗を次に活かせばよいという形よりも，その失敗したと思っていることにどう対処したか，その対処がどのように適切であったかを見つけだして評価する方が建設的である。常に試しにしてみるという雰囲気を作りながら援助することが大切である。

[セッション6]
　このセッションでは焦りと代償行為（対処行動）との悪循環が，建設的な行動を阻む仕組みを理解し，この悪循環から抜け出すために，代償行為を利用して適切な行動に結びつける方法を学習する。たとえば，部屋の模様替えや物品の収集や買い物などの代償行為があったとしたら，それに家族も加えてもらうとよい。部屋の模様替えなら，壁紙やポスターや収納ボックスなど必要なものをそろえる手伝いをすればよいし，きれいにできたことを評価し，別の部屋もお願いすればよい。断られたら，大変な状況の中で無理なお願いをしたことを謝ればよい。そうすることで，現状ではこれで十分であるというメッセージをより効果的に伝えることができる。代償行為は繰り返される安定した行為であるので，家族にとっては関わりやすいはずである。

[セッション7]
　このセッションでは，暴力的な行為がエスカレートしている場合の一般的な対処法を学習することで，家族の不安を緩和する。そうすることで，暴力的な行為をエスカレートさせる可能性のある相互作用を緩和させることができる。その対処法には，家族が孤立しないこと，すぐに助けが呼べる仕組みを作っておくこと，物理的に離れる工夫をすることなどが考えられる。家族の中で暴力的な行為を被らない可能性のある人の関わりを増やすことで，打開の道を探ることも考えられる。
　ただし，現に暴力的な行為がエスカレートしている場合には現実的な危険が伴うので個別の相談で，細やかな対応をする必要がある。

[セッション8]
　このセッションでは，家族の不安や焦りがどのように本人への働きかけ方に影響を与えているのかを理解し，自分たちが日常の生活の中で楽しんだり，リフレッシュすることがいかに大切であるのかを学習する。

[セッション9～12]

このセッション以降は，各々が現在困っていることを話題にして，本人の自信を回復させるという視点で，その対処方法をメンバー全員で考えていく。その際に，家族の働きかけの有効性を具体的に確認していくことが大切である。

Ⅲ 家族教室の課題

家族教室のプログラムは，本人の不安や焦りを緩和しながらどのように未来に方向性を与えていけばよいのかという軸と，家族の不安や焦りを緩和しながら不安や焦りを煽るような相互作用を結果的にどれだけ減らしてゆけるのかの，2つの軸で構成されている。どちらにウエイトを置いても構わない。

また，家族の不安や焦りを緩和させるために本人への対処方法を考えるという形であっても，本人への対処を抜きに家族に安心と支持を提供する形となっても，結果的には家族と本人との間で生じている不安を増大させる相互作用は緩和されるので，本人の不安や焦りも幾分かは軽減されるはずである。しかし，そのことだけでは本人の行動を方向づけていくことは難しい。そうなると，プログラムの中に，本人の行動を方向づけていくための技術の習得か，本人を治療に繋げるための戦略が必要になってくる。もしくはこの部分は個別相談の領域とし，平行治療を行なう方法もあるだろう。

ここに提示しているプログラムも試案であり，完成されたものではない。不安や焦りという側面を取り上げたのは，不安や焦りはどの事例にも存在し，それを解消するための行動を形成しやすく，そのことが機動性の向上に結びつきやすいと考えたからである。

また，対象者の適応の幅が広いというのもこのモデルの特徴であるが，どのようなケースにより有効に働くかは，今後の展開を見ながら判断してゆくことになる。

文　献

1）後藤雅博編：家族教室のすすめ方．金剛出版，1998．
2）狩野力八郎，近藤直司編：青年のひきこもり：心理社会的背景・病理・治療援助．岩崎学術出版社，2000．
3）鈴木丈編著，伊藤順一郎著：SSTと心理教育．中央法規出版，1997．
4）山上敏子監修：お母さんの学習室．二瓶社，1998．

第4章 親の会

小林 京子

I はじめに

　山梨県立精神保健福祉センターでは，厚生省保健医療局長通知「精神保健福祉センターにおける特定相談事業実施要領について（昭和64年1月5日付）」に基づき，思春期コンサルタント事業を実施している。思春期コンサルタント事業は，個別相談・電話相談・研修会や講演会の実施・思春期問題連絡会議の開催など総合的な取り組みであり，その中の1つとして，従来から不登校ケースの集団指導を実施してきていた。

　1989年度から，まず「登校拒否児を持つ親の会・子の会」を事業化し，現在まで「不登校親の会・子の会」として継続している。そこでの対象は義務教育年齢が中心で，高校生年齢までであったが，次第にそれ以後の年齢のひきこもり・閉じこもりの相談が増えてきた。そこで1997年度から，個別相談の中で非分裂病性のひきこもりと考えられるケースの親に呼びかけて，新たに「ひきこもりの家族教室」を事業化し，個別相談と併せて集団による援助を開始した。教室で顔見知りとなった親たちは，今後の継続開催を希望し，当センターでも事後のグループを「ひきこもりの親の会」と位置づけ援助していくこととなり，1998年の3月に第1回が始まった。

II ひきこもり親の会の概要

①位置づけ

当センターでの家族援助は，個別相談を基本としている。個別相談ケースの中から，適応を判断し，家族教室へ導入する。親の会には，家族教室を終了した家族を対象に参加をすすめ，個別相談と集団での援助（家族教室・親の会）を適宜組み合わせて継続している。親の会の参加者の中には，家族教室に毎年参加している人もいる。

②対象
義務教育以後の非分裂病性のひきこもりと考えられる青年の親。

③目的
ひきこもり状況からの回復には，時間がかかることも多い。親は相談に来所するまでにも，すでに長い期間を要していることもあり，1人で抱え込み孤軍奮闘し疲労し，さらに孤立無援の状態に置かれていることが多い。しばしば親こそがひきこもり状態にあり，親に対する継続的な援助が必要である。親がまず元気を回復するために，安心して集える場を提供する。同じ悩みを共有できる親の存在は，互いに支え合い，安心感や気持ちのゆとりを回復させる。さらにどこでも話せないことを安心して話せることで，カタルシスをはかる。メンバー相互に話し，聴くことにより気づきをすすめ，学習や洞察を助ける。

④場所
当センター集団精神療法室

⑤日時
毎月1回：第2火曜日　午後1時30分～3時30分

⑥形式
期間は区切らず希望により継続的に参加でき，中断や再参加も可能。集団カウンセリング方式でテーマなどは事前に決めていない。

⑦スタッフ
当センター職員（保健婦・ケースワーカー・心理技術者）が1名参加し，司会と記録を担当している。

⑧ミニレポートの発行
「親の会」開催3回目より，その回に参加したスタッフが，会の様子や中で話し合われた内容などについてレポートし，その中から感じられた中心的テーマなどをメッセージとして加えてまとめ，登録メンバーのすべてに毎回送付している。

⑨運営の留意点
　1）スタッフは司会進行を担当するが，居心地よい雰囲気づくりに配慮し，メンバー1人ひとりを丸ごと受け止め寄り添う態度で，しかも振り回されず安定した態度で参加する。

2）あらかじめ，それぞれのケースの状況をある程度把握しておくことが望ましい。個別相談を担当していないケースについても，家族教室に参加しておくことでケースの概要はつかめる。また，毎回の報告書とミニレポートはスタッフにとっても情報源である。その他の業務もあり，定期的なカンファレンスをすることはなかなか困難であるため，適宜情報交換しておく。

3）参加者は，経過の長短，家族状況，本人の状況など，多様な背景をもっており，グループの利用の仕方にも個人差があるので，常に全体の動きの中で，参加者個人がどのような体験をしているのかに注意を払う必要がある。

4）スタッフに対して性急に答えを求めて来ることもよくあるが，本人への関わり方については，「正答はなくみんなで考えるもの」と表明しておく。

5）参加回数や参加頻度も実にさまざまである。突然で単発の参加であっても，「よく参加されましたね」と暖かく迎える場の雰囲気づくりが必要である。これまでの経験では，もっとも大変な時期には参加しにくいという事情がありそうである。

6）それぞれさまざまな個別的な事情を抱えており，グループの中では取り扱いの難しい問題については個別援助を活用することを勧める。

Ⅲ 会の経過と参加者（メンバー）の状況

1．家族の参加状況

1997年度から2000年度（11月現在）にかけての家族の参加状況は図1の通りである。これまでに13家族延べ106名が参加した。参加家族は母親が中心で，弟が2回母親に同伴参加したが，父親の参加は皆無であった。参加の仕方には，ほとんど休まずに継続して参加する人たち，断続的に参加する人たち，単発的に時々参加してくる人たちの3タイプに分けられ，ほぼ同じくらいの割合である。

2．参加者の状況と会の変化

さまざまな経過，背景の母親たちが自分たちの都合で参加してくるので，会全体，集団としてのプロセスよりは，その中で個々がどのようにグループを利用したり影響を受け変化してきているのかという捉え方になるが，おおよそ次のような印象を持っている。

まず最初に気づかれる変化は，表情が明るくなる，おしゃれになるなどの外見的な事柄であり，この変化は大きい。そして，程なく一緒に車に乗り合わせてきたり，メンバー同士の親密な関係づくりが見られるようになる。

no	青年の性別 来所時年齢	家族教室参加状況			親の会参加状況		
		1997年度	1998年度	1999年度	1998年度	1999年度	2000年度
1／A	長男27	＊			————————	——— (16・弟2)	
2／B	次男32	＊			—— —— ——	- - (13)	
3／C	長男30	＊			——- - - -	—— - - (12) -	
4／D	長男30	＊				— —	(3)
5／E	長男23	＊			—— - (3)		
6／F	長男25	＊		＊	—— ——	——	(18)
7／G	長男19		＊	＊	————————	——— (14)	
8／H	長男23	＊				—	(1)
9／I	長男19	＊	＊	＊		— - -	(3)
10／J	長男25			＊			——— (3)
11／K	次男17			＊		(8)	————————
12／L	長女23			＊			—- - (3)
13／M	長男23		＊	＊		- ———	- - - (7)

（　　）内は参加回数

図1　家族の参加状況一覧

　一部には，当初は何も話せず（話さず），他の参加者の話を聴いているだけの人もいる。次第に話すように（話せるように）なるが，こうした人は深い葛藤状況の中にあり，複雑な思いや感情を言葉に表現することが難しいため，スタッフもなかなか真意をつかめないこともある。まずは，とにかく根気よく聴き続ける（理解や感情を言語化しフィードバックしながら）ことで，発言は次第にまとまってくる。しかし，率直な感情表現や自己開示には時間がかかるように思われる。

　一方堰を切ったように時間一杯しゃべり続ける人もいるが，こうした一群の家族は経過の長い人たちや，ある程度個別面接を経過した人に多いように思われる。中学生時代からの不登校のエピソードがあるなど，これまでもさまざまな相談機関や医療機関への相談を経験してきていたり，それなりの学習を積み知識を持っており，学歴社会を批判したり，さまざまな雑誌や新聞の切り抜きなどを持参してきて，話題提供する人もいる。それにも関わらずなかなか状況が好転せずに長期化している人たちである。これらの人たちも，他のメンバーに話を聴いてもらうことで，改めてこれまでの体験を整理し直したり，気づきが進むようである。また，他のメンバーの話を聴くことを通して，「うちはなぜこんなに長引いてしまったのか」と，こ

れまでの本人への対応や夫婦関係を見直す機会となることもある。中には「8年経って初めて夫ときちんとした話ができた」と報告した人もいた。まずは，同一テーマ（子育ての後悔，親子関係，夫婦関係，夫への不満など）を繰り返し繰り返ししゃべり，それを否定も，批判も，非難もされずにじっくりと聴いてもらいたくて参加してくるようであり，次第にメンバー相互にアドバイスし合う姿も見られるようになる。

これまでの間にひきこもりがかなり改善あるいは解消したケースは3ケースほどであるが，このようなケースでは，母親たちはそれ以後親の会に参加して来ない。また，あまりに辛過ぎる時（焦っていたり，不安が高まっていたり，万策尽きて行き詰まっているなど。親たちは，「どん底状態」と表現する）にもグループには参加できないが，少し元気を取り戻すと経過を報告するために再び参加してくるようである。中には本人が自立に向けて動き出すことにより，母親が反応性の身体症状や鬱状態を呈し医療が必要になったり，親の会に参加できなくなる場合もある。

母親たちは，"ひきこもりの悪循環（第Ⅱ部第1章を参照）"についての知識を共有してはいるが，実際に子どもへの対応を変えることは容易ではない。それでも次第に，"ひきこもりの悪循環"から脱して家族関係が以前より改善し，本人の家庭内での暮らし方が変化してきたり，外出が増える，多少アルバイトに出る，運転免許証を取得するといった変化を報告するが，すぐに，その次を期待しすぎて，再び同じ悪循環に陥ったりもする。母親たちは待つ気持ちや本人に任せる気持ち，あるいは焦る気持ちや不安な気持ちの間を日々大きく揺れ動き，知的理解と感情の不一致のために精神状態がアンバランスとなりやすい。仕事や趣味を生活の中心にして，本人とのバウンダリーを付けようと試みたりもするが，心理的距離も物理的距離も不安定になりやすく，毎週親の会をやってくれないと気持ちが保てないと言う人もいるくらいである。月1回の会で何とか気持ちを整えてやっとやっているという状況の人が多い一方，子どものことばかり考えすぎてしまうと言い，むしろ参加を控える家族もいる。

中には，強い焦りから，「こんな親の会をいくらやっていても仕方ない」と会への失望やいらだちをぶつけてきたり，家族だけの力の限界を感じ，本人が参加できる作業所づくりなど，公的機関による援助を再三希望するなど，依存と期待，あるいは幻滅の間を揺れ動く人もいるが，次第に「子どものことを考えてきたが，結局は自分の人生を問われているのだ」とか，「50歳になって，やっと自分は自分でいいやと思えるようになった」という発言が聴かれるようになり，親自身の洞察も進んで来る。

Ⅳ　アンケート調査結果

　これまでに親の会に参加した13名の方々にアンケート調査を実施し，12名から返信があった。その結果について報告したい。（　）内は解答人数である。
　『今後の参加について』は11名が「希望」，1名が「分からない」としている。
　『回数と時間について』は，10名は「現状でよい」としていたが，「月2回に」と「土日の開催を希望する」という人も1名ずついた。
　『初回の参加時の気持ち』は，「緊張した」(8)，「話しやすかった」(8)，「不安だった」(5)，「安心した」(4)，「落ち着かなかった」(2)，「入りにくかった」「話しにくかった」「心配になった」「腹立たしかった」「リラックスしていた」がそれぞれ1名ずつ，また，「聴いてもらえて軽い気持ちになった」「解決の糸口が見つかるかもしれないという期待感があった」「同じ思いをしている人が他にもいることにびっくりした」と3名の方が書き加えてあった。
　『参加して印象に残っていること』は10名の方々からさまざまな意見が寄せられた。「自分以外にも同じ悩みを抱えている人がいること，しかも大勢で長期間の人がいることに驚いた」(2)，「私ばかりじゃないと勇気づけられた」「同じ立場の人と交わることで励まされ気持ちが休まった」「互いの悩みが分かり合えて気持ちが通じてうれしかった」「気持ちが楽になり子どもの気持ちも少し考えられるようになってきた」「それぞれ事情は違うが参考になることが多く反省したり取り入れたりできる」がそれぞれ1名ずつ，また，「司会が専門の方なので親だけで進行していくより満足感がある」という意見もあった。
　『父親の参加について』は，「参加して欲しい」(9)，「どちらでもいい」(3)。
『父親の不参加の理由』は，「仕事が忙しい」(9)がもっとも多いが，「母親が多いので参加しにくい」(2)，「母親に任せている」(1)，また，自由記載の中には「どうしていいかわからない」「息子の話をするのが辛い」「面目が立たない」「自分たちのことをなぜ他人に話すのか」というものもあった。
　『会は役に立った』と11名が答えているが，「分からない」という人も1名いた。「同じ立場の仲間がいる」(9)，「自分が振り返れる」(9)，「子どもの話ができる」(8)，「孤立感が減る」(7)，「子どもへの理解が深まった」(7)，「情報が得られる」「理解の視野が広がった」がそれぞれ6名，「安心する」「何かの気づきがあった」がそれぞれ5名，「自分の変化を助けた」「自分の話ができる」(4)，「感情が出せる」(2)，また，「辛い時の逃げ場としてとても有効だった」「希望となり自分の進むべき方向性が見えてきた」「話を聴いてもらえて気持ちが落ちついた」「問題

が前向きに考えられる」「いろいろな意見が参考になる」とも記載されていた。

『参加して嫌だったことについて』は，「参加者が少なかった時」と「1人があまりしゃべりすぎる時（話すことが苦手な人も心を語りたい）は不愉快であった」と1名ずつが書いていた。

『職員への要望』は「ない」という人が9名だったが，「話し合うだけでなく具体的な支援援助もして欲しい」という方も1名いた。

『ミニレポートについて』は，「他の状況がわかるし孤立感がやわらぐ」「よい変化はうれしく励みになる」「これからの方向づけとなったり後日の参考となる」と11名が役立っていると答え，「ミニレポートは本当にありがたい」という自由記述もあった。

『会以外での交流』を持った人は4名おり，「有益だったし楽しかった」としているが，8名は交流はなかった。

また，『中断の理由について』は，「家庭の都合」（6），「健康上の理由」（3），「ひきこもりが解消した」（2），「落ちついた」「ゆううつになってしまう」「家族教室の参加だけで精一杯」「仕事の都合」「生活にゆとりがなくなったため」がそれぞれ1名ずつあった。

V　まとめと考察

以上，2年半の経験を振り返ってみた。参加者のニーズによって"活用されている"姿が明らかとなった。また，アンケート結果からも，親の会は集団療法的アプローチとして一定の有効性をもつことが確認できた。しかし，一口にひきこもりと言っても，親の事情や状況もさまざまである。グループは万能ではないことを認識し，集団の中で扱いかねる個別的な困難に対しては，個別援助を適宜組み合わせて運営していくことが必要である。

参加者は，集中的に長期間参加する人もいれば，忘れた頃に単発的に参加してくる人もいる。また，ひきこもりが解消すると来なくなるし，一方非常に大変な時期（どん底状態）にも参加しにくいことがわかった。親たちは，参加したい時（利用したい時）に参加者のペース（必要性によって）で参加しているのであろう。このことで，最近久しぶりに個別相談に来所した母親から，親の会に参加しなくなった時の気持ちについて，伺う機会を得た。子どもが動けるようになってきて，親も自分の生活を中心にしようと「もう子どものことを考えることは止めようと思ったのに，親の会に行くと，子どものことを考えざるを得ない」ことになり，参加がかえってマイナスになると考えてのことであったという。

そうした事情のため，毎回誰が参加するのかはその時にならないと分からない。あらかじめテーマを設定することはせずに，その回の参加者に合わせた運営となっていることも，むしろ参加者にとって参加しやすい状況になっていると考えられる。

　月1回という開催ペースであること，スタッフも複数が交替で担当することと，親の上記のような，それぞれの参加状況のため，内容の継続性とともに1回ごとの"今ここで"の体験が重要になってくる。

　親たちの心は非常に大きく揺れ動いており，月1回の開催日を心待ちにしている。参加者のほぼ全員が「自分ばかりではない」という事実を確認できる場として，親の会を活用していることは明らかである。そのことにより，まずは勇気づけられるのである。すでに同質の問題によって参加しているという前提条件が共有されていることが何より重要であり，さらに，ここでは批判や非難をされずに安心して話すことができることが保障されている。しかも同じテーマを何回でも繰り返して話すことができ，そしてそれを仲間に共感的にじっくり聴いてもらえる。カタルシスを図り，受容感や自信を回復し，次第に考えがまとまり，家庭内外で安定して主体的に行動できるように少しずつ変化していく。

　こうした経過はセルフヘルプ・グループ（自助グループ）の言い放し，聴き放し，文句は言われない，語り直しができる，自己の物語を語りなおして主観的なリアリティを尊重する"丸ごと受け止め寄り添う"あり方と類似しているように思われる。セルフヘルプ・グループにおいては，語ることで自己イメージが変化していき，生きやすいストーリーを獲得していくと言われているが，まさにそうした効果が得られているのではないかと思われる。

　親自身が仲間を得て楽になり，さらには語ることで自己受容が進み，また楽になる。これと平行して，就労には至らずとも本人たちの何らかの変化が報告されることは，どのケースでも同様である。両者の相互関係についての親自身の気づきが，会の中でよく述べられる。厳密に言えば，親の会だけによる変化とは言えないが，親自身が「親の会に参加し楽になると子も楽になるのだ」と実感を込め報告する。家族の悪循環が変化するのであろう。「親の会」への参加は渋っていても，父親が母親とともに個別相談に訪れるようになるなどの変化がみられることもある。

　ところで，ミニレポートの効用は予想以上であることが確認された。"お守り"のように大事に手帳に挿んで持っている人もいる。さまざまな事情で参加できない時は心の拠り所として，さらに橋渡し役として，回を繋ぎ人も繋ぐ役割を担っていると考えられ，毎回の発行は必要であると実感している。

VI 今後の課題

　全国的に見ると父親が中心となって運営している親の会もあるが，当会においては，これまで父親の参加は，まったく得られていなかった。アンケート結果から，父親の動き出せない姿や，面目や体裁に縛られている姿も伺われた。父親は「家族教室」の方が比較的参加しやすいようなので，諦めずに誘ってきたところ，2000年度の家族教室終了後，1人の父親から「夜一杯飲みながら，父親の集まりをしたい」と家族教室の参加メンバーに呼びかけがあった。「父親の会」発足に向けて，当面は支援していくことになる。

　「親の会」は「家族教室」と連動していることが重要である。「家族教室」の内容は年々修正変化してきている。特に2000年度は，"子どもが自立するということ"を強調して扱ったことで，親同士の凝集性がさらに高まったようである。親が分離不安や喪失体験に耐えるために，受容的・相互支持的な親の会への期待が高まっているものと考えられる。これまでの経験を踏まえながら，一層"受け皿"として，さらに親自身の変容を援助する場としても機能していくことが，親の会の役割と考えている。

文　献

1) 藤原茂樹：山梨県立精神保健センターでの「登校拒否児を持つ親の会・子の会」についての報告．平成2年度．
2) 岡崎茂：不登校児の親のグループミーティング．東北・北海道ブロック研究協議会報告書　平成11年度．
3) 諏訪真美：引きこもる青年の親のグループセラピーを実施して．平成10年度全国精神保健福祉センター協議会．
4) 竹岡由比：青年期親の会を実施して．東北・北海道ブロック研究協議会報告書，平成8年度．

第Ⅳ部

ひきこもりケースへの予防的早期介入

1. 予防的介入の可能性と課題
2. 臨床現場における予防的介入の実際

総論
ひきこもりを予防できるか？

近藤直司

I はじめに

　1960年代，Caplan, G.が「予防精神医学」[3]を定義し，地域を基盤とした精神保健活動の方法論を示したことを契機に，精神疾患の予防が具体的に検討されるようになった。Caplanは，精神保健における予防活動を，①地域社会において，あらゆる型の精神異常の発生を減らす（第一次予防），②それでもなお起こる精神異常のうち，多くのものの罹患期間を短縮する（第二次予防），③それらの精神異常から生ずる障害を軽減する（第三次予防）と分類し，これらを計画し，実行するために必要な理論と実践両面の専門的知識の集成という意味で「予防精神医学（preventive psychiatry）」という用語を提唱した。この概念は，現在も精神保健活動の基本的枠組みとして踏襲されており，精神分裂病やアルコール関連問題などを中心に，精神障害の第一次予防についての具体的な実践が始まっている[12]。

II 個々の精神疾患について検討される早期介入

　第I部第1章で述べたように，社会的ひきこもりの精神医学的背景はかなり多様である。その予防を検討するための1つの方法論としては，青年期において社会的ひきこもりをきたしやすい精神疾患の予防を個々に検討することであろう。このうち，精神分裂病については，すでに第一次的・二次的予防対策が実際的に検討されており[2,11,12]，発達障害についても，乳幼児健診や療育機関を中心に実施されている早期発見・早期療育のためのネットワークを整備し，そのスキルを高めてゆくこ

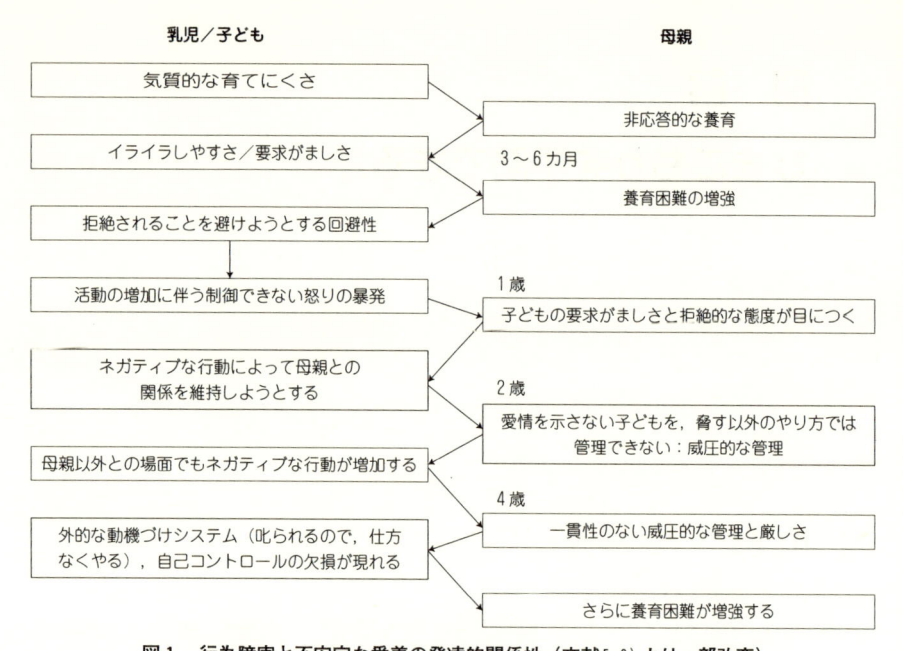

```
乳児／子ども                                              母親

┌─────────────────────────┐
│   気質的な育てにくさ        │──┐
└─────────────────────────┘  │      ┌─────────────────────────┐
                              └─────▶│     非応答的な養育         │
┌─────────────────────────┐         └─────────────────────────┘
│ イライラしやすさ／要求がましさ │◀─┐    3〜6カ月
└─────────────────────────┘  │      ┌─────────────────────────┐
             │                └─────│     養育困難の増強         │
             ▼                      └─────────────────────────┘
┌─────────────────────────────┐
│ 拒絶されることを避けようとする回避性 │
└─────────────────────────────┘
             │                      1歳
             ▼                      ┌─────────────────────────────┐
┌─────────────────────────────┐◀───│ 子どもの要求がましさと拒絶的な態度が目につく │
│ 活動の増加に伴う制御できない怒りの暴発 │    └─────────────────────────────┘
└─────────────────────────────┘
                                    2歳
┌─────────────────────────┐         ┌──────────────────────────────────┐
│ ネガティブな行動によって母親との│◀───│ 愛情を示さない子どもを，脅す以外のやり方では │
│   関係を維持しようとする    │     │ 管理できない：威圧的な管理             │
└─────────────────────────┘         └──────────────────────────────────┘

┌──────────────────────────────┐   4歳
│ 母親以外との場面でもネガティブな行動が増加する │◀───┐
└──────────────────────────────┘    │  ┌─────────────────────────┐
                                     └─│ 一貫性のない威圧的な管理と厳しさ │
┌──────────────────────────────┐       └─────────────────────────┘
│ 外的な動機づけシステム（叱られるので，仕方 │
│ なくやる），自己コントロールの欠損が現れる │◀───┐
└──────────────────────────────┘        │ ┌─────────────────────────┐
                                         └│   さらに養育困難が増強する   │
                                          └─────────────────────────┘
```

図1　行為障害と不安定な愛着の発達的関係性（文献[5, 9]より一部改変）

とが中心的な課題となる。

　行為障害についても，すでに早期支援の課題が検討されているので，ここでは2つのモデルを示しておく。1つは，注意欠陥／多動性障害やその周辺の軽度発達障害をもつ子どもに，セルフ・エスティームの低下や不適応感など，二次的な心理的要因が加わることによって，さらに問題行動がエスカレートしてゆくプロセスである。また，注意や自己制御機能の欠陥に示されるような中枢神経系の執行機能（executive function）の機能不全は，反社会的行動を長期化させる要因の1つとしても重視されており[4]，3歳児健診や幼稚園・保育園，あるいは小学校低学年において，これらの徴候を示す子どものスクリーニングと適切な支援が重要な課題となる[6]。

　もう1つのモデルは，0歳から4歳くらいまでの母子関係に注目したモデルであり，ここでは母親の応答性・感受性を高める支援が重視される[5, 9]（図1）。また，精神分析的観点からは，母親の参照機能（reflective function：これまでの自らの体験が，現在の子どもとの関係にどのように反映しているかを内省できる能力）を高めることを重視した母－乳幼児精神療法の手法も探求されている[5, 10]。

III 問題行動としての「ひきこもり」に注目した早期支援

　以上のような観点は，社会的ひきこもりをきたしやすい個々の精神障害について，その予防を検討しようとするアプローチである。もう1つの方法論として，さまざまな精神科的問題を背景としながらも共通して現れている「ひきこもり」という現象に対する早期介入の可能性について検討してみたい。

　近年，発達心理学や発達精神病理学の領域では，多くの研究者が，一方の極には攻撃的・破壊的傾向，罪悪感や内省的態度の欠如などのexternalizingな問題を，もう一方の極には，引っ込み思案や自己主張できないことなど，over-controllingな問題，あるいはinternalizingな問題を位置づけている[1]。このうちexternalizingな問題は，主に非行問題や行為障害のリスクファクターとして積極的に検討されているが，両者に共通した問題として，社会的スキルの低さから生じる仲間との交流の乏しさによって，自己および他者や社会についての否定的な認知が固定することが，その後の不適応や精神病理学的リスクに結びついてゆくプロセスが重視されている[7]。

　子どものinternalizingな問題行動に注目した先行研究のうち，Rubin, K.H.らは，幼児期の社会的ひきこもりが思春期前期（11歳）においても仲間との繋がりが希薄なこと，子どもが自分自身を社会的能力に欠けていると感じており，孤独感と抑うつ感が強いことを報告しており，子ども時代の社会的ひきこもり傾向が青年期ひきこもりのリスクファクターの1つである可能性を示唆している[8]。

　またRubinらは，①不安，恐れなどにより，仲間集団に入れない子ども，②仲間から排除され，孤立する子ども，③仲間との遊びに興味がない子どものうち，①に分類されるケースの初期要因として，生来的な気質と不安定な愛着形成に注目し，不安定な愛着の形成に関連する家族要因として，母親の抑うつや絶望，怒りなどの情緒，家族全体のストレス状況，子どもの問題行動に対する母親の巻き込まれやすさと，子どもを過剰にコントロールしようとし，子どもに社会的スキルの乏しさが目立ち始めると，母親は子ども自身の体験的な習得を尊重するよりも，強力かつ直接的・具体的に社会的スキルを教え込もうとする傾向を指摘している。その結果，子どもの自己効力感は高まらず，外界に対する恐れは解決されないため，仲間集団に服従し，自己主張しない傾向，あるいは仲間集団を回避し，孤立する傾向が目立つようになり，仲間集団との相互交流の乏しさが，子どもの心理社会的発達に影響を与え，ひきこもりは長期化・深刻化してゆくという[8]。

　こうした観点に基づく早期支援は，特に幼稚園や保育園，あるいは小学校低学年

において重要である。internalizingな問題行動を示す子どもの中には，自閉症スペクトラムに位置づけられるケースも含まれるものと考えられ，より精度の高いスクリーニングと早期療育システムの構築も大きな課題となる。また，青年期ひきこもりケースの中には，こうしたinternalizingな問題だけでなく，ADDやADHDなどのexternalizingな問題の既往が確認できるケースもあり，これらの発達障害をもつ子どもと家族を，幅広く早期支援の対象として位置づけることが必要である（第Ⅳ部第4章を参照）。

Ⅳ 子どもの問題行動に対する早期介入

予防的早期介入のうち，一次予防には，①集団全員を対象にした普遍的 (universal) なアプローチ，②罹患リスクが平均閾値を越える部分集団を対象とした選択的 (selective) なアプローチ，③疾患の前兆が認められる特定の集団を対象にした標的 (indicated) なアプローチという分類がある[12]。アメリカやカナダ，英国，フランス，あるいは北欧諸国からは，問題行動を示す子どもとその家族を対象とした早期介入プロジェクトが精力的に報告されており，普遍的プログラムとしては，たとえば他者との妥協を図り，葛藤を解決するための問題解決型のアプローチ (problem-solving training) や，自分の意図や意思を適切に相手に伝えたり，円滑な対人関係を結ぶための社会技能訓練 (social skill training) を，すべての子どもを対象に実施するといった活動がみられる[13]。

選択的・標的介入の方法論としては，①親への養育トレーニングなどの家族療法的な介入，②子どもへの対人関係スキルの向上を目的とした社会的・認知療法的介入，③学習の遅れに伴うセルフ・エスティームの低下と不適応との関連を重視した，学校を拠点とした介入 (school-based intervention)，つまり「落ちこぼれ」を減らすための教育的配慮や，子どもの適応感を高めることを目的とした学級運営などを課題とした介入，④就労支援や地域でのレクリエーション活動や，スポーツ・クラブなど，地域のさまざまな社会資源を活用した介入 (community-based intervention) などが試みられ，それぞれの有効性についても比較検討されている[13]。

Ⅴ 青年期ひきこもりケースの予防可能性について

岡崎は，精神疾患に対する一次予防の可能性を示す根拠として，①特異的な個体側／環境側の成因が判明しており，その成因を安全に操作することが可能で，その結果罹患を回避できる根拠があること，②介入によって対象群の罹患リスクを減ら

すことができる環境側の特異的因子（リスクファクター）が存在すること，③たとえば栄養の改善や学校精神保健活動などの非特異的な介入が，対象群の罹患リスクを減らすこと，④1970年代の自己臭症や今日の摂食障害などのように，環境側の変動という疫学的諸条件により罹患（発生）率に変動がみられることの4点を指摘している[12]。

　これらの項目の個々に照らしてみると，「ひきこもる青年期ケース」に対する私たちの援助・治療経験は，現時点では決して充分であるとは言えない。しかし私たちは，児童精神科医療をはじめ，児童福祉，母子保健，学校精神保健など多くの領域において，将来の社会的不適応を充分に予測させるケースと日常的に出会い，将来の姿に想像をめぐらしながら子どもたちや家族と関わっている。まずは，実践を通して体験しているこうした「感触」を言語化することで，青年期におけるひきこもりのリスク・ファクターとみなされるような問題が，すでに何らかの形で乳幼児期や学童期において顕在化しているのではないか，あるいは，それらの問題がどのように発展するのか，どのような介入やプロテクティブ・ファクターにより，その進展を防止させることができるのか，といった発達精神病理学的な探求に道が拓けるかもしれない。

　こうした観点から，第Ⅳ部ではひきこもりの予防的早期介入の可能性[6]と課題について，2つの切り口から検討してみたい。1つは，ライフサイクルという切り口である。高橋が展望した先行研究は，思春期不適応の予防を目的に，主に就学前から学童期の子どもを対象にした予防プロジェクトである。近藤は，わが国における地域保健システムを活用した，乳幼児期からの多層的な早期介入モデルを提案している。また皆川は，思春期におけるひきこもりケースと青年期・成人期ケースとを明確に区分した上で，青年期・成人期への長期化を予防するために必要な思春期ケースへの援助・治療指針について述べている。もう1つの切り口は，児童精神科医療，児童福祉，学校精神保健といった臨床フィールドからみた予防的アプローチの可能性と課題について検討することであり，それぞれ田中，本間，吉川が積み重ねてきた実践を参考にしたいと思う。

文　献

1) Achenbach, T., Edelbrock, C.: Manual for the Child Behavior Checklist and Revised Child Behavior Profile. Burlington, Department of Psychiatry, University of Vermont, 1983.
2) 有波忠雄, 池田和彦, 原田誠一, 佐藤光源, 車地暁生, 高橋象二郎, 他：特集　精神分裂病の病因と予防をめぐって．臨床精神医学, 29(4), 2000.
3) Caplan, G.: Principles of Preventive Psychiatry. Basic Books, New York, 1969.（新福尚武監訳：予防精神医学．朝倉書店, 1970）
4) Capsi, A., Moffitt, T.: The continuity of maladaptive behavior: From description to

understanding in the study of antisocial behavior. Cicchetti, D., Cohen, D. (eds.) Developmental Psychopathology, John Wiley & Sons, New York, 1995.
5) Fonagy, P. : Prevention, the appropriate target of infant psychotherapy. Infant Mental Health Journal, 19 (2) ; 124-150, 1998.
6) 近藤直司：青年期ひきこもりケースの予防可能性．日本社会精神医学雑誌，近刊．
7) Michelson, L., Sugai, D.P., Wood, R.P., Kazdin, A.E. : Social Skill Assessment and Training with Children. Plenum Publishing, New York, 1983. （高山巌，佐藤正二，佐藤容子，園田順一訳：子どもの対人行動：社会的スキル訓練の実際．岩崎学術出版社，1987）
8) Rubin, K.H., Asendorpf, J.B. : Social Withdrawal, Inhibition, and Shyness in Childhood. Lawrence Erlbaum, Hillsdale, New Jersey, 1993.
9) Shaw, D., Bell, R.Q. : Development theories of parental contributors to antisocial behavior. Journal of Abnormal Child Psychology, 21 ; 493-518, 1993.
10) Stern, D.N. : The Motherhood Constellation : A unified view of parent-infant psychotherapy. Basic Books, New York, 1995. （馬場禮子，青木紀久代訳：親―乳幼児心理療法：母性のコンステレーション．岩崎学術出版社，2000）
11) 小椋力，逸見嘉之介，倉知正佳，仲本晴男，原田誠一，他：特集　精神分裂病の予防．最新精神医学，3, 1998.
12) 岡崎祐士編：精神疾患の一次予防．精神医学レビュー，30, 1999.
13) Tolan, P.H., Guerra, N.G., Kendall, P.C. : Introduction to special section : Prediction and prevention of antisocial behavior in children and adolescents. Journal of Consulting and Clinical Psychology, 63 (4) ; 515-517, 1995.

第1章

問題行動を示す子どもの予後と早期介入の有効性：海外の先行研究より

高橋象二郎

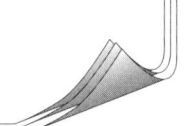

I　はじめに

1．予防的アプローチの方法論

　Tableman, B.[8]によると，精神保健の予防的アプローチには3つの方法論があげられる。

　1つ目の予防的アプローチは，ポジティブメンタルヘルス（positive mental health）の推進である。多くの予防的プログラムは，思春期の自己同一性やセルフ・エスティーム（self-esteem）を強化し，問題解決技能などの社会生活技能（social skills）を教示する方向で発展を遂げてきている。Tablemanは，メンタルヘルスの視点から，社会生活技能と社会適応との関係性を指摘した上で，対処技能を強化し将来生じ得る精神保健的な問題の可能性を減らすことの重要性を示唆している。

　2つ目の予防的アプローチは，セルフヘルプ・グループ（self help group）とその支持組織を強化することである。このアプローチは，強力で密接な対人関係を持つ人は，持たない人よりも危機やストレスをより上手に取り扱うことができるという事実に基づいている。このことはまた，虐待的な親は，そうでない親よりもより社会的に孤立しがちであるという事実に矛盾するものでもない。そのため，予防キャンペーンは，社会的な支持組織を強化するというテーマに沿ってデザインされているものも多い。

　3つ目の予防的アプローチは，さまざまな既存のシステムを変革していくことである。Felner, R.D.らは，学業上あるいは社会的問題を生じやすい新入学期の学生に対するサポート体制を見直し整備することによって，新入学生の適応上の問題を

減らすことができると報告している。また，新生児の母親がより早い時期にわが子をその手で抱き共に時間を過ごすことができるように病院のシステムを変革していくことが，母子保健上，好ましいことであり有効な予防的意義を持つと思われる。同様に，子どもの発達をその中心的な課題とする学校においても，子どもが学校で成功体験を経験できるような学校教育システムの変革が予防対策上重要なものであると考えることができる。

2．援助のシステム化，機能優先化

こうした予防的アプローチが効果的に機能するためには「援助のシステム化，機能優先化」が必要になる。これは，当事者とその家族に対する援助の方法論に関しての理念である。

1963年に，Kennedy, J.F.が精神保健センター法を発効し，精神病の予防を強調したが，その後の1984年にBloom, B.L.は，精神保健センター運動の中で，あらゆるセンターは精神保健相談と教育の援助を提供すべきであると述べている。この陳述は，援助がシステム化され，機関優先でなく機能優先を目指すべきであることに言及していると想像される。

つまり，当事者や家族の必要を満たすに足る包括的な援助を供給するためには，援助の方向性は実行されるべき機能にこそ向けられるべきであって，機関に向けられるものではないということである。概して，精神保健の援助は精神保健機関によって供給されるべきものであると考えられやすいが，実際はそうでないことが多く，また，問題が複雑になればなるほどその考えはあまり有効でない場合も多いのである。

援助のシステム化は，単に援助機関がお互いネットワーク化されているということではない。援助のシステム化，機能優先化とは，援助の中心が当事者や家族であり，既存の機関から提供される援助にケースをあわせるのではなく，ケースにあわせて援助内容のオーダーメイド化を図ること，つまりケースの希望や目標を重視し，援助内容の決定過程への参与と自己決定を本人に求めていくことに他ならない。

援助システムは，精神保健，福祉，教育，健康，職業などの複数の領域で構成される。これは，援助対象には複数のニードがあることを認めたことであり，1つの領域の機関がケースの機能やニードを満たすことは難しいという理解に基づくものである。近藤は，第Ⅰ部第1章「ひきこもりケースの理解と治療的アプローチ」の中で，「不登校－教育，青年期のひきこもり－精神保健，少年非行・犯罪－司法・矯正といったシンプルな枠組みだけでは対応に迷うようなケースへの危機介入のあり方について，精神保健福祉法の他，少年法や児童福祉法に基づく介入の可能性を

同時に検討すること」の必要性を指摘しているが，まさにこれが援助のシステム化であり，機能優先化であると言えるだろう。

さて，本章のテーマであるところの早期発見や早期介入は，問題がより効果的に，かつ経済的に取り扱われ，有病率が減るという点で公衆衛生的モデルの中でも二次予防として位置づけられているが，二次予防的活動の中でもこれまで述べたようなシステム化された援助が効果的で有効であるという理解のもとに，こうした理念に則った，ひきこもりや攻撃性を示す子どものプログラムについて，以下に紹介したい。

Ⅱ ひきこもりや攻撃性の二次予防活動

1．NIMH（アメリカ国立精神保健研究所）の初期介入活動

NIMHの予防調査研究班（Preventive Research Branch，以下PRB）の活動でもっとも重要なものは，予防的介入研究センター（Preventive Intervention Research Center，以下PIRC）による予防プログラムである。このプログラムは，疫学や精神病理学，発達心理学，生物統計学など多職種の研究者で構成されるチームにより運営され，NIMHは多くのPIRCを1982年からサポートしてきている。以下，アメリカ各地のPIRCの活動の中で，ひきこもりや攻撃性を対象にしたプログラムを簡単に紹介する。

Hahnemann大学PIRCで行なわれている"Interpersonal Problem Solving and Prevention"プログラムでは，5年間の対照研究によって対人関係の認知的，問題解決的介入訓練を受けた児童とそうでない児童の明瞭な違いが明らかにされた。認知的技能とは，日常的な課題に対する複数の選択肢といった問題解決的思考や「これをしたら次にどうなるか」という因果関係的思考をも含んでいる。訓練を受けた児童は，受けていない児童よりも社会的ひきこもりや攻撃的な行動上の問題が少なかったことが報告されている。また，訓練を受けた児童は，他の児童をより積極的に援助し感情を共有することができたとも報告されている。

Arizona州立大学PIRCのSandler, I.らは，ストレスの多い環境，たとえば離婚や薬物依存の家族のいる家庭などにいる子どもの予防プログラムの発達と評価に力を注いでいる。こうした環境にいる子どもは，抑うつや攻撃性，不安，成績不良，低いセルフ・エスティーム，不適切な友人関係などの問題を露呈することが多い。そのため，①離婚問題の渦中にある子どもの対処能力研究，②離婚問題の渦中にいる子どもへの介入研究，③予防的介入がもっとも有効な子どものスクリーニング研究，④薬物依存の親を持つ子どもが親から受ける影響に関する研究，などを行なってきている。その結果，あらゆる年代の子どもは，その親が精神保健のクライエントに

なったり，物質乱用に陥ったりした場合は，精神保健予防プログラムに系統的にのれるようになることを強くすすめている。

Bradley Hospital PIRC の "Preventing Adolescent Social and Cognitive Disabilities" プログラムは，4歳の子どもを10年間追跡した研究である。それによると，認知的あるいは社会的情緒的な機能の発達にとって重要な要素が明らかにされている。たとえば，母子関係の質，子どもの自己認知能力，否定的なライフイベントの量が少ないこと，母親の育児能力と社会的サポート体制，ひきこもりや抑うつの程度が軽いこと，適切な表出感情などは，子どもの心の健康の防御因子の強化にとってどのような介入が大切であるかを理解するのに貴重な示唆を与えている。

Duke大学PIRCの "Prevention with Black Preadolescents" プログラムでは，小学3年生を対象にした研究で，子どもの攻撃性や仲間からの拒絶は，子どもが中学生になった時に不安障害や行為障害につながる可能性を指摘している。小学3年生での仲間からの拒絶は，とりわけ思春期の不安障害と，そして年少での攻撃性は，後の行為障害や関連障害に関連することが示唆されている。

他には，Johns Hopkins大学PIRCの研究（1984年からBaltimore City Schoolなどと協力して2種類の予防的なフィールド試験を試みている。1つは，反社会的行動や重篤な物質依存に陥りやすい予後を持つ，ひきこもりがち，あるいは攻撃的な行動特徴に焦点を置き，もう1つは，精神障害への移行を予測されている学習障害に焦点を当てている）や，Oregon州立大学PIRCの研究（行為障害とその関連障害を予防するための包括的なプログラム研究を行ない，攻撃的な若者を対象とした20年にわたる予防モデル研究と介入研究によって，予防的戦略の基礎が作られた）を筆頭に多くの試みがなされている。

2．学童を対象とした予防的介入プログラムの実際

学童を対象としてもっとも汎用されている精神保健プログラムの初期介入モデルは，New York Rochester大学のPrimary Mental Health Projectであろう。このプログラムは，幼稚園や小学校低学年の担任教師による系統的なスクリーニングを用いて，ひきこもりや攻撃性など適応障害の子どもの同定を行ない，専門的なスーパービジョンの指導のもとに特別にトレーニングを受けたAide（補助訓練士）によって，子どもの個別指導あるいは家族介入が行なわれるものである。

中でも，Primary Intervention Project（以下PIPと略）は，このNew York Rochesterの初期介入プログラムをモデルに作られたもので，カリフォルニア州と，非営利団体である精神保健福祉協会と学校との協力活動である。内気で，ひきこも

表 1　Primary Intervention Project (PIP)

- PIPは，早期発見早期介入プログラムである。治療プログラムではない。
- PIPは，学校に基礎を置いた，学校内での比較的軽度（at risk）な適応障害に焦点を当てたプログラムである。
- PIPは，就学前から小学3年生までを対象として，系統的なスクリーニングと評価を包含している。
- PIPは，サービスの実施のために，治療者ではなく，訓練されスーパーバイズを受けたエイドを用いている。
- PIPは，子どものエイドをスーパーバイズするために，精神保健専門家を用いている。
- PIPは，プログラムのモニターと評価に力点を置いている。
- PIPは，精神保健と学校との協調的な関係を強調している。

りがちな生徒が学校環境に適応するのを助け，生徒の心理的発達を促すようにデザインされ，学校をその活動の舞台とするプログラムの典型として位置づけられる。

　PIPの目標は，健康な自己概念を育て，生活技能を発達させ，学業をできる限り底上げすることで，子どもが学校でよいスタートを切るのを手助けすることである。また，早期に個々の生徒のニードや能力を見極め，将来もっと広範で専門的な治療が必要になる事態を予防することでもある。

　PIPの対象は，主に就学前と小学校3年生までの生徒のうち，表1のようにat riskからhigh riskまでの生徒である。この年代は，適応障害が固定化する以前であり，もっとも援助活動に乗りやすい時期でもある。

　PIPの方法は，スペシャルフレンドが，1週間に1回30〜40分間，特別にデザインされ整備された部屋で子どもと一緒の時間を過ごす。スペシャルフレンドとは，スーパーバイズを受けた専門家のAideで，自分の体験や上手に人間関係を持つ能力を子どもに教示する。子どもの目標に従い，個人的に子どもと相対したり，他の子どもと小さなグループの中でプログラムを行なうこともある。

　表1に，PIPの要点と焦点とをまとめた。

III　おわりにかえて：Self Esteemと予防精神保健

　本章のテーマは「ひきこもりと攻撃性などの問題行動の予防」にある。これまでに，さまざまな予防的研究や予後研究を紹介してきたが，その中の多くは不適切なセルフ・エスティームを改善するという目標にベクトルが向かっている。不適切なセルフ・エスティームの表現型としてのひきこもりや攻撃性は最近わが国でも目立っている。17歳の引き起こす凶悪な社会的事件が多くの同年代の思春期の若者に共感され，「大人の世代には分からないかも知れないけど，僕らには殺したいとい

表2　不適切なセルフ・エスティームと関連する特徴

- 感情のセルフ・コントロールができない
- くじけやすい
- 他人の感情や存在に敬意を払えない
- 思いやりがない
- 自他への破壊的行動をとりやすい
- 学習上の問題が生じやすい
- ピアプレッシャーに負けやすい

表3　セルフ・エスティームを育てるためのポイント

1. **セルフ・エスティームの知識を持つ**
2. **対人関係能力を育てる**
   まず、教師や親など大人のコミュニケーション能力の育成
   「目を向ける、よく聞く、よく話す」
3. **自己決定能力や自己責任能力の育成**
   要求や意見を言葉で表現し、自分で進路や選択の決定を行なう
4. **自己肯定感の育成**
   ボランティアの推進
5. **傷ついたセルフ・エスティームを早期発見早期介入**
6. **スクールデモクラシィ**
   学校づくりに子どもも参加する
   子どもに敬意と尊厳を払う

う気持ちがあってもいいような気がする」と言っていることが報道されている。尾木は「これは，現代の社会に生きる多くの子どもたちが，凶悪事件を起こした少年たちと同じような心境に置かれ，どこかに相通じる苦悩を抱えているということに他なりません」と記している。この尾木の言う「同じような心境」や「どこかに相通じる苦悩」は，「傷ついたセルフ・エスティーム」と換言できるかもしれない。不適切で傷ついたセルフ・エスティームを持つ子どもたちが，社会的事件を起こす前に「ひきこもっていた時期」があったことも指摘されている。その意味でも，思春期の子どものセルフ・エスティームの改善に焦点を合わせた援助が注目される。セルフ・エスティームの定義や評価の仕方については別紙に譲ることにするが，不適切なセルフ・エスティームは，表2のように複数の精神保健的問題と関係があることが知られている。

　セルフ・エスティームは，毎日の他人との生活の中であたかも紙のように千切れバラバラになりやすい弱いものではあるが，ホチキスで紙が元通りに形を再生できるように元通りになり得る性質を持つものである。また，互いに灯したロウソクの火がその明るさを増しあうことはあっても，片方を消しされば片方がより神々しく輝くというものでもないのと同様，セルフ・エスティームも他者から与えられたりすることはあっても，決して他者を貶めることで自分のセルフ・エスティームが高まるというものでもない。また，対人的交流の中から産まれ育まれるものであって，無人島での孤立した生活から望まれるものでもない。こうした「人と人との関係性」の中から産まれ育てられていく性質を持つセルフ・エスティームをどうやって守っていくかという問いに，われわれは早晩応えていかなければならないだろう。早期介入研究などから得られたセルフ・エスティームを育てるポイントのいくつかを表3にまとめた。

　2002年度からの実施を目指して，新しい学習指導要領の改定が動き始めている。

中でも、教育内容の3割を減らして、基礎や基本をすべての生徒が理解できるようにすること、総合的科目の時間に生徒の個性や得意な分野に焦点を合わせた個別的教育ができるようにすることが大きな主眼になっている。こうした教育方針が軌道に乗ってくれば、ひきこもりや「学級崩壊」の背景にあるセルフ・エスティームの問題の幾許かは改善に向かうであろうと思われる。

文　献

1) Bloom, B. L. : Community Mental Health : A general introduction. Brooks / Cole, Monterey, CA, 1984.
2) 遠藤辰雄,井上祥治,蘭千尋編：セルフエスティームの心理学：自己価値の探究．ナカニシヤ出版，1992.
3) Felner, R.D., Ginter, M. & Primavera, J. : Primary prevention during school transitions : Social support and environmental structure. American Journal of Community Psychology, 10 ; 277-290, 1982.
4) 近藤直司：ひきこもりケースの理解と治療的アプローチ．（近藤直司編）ひきこもりケースの家族援助，金剛出版，2001.
5) 尾木直樹：子どもの危機をどう見るか．岩波新書，2000.
6) Prevention Research Branch : Research Activities and Planning Report. The National Institute of Mental Health, 1992.
7) Stroul, B.A. & Friedman, R.M. : A System of Care for Severely Emotionally Disturbed Children & Youth. CASSP Technical Assistant Center Georgetown University Child Development Center, 1986.
8) Tableman, B. : Prevention Interventions for Children and Adults : Prevention strategies for mental health. Prodist, New York, 1982.
9) 高橋象二郎：病前特徴と脆弱性．精神科治療学，13 (4) ; 407-414, 1998.
10) 高橋象二郎：学童を対象とする米国の薬物・精神病理一次予防運動．精神医学レビューNo.30　精神疾患の一次予防，pp.36-44, 1999.
11) 高橋象二郎：精神疾患の予防と地域保健．保健婦雑誌，56 ; 948-953, 2000.
12) 寺脇研：21世紀の学校はこうなる．新潮OH！文庫，2001.

第2章
ひきこもりへの予防的介入と地域精神保健システムの課題

近藤直司

　本稿では，地域における精神保健システムを活用した予防的介入について検討したい。子どもと家族のライフ・ステージに沿って，母子保健活動，幼稚園・保育園における問題行動のスクリーニングと早期支援，さらに学校精神保健と医療機関・相談機関の役割について述べてゆくことにする。

I　母子保健活動における早期介入の方法論と課題

1．子どもの発達に注目した支援
　母子保健活動は，本来その活動のすべてが，子どもの発達に対する予防的な早期支援に相当するものである。第1の方法論は，子どもの神経・行動学的発達，および心理・社会的発達に注目した支援であり，乳幼児健診や新生児訪問など，市区町村の母子保健活動が早期スクリーニングとプライマリー・ケアとして機能し，明らかなハンディキャップをもつケースについては，主に小児科や児童精神科医療と児童福祉領域の養育施設でフォローしている。また，いわゆる「グレー・ゾーン」のケースは保健所の二次相談や児童相談所でフォローするシステムをとっている自治体が多い。
　乳幼児健診の課題としては，発達障害に対するスクリーニングの精度と適切な初期介入のノウハウを高めること，「グレー・ゾーン」のケースに対する療育と家族支援についての専門性を高めることや，1歳6カ月健診後，3歳児健診までのフォローアップ体制の整備などが課題である。また，幼稚園・保育園の就園や小学校への入学と同時に，支援の継続性が失われるというシステム上の課題も指摘されている。

表1 抑うつ状態の母親に養育される子どもの精神病理学的リスク (Goodman, S.H., Gotlib, I.H.[4] より引用)

1. 遺伝による影響
    うつ病や他の不適応問題に関連する脆弱性の伝幡
2. 妊娠中の抑うつによる胎盤血流量の減少,神経内分泌学的異常,健康に対する気配りの欠如,あるいは抗うつ剤の内服などによる影響
    神経,及感情の制御機能の問題
    低出生体重
    認知機能の遅れ
    探索行動の乏しさ
3. 否定的・抑制的な母親の認知,行動,感情による影響
    (1) 乳児期〜幼児期
        認知・社会的発達の困難
        不安定な愛着の形成
        自己制御スキルの獲得困難
        行為の問題
    (2) 学童期〜思春期における適応性の乏しさ
        低い自己評価
        ひきこもりと回避傾向の形成
        学習上の困難
        学校不適応と行動・情緒の問題
4. 母親の抑うつに関連して生じる環境のストレスが与える影響
    両親間の不和・不一致
    経済的な問題

2. 母親のメンタルヘルスと子どもの精神病理学的リスクについて

　第2の方法論は,親の育児を支援する活動である。近年,育児不安を訴える母親の増加が指摘されており,母親のメンタルヘルスに注目した支援は母子保健活動の重点課題の1つとなっている。特に母親の抑うつ状態は,乳幼児期における不安定な愛着形成との関連で注目されており,その他にも,以下のようなメカニズムを介して,胎児や乳幼児,さらには学童期や思春期の子どもに影響を及ぼすと考えられている。第1に遺伝による脆弱性の伝幡,第2に妊娠中の抑うつに伴う胎盤血流量の低下や神経内分泌学的異常などの影響,第3に母親の抑うつ的な認知・行動・感情のスタイルが子どもの心理社会的発達に与える影響,そして第4に,母親の抑うつに関連して生じる家族内のストレスによる影響である[4]（表1）。

　多くの研究報告から,母親のうつ病,ないしは抑うつ状態は,子どもの心理社会的発達におけるリスク・ファクターの1つとして充分な妥当性があるものと考えられる。母親の抑うつが子どもの発達とひきこもりに影響を与えたと思われるケースを示す。

本人は19歳の男性である。母親は，夫にアルコールの問題があることを知り，結婚後間もなく離婚を考え始めたという。また母親は，思春期の頃から自立できないことに悩んできた人であり，夫との不和のために家を出ても実家に戻ることはできず，よちよち歩きの本人の手を引いて，あてもなく歩き回ったことが何度もあると話していた。また，自立できない自分の姿を子どもに投影し，たとえば，滑り台の上まで登って立ち往生してしまうような子どもの臆病さに過剰に反応し，叱りつけてきたようであった。母親は，この時期，抑うつ状態のため精神科クリニックを受診している。

　本人は，自分の意見を言わず，服従的な子ども時代を過ごしたようである。専門学校への進学を考えていたが，親の勧めで大学に入学したものの，独り暮らしに失敗したことを契機にひきこもりに陥り，実家に連れ戻された。自分自身の動機づけは曖昧なまま，母親に促されて相談に現れたが，本人の精神療法が進展し始めた頃，母親は交通事故に遭い，再び抑うつ状態に陥った。本人は現在も家におり，母親の話し相手になっている。ちなみに母親は，男の子ばかりの末子としてかわいがられていた姉が4歳で事故死した後にもうけられ，姉の生まれ変わりとして，両親や兄たちの溺愛を受けて育てられており，母親自身も抑うつ状態の親に養育されたのかもしれない。

　抑うつ状態の母親への支援としては，母子手帳の発行や妊婦を対象とした母親教室，新生児訪問や乳幼児健診などの母子保健活動を活用した早期支援，あるいは，産婦人科医療とのネットワークにより，産褥期精神障害への早期支援システムを確立することも重要であろう。山梨県内の3町村において，母親を対象とした自己記入式抑うつ尺度（CES-D日本語版）を乳幼児健診に導入したところ，これまで乳幼児健診に訪れた母親73例中の9.6％に気分障害を認めている。また，これ以前に，精神健康調査票28項目版（GHQ-28）を導入した介入研究があり，4カ月から3歳までの健診を利用した497例の母親のうち，26.6％の母親が精神不健康に分類されている[10]。

3．母子の関係性に焦点をあてた早期支援

　第3の方法論としては，母子の関係性に焦点を当てた介入（relationship focused intervention）がある。この方法論の根拠の1つとなっている愛着理論（attachment theory）[2,3]は，今後の母子保健活動において重要な鍵概念の1つとなるものと思われる[5]。海外からは，関係性に焦点を当てた介入研究の成果が数多く報告されているが，わが国においては，やや立ち遅れを感じさせる領域である。山梨県田富町では，生後5カ月から9カ月の乳児をもつ母親の感受性（sensitivity）[2]を高めることを目的とした介入研究を始めており，今後，介入群と非介入群との間で子どもの心理社会的発達を比較し，関係性志向の早期介入の有効性や方法論について検討する計画である[11]。

Ⅱ 幼稚園・保育園における課題

　それまで明らかにならなかった子どもの問題が，幼稚園・保育園の集団生活場面において，初めて顕在化することがある。保育園において，明らかなinternalizing problem[1]を示していたと思われる事例を示す。

　現在20歳の男性。本人とはまだ会えておらず，両親，兄とのみ相談を続けているケースである。本人は中学2年の頃から家族と口をきかなくなったが，成績は上位で，高校3年の時は学年で1位だったという。しかし2学期に入ると，試験を受けることを拒否するようになり，10月には，「お葬式はしないでほしい」といった内容の遺書を残して物置で服薬自殺を試みている。以後，閉居が続き，家族との接触を拒否し続けている。不潔恐怖が目立つほか，顔を見られることを極端に嫌がり，新聞や手で顔を隠したりする。彼の発達歴には中核的な自閉性障害までを疑わせるようなエピソードはないが，保育園のシールノートには，「朝の体操はじっと見ているだけです」「お友達とも綾取りをしようね」「大きな声で笑ったり，泣いたり，自分の思うように考えているように行動しようね」といった記載がみられる。また，運動が極端に苦手で，おとなしい反面，非常に頑固で協調性に欠け，たとえば保育園のお昼寝の時に，椅子に座って寝ると言って聞かず，無理に布団に寝かせようとしても頑固に拒否するため，数カ月かけてようやく躾けたといったエピソードがあり，ひきこもりの背景に何らかの発達障害が存在する可能性も否定できない。

　幼稚園・保育園へのサポートや専門機関を含めたネットワークは，全体的に整備が遅れており，今後の早期介入システムを検討する上で重要な課題であると考えられる。また，教育委員会が実施している就学相談事業についても，介入スキルや専門性の向上が必要である。

Ⅲ 学校精神保健活動について

　次に，学校精神保健の課題について触れておく。在学中の課題については，不適応ケースに対する適切なアセスメントと指導方針の検討[6]，子どもの適応感やセルフ・エスティームを高めるための教育的配慮（第Ⅳ部第1章参照），あるいは社会技能訓練（social skill training）の応用を検討したい[9]。

　本稿では，不登校のまま中学校を卒業する，あるいは進路の決まらないまま高校を中退するといった生徒と家族への支援について，2つの点を指摘しておきたい。1つは，そのまま社会的ひきこもりに陥り，長期化してゆくケースでは，本人と家族は不登校や高校中退を，「人生の落伍者になってしまい，もう取り返しがつかな

い」などと過剰に否定的に体験していることが多いことである。不登校や中退をめぐる本人や家族の体験に，充分な配慮が必要であろうと思われる。また，義務教育年齢以降，本人や家族が活用できる相談援助機関は激減し，その情報にもアクセスしにくくなる現状がある。不登校のまま卒業するケース，あるいは中退者に対する丁寧な進路指導と，今後活用し得る相談機関についての情報提供が重要であろうと思われる。

IV 有効な早期介入と地域保健システムの課題

　ここで，以上述べてきたような方法論を，実際に地域保健システムにどのように反映させ，展開してゆけるのかを検討しておきたい。予防的な母子精神保健活動や幼稚園・保育園における早期支援が地域に定着し，なおかつ，母子保健から幼稚園・保育園，学校教育にわたるネットワークづくりを可能にするためには，市区町村行政における保健福祉と教育との連携が不可欠である。特に，母子保健や児童館などの保健福祉活動が学校不適応ケースの減少という課題に貢献できることを教育関係者に示してゆくことで，この連携はスムースで有機的なものになり，さまざまな実践的利点を生み出すことができる[7]。

　また，こうした市区町村の活動には適切なサポートが必要である。たとえば，山梨県内のいくつかの市町村で，母親を対象に実施してきた精神健康調査票，28項目版（GHQ-28）には，「死にたいと思うことがある」といった項目があり，これらの項目に該当するケースや自己記入式抑うつ尺度で気分障害に分類されるケースへの働きかけは，当初，精神保健活動の経験に乏しい市町村職員にとっては大きな不安を感じさせたようであった。また，健診での問診が母親自身の精神的・心理的問題に及ぶことで，子どもへの虐待行為が語られることもあり，自宅への同行訪問や保健所における精神保健福祉相談の活用，児童相談所，精神保健福祉センターのコンサルテーションや専門相談への導入など，県レベルでの技術協力が不可欠である[8]。

　長期的には，地域保健，幼稚園・保育園，学校のすべてのスタッフが，問題をもつ子どもと家族への援助に習熟することが目標となるが，まずは，それぞれの施設で，家族を「指導の対象」としてではなく，「支援の対象」「子どもの問題を解決するためのパートナー」として捉えられるような臨床感覚をもったエキスパートを養成することが重要な目標であろう。また，本人と家族への援助スキルを高めてゆくための事例検討や継続的なスーパービジョン体制が不可欠である。

V　医療機関・相談機関での対応について

　ひきこもりケースの多くが以前に受診歴・相談歴をもっており，有効な二次予防，三次予防を検討する上で，医療機関・相談機関の役割は重要である。多くは１回から数回で中断しており，その時の受診・相談について本人たちに聴くと，「病気ではないから，早く働きなさい」といった助言だけで終了していることが多いようである。本人たちは，「そんなことができれば，誰がこんな所まで来るものか」と感じたと言い，それ以後，専門家への不信感を募らせ，医療機関や相談機関の利用を拒み続けたり，次回の受診までに数年を要しているケースも少なくない。あるいは，半年ほどの面接で変化がみられないために入院を勧められ，そのことを契機に通院を中断したと話していた女性もいた。これらはretrospectiveに収集された情報ではあるが，治療の指針が見えないことや，思うように本人の生活状況が改善しないことで募ってくる焦りや不安によって，治療者・援助者が「行動化」してしまうことで中断につながっているケースが少なくないように思われる。

　同時に，医療機関や相談機関における家族への相談体制を検討することが必要である。これまた多くのケースで，家族は本人自身の受診や相談を諦め，まずは親だけで相談しようと考える。しかし相談先では，しばしば「本人を連れてきてください」という対応を受ける。これは，精神保健活動においても踏襲されている，本人の診察を前提とした診断・治療という『医療モデル』の限界を突きつけられる課題であるとも言える。とりわけ，本人が受診・相談を拒み，家族だけが訪れるケースへの援助技術の向上は急務である[8]。また，本人が通院や相談を中断した時にも，家族との相談関係を継続しておくことも必要であろう。

VI　他機関への紹介について

　最後に，保健所の精神保健福祉相談から医療機関へ紹介したものの受診には至らず，本人との援助関係が途切れてしまったケースを振り返り，他機関への紹介のあり方について考えてみたい。

　24歳の男性。大学を卒業したものの就職活動はせず，ひきこもりがちな生活を送っていた。保健所の精神保健福祉相談を自ら訪れ，嘱託医との面接に繋がった。やせ形で，冷淡さを感じさせる人であったが，分裂病を疑わせるような病的体験について，本人はすべて否定した。「いつも孤立してしまう」「これからどうしたらよいのか判らない」といった不安を苦しそう

に語り，精神療法的な治療を希望した。嘱託医は，分裂病圏の可能性も考えていたため，薬物療法の有効性にも期待できることを伝えた上で，自分の勤務する精神科単科の医療機関への受診を勧めたが，本人は2年前まで通っていた大学に近い医療機関を希望した。適当と思われるクリニックを紹介し，紹介先の担当医には電話で連絡をとり，ケースへの対応を依頼した。本人には「安心してご紹介できるクリニック」である旨を伝え，紹介状を渡し，計3回で相談を終了とした。両親にも理解してもらっておいてはどうかと勧めたが，本人が頑なに拒否した。

4週間後，嘱託医は紹介先のクリニックに連絡し，本人の受診について照会したところ，受診していないとのことであった。精神保健福祉相談員が自宅へ連絡したが，本人は電話に出ようとしなかった。手紙にも反応がなかったため，父親にこれまでの経緯を説明した。父親によれば，本人は大学を卒業する頃から2階の自室に終日閉じこもって過ごすようになり，家族とは一切の接触を拒んでいるという。また，居間にお金を置いておくと，マスクをして外出し，弁当などを買ってきて食べているようである。階下の物音が気になると，2階の床を激しく踏みならしたり，階段の壁を蹴ったりするようになり，階段付近の壁はボロボロになっているという。

相談員は自宅への訪問を提案したが，本人の同意はとれず，父親も本人を刺激したくないと拒否した。母親はまったく来所しようとせず，父親だけが相談に訪れてきていたが，本人が床を踏みならすたびに，その日時や回数を強迫的に手帳に書きつけて報告するだけで，相談はまったく進展しなかった。半年後，ようやく父親が訪問に同意したため，相談員と嘱託医で自宅を訪れた。本人の部屋の前で声をかけ，ドアを開けると，本人はマスクをし，はさみを構えて，こちらを睨むだけで，問いかけには応答しなかった。これ以後，父親は訪問を控えてほしいと希望するようになり，自分だけで，ひきこもりケースを対象とした親の会に参加してくるが，何の進展もみられないまま，すでに5年が経過している。

このケースは筆者の自験例である。その時は，本人との面接や医療機関への紹介などについて細心の注意を払ったつもりであったが，もっと丁寧に対応すべきであったのだろう。相談員が初診に同行することにしていれば，どうであったろうか。受診したかどうかを確認するのが遅すぎたのではないだろうか。あるいは，まずは精神保健福祉相談の枠で，もっと本人の話を聴き，カウンセリング的に対応してから紹介先について話し合った方がよかったのかもしれないし，家族との連絡が不充分であったようにも思う。今でも悔いの残っているケースである。

Ⅶ おわりに

地域精神保健システムを活用した予防・早期介入について述べてきた。今後の課題としては，多くのケースに対する治療・援助経験を積み重ね，青年期におけるひきこもりのリスク・ファクターを明らかにすること，ハイリスク群に対する早期支

援を実施し，その有効性を検討することが必要である．また，医療機関，相談機関における丁寧な対応が，問題の長期化を予防する上で重要であることを強調しておきたい．

文　献

1) Achenbach, T., Edelbrock, C.: Manual for the Child Behavior Checklist and Revised Child Behavior Profile. Burlington, Department of Psychiatry, University of Vermont, 1983.
2) Ainthworth, M.D.S., Blehar, M.C., Waters, E., Wall, S.: Patterns of Attachment: A psychological study of strange situation. Lawrence Erlbaum Associates, Hillsdale, New Jersey, 1978.
3) Bowlby, J.: Attachment and Loss: Vol.2, Separation: Anxiety and anger. Hogarth Press, London, 1973.（黒田実郎，岡田洋子，吉田恒子訳：母子関係の理論Ⅱ：分離不安．岩崎学術出版社，1977）
4) Goodman, S.H., Gotlib, I.H.: Risk for psychology in the children of depressed mother: A developmental model for understanding mechanisms of transmission. Psychological Review, 106(3); 458-490, 1999.
5) 生田正憲：母子保健における予防とアタッチメント理論．日本社会精神医学雑誌，近刊．
6) 河合健彦：子どものおかれている状況：学校精神保健の立場から．日本社会精神医学雑誌，近刊．
7) 近藤直司，神庭靖子，本間博彰，橋本洋子，高橋象二郎，末木恵子，他：特集　母子保健で心の問題を予防する．保健婦雑誌，56, 2000.
8) 近藤直司：青年期ひきこもりケースの予防可能性．日本社会精神医学雑誌，近刊．
9) Michelson, L., Sugai, D.P., Wood, R.P., Kazdin, A.E.: Social Skill Assessment and Training with Children. Plenum Publishing, New York, 1983.（高山巌，佐藤正二，佐藤容子，園田順一訳：子どもの対人行動：社会的スキル訓練の実際．岩崎学術出版社，1987）
10) 末木恵子，相田幸子，平山佳栄：精神健康調査票を用いた母親の「心の問題」への介入．保健婦雑誌，56(11); 924-930, 2000.
11) 末木恵子：母子精神保健パイロット事業．山梨県立精神保健福祉センター研究紀要，2001.

第3章 固有の思春期までに発症する「ひきこもり」の精神病理と治療：親ガイダンスの重要性を中心に

1．予防的介入の可能性と課題

皆川邦直

I　はじめに

　精神科医が「ひきこもり」の青少年と親に出会うようになって久しい。一部にわが国特有の問題であるという主張もあるが，多分，そのようなことはないであろう。米国でも同様のケースはあり，コミュニティ・アウトリーチが家庭訪問をすることもある。ただわが国では成人年齢に達しても親子が同居する割合が米国よりも多いので，親が心配して精神科を受診するケースは多いのかも知れない。
　ひきこもりは1つの精神症状なので，さまざまな精神病理から生じるのだが，ここでは精神病によるひきこもりは除外して，もっぱら非精神病性のひきこもりについて述べることにする。精神病によるひきこもりには，まったく別個のアプローチが必要であり[3]，ここで述べることは参考にならない。

II　非精神病性のひきこもりの2種

　ひきこもりとは言っても，非精神病性のひきこもりは自閉するわけではない。そのため，多くの時間を自室で過ごすにしても，子どもは，家族の誰かとの濃密な情緒的交流を保っている。多くの場合，その相手は母親である。
　ひきこもりは発症時期と密接に関連すると共に不登校・家庭内暴力に併存して，神経症性障害の部分症状であることが多い[13,15]。私のしばしば遭遇するひきこもりは，小学校高学年から中学時代，遅くとも高校1年までに不登校に陥り，家庭外との交流を断ち，家庭内でも母親との情緒交流以外は遮断してしまう[3]。彼らの予後

は，その一部に厳しいものがあるものの，一般的には楽観的に考えていてよい[3]。その一方に，大学入学後に不登校・家庭内暴力・ひきこもりに陥る青年がいる。彼らの予後は決してよいとは言えない。

　このように固有の思春期以前に発症するひきこもりと，思春期後に発症するそれとは現象的に似ているものの，両者の精神病理の質はまったく別物であると考えざるを得ない[1]。すなわち，前思春期から初期思春期に発生するひきこもりは，エディプスコンプレックスの再燃過程における困難の一部として生じるのであり，それが解消するにつれて，ひきこもりも解決して行く。それに対して思春期後の発生は，エディプスコンプレックスを解消できなかった結果によるものである[1, 7, 9, 12]。したがって，青年期ないし初期成人期になってからのひきこもりは，その青年が選んだ人生そのものであり，それは母親との幼児的な情緒的絆を結んだまま親に依存し続ける生活の始まりなのである。そのため，このひきこもりからの脱出は非常に困難になる。このような青年に対して精神療法からよい結果を得ようと期待しても，それは筋違いであることが多い。

　思春期後に発生するひきこもりに対してセラピストのできることとは，両親へのガイダンスである[8,11]。そこで，母親が意識的無意識的に提供する子どもへの愛情供給のうち，溺愛に属するものは停止するように働きかける。そうすることによって青年の親依存の生活スタイルから得ている幼児的な満足を除去するように試みる。すると青年はありとあらゆる手段を用いて母親から幼児的な満足を確保し続けようとする。子どものこの営みに母親が屈することのないようにガイダンスを続けるのだが[10]，それがなかなか難しい。というのは，母親は子どもの操縦術に翻弄されて，思わず子どもを溺愛してしまうからである。たとえば，息子が本当は自立に向けて歩み出さねばならないところなのに，母親に自信のない表情を見せる。それだけで母親は，思わずわが子を抱き締めて，「無理をしないでいいのよ」という類いのコミュニケーションをしてしまう。その結果，子どもは自立への努力をまんまと回避することができる。あるいは，母親の疲れを敏感に察知する息子が優しい笑顔を見せるだけで母親は癒されて，この息子を手放しがたく感じてしまうからでもある。このような母子関係の背景には，両親としてさえ手をつなぐことのできない両親の夫婦関係がある。あるいは両親は別居，離婚ないし死別している場合も少なくない。

III　固有の思春期前に発生するひきこもりの精神病理

　前思春期から初期思春期に発生するひきこもりの多くは数年後には解決して，子

どもは成人に向かって発達への動きを再開する。多くの子どもは大検を経由して大学生活を送るようになる。思春期に発生したひきこもりで大学生年代になってなおひきこもり続けるのは，むしろ稀な例外である。

1．現病歴上の特徴

精神発達上，同性の友人関係がきわめて重要になる前思春期から思春期の初期にかけて，対等な人間関係をもつことの困難な子どもは，仲間から排除されやすい。そして同級生か教諭とのトラブルを契機に通学をしぶるようになる。最初から通学を完全に諦める子どもは診たことがない。通常は，明日こそ学校に行こうと，前夜に通学の準備をする。ところが翌朝になると登校について説明しがたい不安感に襲われて起きない，勇気を出してカバンをもち玄関に立つが，そこで不安に負けて腹痛やめまいを理由に欠席してしまう。あるいは，学校に向かって家を出るのだが，途中で引き返してしまう。しかし夕方になると子どもは元気になって外出もするし，友達と遊んだりもする。

親が通学させようとすると，子どもの不安は高まる。子どもはそれを静めるために頑なに身体症状を訴える，暴言を吐く，物に当たるなどの小さな暴力，あるいは沈黙などの言動で，親を黙らそうとする。この初期段階を過ぎると，子どもは半ば通学を諦めて，友人関係は疎遠になる。他の同級生と比較して，自分だけは大人への道からはずれてしまったと思って焦り，将来をひどく心配する。自分や自分の将来に失望し，絶望的な気持に襲われる。幼い頃から抱いていた将来に向かう夢や希望は失せて，一層不安定な情緒状態に陥る。こうしてますます苛立ちやすく暴力的な爆発をしやすくなる。そして，こんなことになったのは親が悪い，仲間が悪い，教諭が悪いと憤怒に満ちた態度で，その「原因」を自分以外のせいにする。また抑うつ的になって自傷や自殺を考える。時には死なばもろともの心情から，殺人を夢想する子どももいる。これらの心情は決して過去の出来事によってのみ生じるのではなく，現在，発達の線路から降りてしまっているからこそ生じているのであるが，親も子もそれに気づいて，多少苦しくても，登校すれば，問題は解決していく。しかし，運悪く，それに気づけない場合には，不登校は遷延する。

不登校が長引いてくると，男の子の場合には，父親を避け，母親に父親の悪口を言って，父親よりも自分の方がずっと素晴らしい人間であることの確認を母親に求める。母親から気に入る返事が返って来なければ，怒り出して，これ見よがしの暴力や強迫行為などに熱中する。息子の気に入るような返事をする母親は，息子の尻馬に乗って，息子と一緒に父親の悪口を吐く。こうして母親は，日頃のうっぷんを晴らし，息子との仲良しを演じる。通常，母親は息子と仲良しであることを認めな

い。息子に暴言を吐かれたり，暴力を振るわれることを理由にして，2人は決して仲良しではないと言い張ることがある。しかし，母親の関心は寝ても覚めても「坊や坊や」であり，「神様，私の息子は決して悪い子どもではありません。どうかお助けください」と朝に夕に祈りの毎日を送る。あるいは，もうどうにもならないと落ち込んで，いっそのこと，息子と一緒に死のうかとさえ母親は考える。

女の子の場合も大同小異であるが，母親と娘の争いは男の子の場合以上に熾烈を極める。いずれにしても，母親が子どもをコントロールしようとする，同じく，子どもも母親をコントロールしようとする。この操縦ごっこの過程で，暴力も，自傷行為も自殺未遂も飛び出してくる。

この段階において，両親は互いに伴侶の子育てに過誤があったので，子どもはこのようになっているのだと信じ込む。そして夫婦関係は一層険悪化する。子どもから「離婚したら」とからかわれる母親もいる。または，夫婦関係を守るために「諸悪の根源」を教諭や同級生に押しつけることもある。確かに学校や同級生に多少の問題はあるかも知れないが，それを責めたところで子どもの状態も親子関係も改善するわけではない。

親と子の激しいせめぎ合いの末，子どもは自室に閉じこもる。昼夜逆転もほとんど必発する。とは言え，精神病でない限り，子どもは読書や音楽，パソコンなどへの興味をもち続ける。母親との交流も決して途絶えることはない。むしろ健常に育つ思春期の子どもと親の関係と比べて，幼児的な交流がずっと濃厚に存在する[9, 12]。

2．発達史・既往歴・家族歴上の特徴

親の子どもへの暴言や暴力，子どもの先天性疾患や奇形，家族の慢性疾患・病死・自殺，経済的破綻，親の特定の子どもに対する陰性感情などは，親が気にする自分たちの落ち度として語られることが多い。子どもを心配する親は，子どもの問題を少なめに見積もり，伴侶の問題を水増しして見積もるのが常である。そして，親は自分の子育てに不備はあったけれど，しかし自分と子どもの現在の関係には何も問題はないと信じようとする。殊に母親にこの傾向は強い。そして親は自分と子どもとの関係にかかわる現在進行中の問題に関心を払おうとはせず，昔の過誤の代償を与えようとする。何とかして自分の力で子どもを立ち直らせようと必死である。ひきこもる子どもを本気で嫌う母親もいるが，それは子どもが自分の意に沿わないことを言ったり行動したりする時に限られる。これまでに私は，親から著明な育児放棄を受けたひきこもりの子どもを診たことがない。

児童期以来，母親が息子と一緒の部屋に寝て，夫婦関係を拒絶するような例も少なくない。子どもの家庭内での言動，殊に父親へのそれに問題があったとしても，

母親は決して子どもを叱責したりはせず,子どもの側に立っていることが多い。その反面,父親の子どもへの言動には厳しすぎる目で見ていることが多い。父親も母親を責める気持ちで一杯であり,両親には子どもの問題を冷静に理解しようとする余裕はない。

しかし,これらの特徴は不登校・家庭内暴力・ひきこもりに特異的なものではなく,思春期のさまざまな神経症性障害に共通する特徴である[2,4,5]。これらの特徴が神経症性障害の原因であるということでもない。思春期のひきこもりの原因には生まれつきの素質,乳幼児期以来の体験など,さまざまな要因が絡まって生じているのであろう。その意味で,ひきこもりの原因を探ろうとする犯人探しは,決して問題の解決に結びつくものではない。

むしろ,現在の子どもが何を考え何を感じているのか,親子関係や夫婦関係で反復する問題にはどのようなものがあるかを知ることが,現在から将来にわたって治療を提供するセラピストの予備知識として役立つのである。

3. 子どものひきこもりについての発生論的力動的定式化

思春期の性的成熟を契機として,神経症水準の病理をもつ子どもは,自分の性的興奮や興味に脅えている。そして同性仲間と自分たちの経験する身体的・性的な成熟の経験を共有することができない。そのため,健常な子どもであれば,次第に慣れることのできる自分の性をいつまでも脅威に感じ続けて,不安(去勢不安および分離不安)が持続する。高まる欲動は肛門期や口唇期の固着点に退行して,暴力(サディズム)の形で外側に発散されたり,抑うつや自責感として自己の内側に発散されて自己破壊に陥る。超自我の緩和は生じがたく,苛酷な超自我前駆は外側に投影されて,父親を過剰に怖がったり,教諭を忌み嫌いもする。同性の友人関係が遮断されているため自我理想の書き換えは生じないのはもちろんであるが,それだけでなく,内的破壊の結果,幼児期以来抱いていた自我理想も消失する。言わば底無しの真っ暗闇にほうり込まれたまま,一筋の光明さえ見出すことのできない事態に陥っていると言えよう。

Ⅳ 固有の思春期前に発生するひきこもりへの治療

1. 力動精神医学的面接(診断と評価)[6]

Freud, S.の自由連想法から出発した対面面接法であり,もっとも豊かな情報を得ることができる。通常,両親からの3~4回のセッションを使って子どもの問題を中心に聴き取りを行なう。まず現在の問題およびそれに関連する親子きょうだい

関係，その他の家族関係，子どもの毎日の過ごし方，喜怒哀楽の表現形式，趣味，将来への展望についての親の理解を聞く。次いで問題が生じる前の子どもについて上記同様の範囲の質問をする。さらに，両親の結婚の動機，結婚後の最初の夫婦喧嘩とその顛末。妊娠・分娩から新生児期，乳幼児期の発達，排泄訓練の時期と方法，その後の子どもの好んだ昔話や遊び，子どものきょうだいについてのことなども聴き取る必要がある。そうすることによって，子ども本人がどのような人生を，どのような思いを抱きつつ過ごして来たか，それ故に，現在から将来にかけての自分についてどのような考えや感情を抱いているかが詳しく推測できるようになる。

　子ども本人に対する診断面接も基本的には大人と同じ面接法に準じる。しかし成人同様に比較的自由に自己表現できる前思春期あるいは初期思春期の子どもはいない。数回ないし10数回は来院しても，必要な治療期間を通して通院することはほとんどない。したがって，来院して面接を受けてくれる間に，以下の点が子ども本人にしっかりと伝わるような面接をすることが肝要である。第1に本人の悩んでいる問題点を明確な言葉で本人が認識するようにすること。たとえば，自分を男の子に生み直せと母親に迫る女の子に，中学生の女の子で，女性として育ちゆく自分に自信がもてずに悩む子は本人1人ではなく，普通は，自分の新しい体に慣れるにつれて，自分が女性に生まれてよかったと思える時が来ること，しかし，それには，自分の望む大人に自分をしっかりと作り上げるために，大人になる前にどこかで努力しなければならないことを伝えておきたい。あるいは，自分の弱さを認めがたく，母親の目に映る最高にすばらしい男であり続けねばならないと思い込み，強がり続ける男の子に，自分の弱さや欠点を認めることのできない男は本当は弱虫で，いくら母親にそうではないと言ってもらったところで，それは何の慰めにもならないのだけれど，それに気づき認めることができれば，君も努力次第で，立派な男になれるのだ，と伝えておきたい。Freud, A.をはじめ多くの専門家が指摘するように，初期思春期の子どもで精神分析的な長期精神療法のできることはほとんどない。最初は精神療法を受けるつもりになったとしても，比較的早期に治療中断に至るのが常である。また，最初からひきこもって，診断面接にさえ現われない子どももいれば，治療方針を提案しても，その治療に合意しない子どもも少なくない。このような時，本人の意向を尊重して，治療計画を実施するのが原則である。本人の意向を無視して強制的に精神科に入院させるとか，少年鑑別所に収容しなければならないのは，具体的な証拠によって示される自傷他害の重大な危険のある場合に限られる。この点についてわが国の精神保健福祉法では，子どもの精神科入院についての配慮がなされていないため，児童生徒の精神科入院の扱い方が臨床現場によって異なるという問題が生じてしまう。

親にも診断面接を通して得た理解を率直に伝えておくことが大切である。そして，両親にとりあえずの対応を助言する。親に対しては子どもへの対応を助言する（親ガイダンス）。多くの親は毎週1回，1回50分程度のガイダンスを受けることによって，元来する必要のない後悔をせず，子どもについての理解を深め，子どもが発達方向に向かって進んでいく過程を支える役割を果たすことができる。しかし，親の一部には子どもに十分な関心を払い続ける上で避けることのできない苦痛や欲求不満に耐えられず，そのため親機能を発揮できない人も実在する。あるいは，子どもが自分とは別個の独立した人間であることを認めがたく，いつまでも自分の所有物としておきたいために，親機能を発揮できない人も存在する。このような親にガイダンスを提供することは不可能である。

2．親ガイダンスのポイント[8, 11]

　親には子どもの問題を簡潔に説明する必要がある。子どもに伝える例をすでに述べたが，同様な説明をする。そして，思春期の子どもに長期精神療法を行なうことは困難であり，子どもが発達方向に向かってしっかりと歩み始めるまで，子どもへの精神分析的個人精神療法が続くことは期待できないことも，親にあらかじめ伝えておくことが望ましい。そうすれば，子どもが治療を中断しても，親は不安にならずにすむ。子どもは治療中断後，学校に復帰することもあるし，自室にひきこもることもある。

　不登校が暴力やひきこもりに発展する場合に，もっとも大切な理解は，暴力もひきこもりも永遠に続くものではなく，子どもが自分の新しい身体に慣れて，「まあ自分のこの容姿や体つきでやっていくしかないな」といった受容が進むにつれて収まっていくものであることを伝える。

　親は子どもが不登校・家庭内暴力・ひきこもりを起した原因探しに夢中になり，通常，伴侶のこの態度，あの言動が悪いのだと思い込み，伴侶同士で責め合って，夫婦関係は悪化する。次いで，両親共に自分のあの時のあれが悪いのだという思い込みに行き当たる。いずれも多少の影響を子どもに与えているかもしれないが，そこで後悔しても，子どもに謝罪して懺悔しても，子どもの問題は解決しない。このような両親の思考は，それぞれの感情状態と夫婦関係を不安定にするだけで，子どもの問題解決への力にはならない。そこで，このような思考は止めるように助言する。そして，親としての子どもへの援助は，今日以降将来にわたって，両親が親として手をつなぎ，子どもをいかに支えるか，いかに励ますか，子どもにいかに対応するかにかかっていること，その結果，最終的に子どもが成人として自立して，自分が両親の子どもとして生まれてよかったと思える日が来た時に，子どもは，親が

今あの時のあれがいけなかったと思う誤ちを受け止め，許すことができるようになることも伝えておく。

ひきこもりの始まる段階では，ほとんどの子どもは昼夜逆転した生活をするが，それをコントロールする必要はない。むしろ親の過剰な介入が展開して，子どもはますます親を遠ざけたくなるだけである。子どもが前向きに努力を始めようと決意すれば，昼夜逆転は自然に治る。子ども本人に社会に出て行く準備が整っていない間，昼夜逆転を正常化しても無意味でもある。

子どもの母親への暴力には，父親が「俺の女に手を出すな」，父親を脱価値する子どもの母親への告げ口には，「私の男の悪口を自分の子どもから聞きたくはないわ」と言ってもらう。通常，これで暴力は沈静するが，それでもなお危険な暴力が持続ないし悪化する場合には，警察の少年係の協力を仰ぐ。あるいは精神科入院ないし少年鑑別所送致を考える。

ひきこもりに関しては，母親との幼児的な情緒交流を遮断する方向で援助する。いずれにしても，子どものひきこもりに対しては，親が心配のあまり過剰介入したり，子どもの命じるままに操縦されて，子どもの幼児的な願望を充足させてしまう親の行動を制御するように助言する。これによって，親子関係の二次的損傷を防止することができるので，子どもは15〜17歳頃に，必ずと言ってよいほど社会的な存在としての自分を作ろうと考え始めて，社会参加の方向に動き出す。具体的には大検予備校ないし予備校を介して大学受験に挑戦する。そして多くの子どもは大学に入学する。この段階では，子どもは個人精神療法を求めてくる。この時に精神分析的個人精神療法は，小学校高学年あるいは中学時代から家族以外の人間との交流を遮断していたために生じる子どもの精神発達上の遅延をある程度取り戻す援助となる。たとえば，超自我の緩和と自我理想の書き換え，衝動制御，あるいは無意識の言語化などである。この時に親ガイダンスは通常必要ではなくなっている。

3．薬物療法

抗不安薬，抗精神病薬，抗うつ剤が処方されることがあるが，これらが著効することは期待できない。自分はこのままではどうなってしまうのだろうという現実的な心配は抗不安薬によって緩和されるが，それは事態を遷延させる一因にもなり得る。しかも，これらの薬物は感覚を鈍くするため，思春期の子どもが新しい自分の身体を学び知る過程を必ずしも援助するのではなく，むしろ遅延させてしまうし，また自分は薬を飲まなければならない精神科の病人であるという自覚を促す弊害もある。しかし暴力が激しく脳波に非特異的異常が見られる場合に，carbamazepineを試す価値はあるだろう。

文 献

1) 皆川邦直：青春期・青年期の精神分析的発達論：ピーター・ブロスの研究をめぐって．（小此木啓吾編）青年の精神病理2，pp.43-66，弘文堂，1980．
2) 皆川邦直：青春期の発達と家族．（加藤正明，他編）家族精神医学3，pp.295-310，弘文堂，1982．
3) 皆川邦直：青春期精神医学における臨床単位分類への試み：記述症候学と発達力動論および治療論の統合をめざして．慶應医学，60；813-839，1983．
4) 皆川邦直：発達の基本的観点．（小此木啓吾，他編）精神分析セミナーI，pp.45-80，岩崎学術出版社，1985．
5) 皆川邦直：青春期患者へのアプローチ．精神科選書13，診療新社，1986．
6) 皆川邦直：精神科面接の構造と精神力動：神経症，パーソナリティ障害を中心に．精神科治療学，5；995-1005，1990．
7) 皆川邦直：固着・退行・ワークスルー．精神分析研究，35；39-46，1991．
8) 皆川邦直：思春期の子どもの精神発達と精神病理をとらえるための両親との面接：主に治療契約までの両親ガイダンスをめぐって．思春期青年期精神医学，1；78-84，1991．
9) 皆川邦直：エディプスコンプレクス：そのメタサイコロジーと実際．精神分析研究，36；2-8，1992．
10) 皆川邦直，橋本元秀，守屋直樹：慢性的な不登校を来した思春期女子とその自己愛と自己評価調整の病理をめぐって．精神科治療学，8；1374-1379，1993．
11) 皆川邦直：両親（親）ガイダンスをめぐって．思春期青年期精神医学，3；22-30，1993．
12) 皆川邦直：プレエディプスからエディプスコンプレックスを越えて．精神分析研究，38；140-147，1994．
13) 皆川邦直：現代社会における思春期・青年期の精神発達と家族．思春期青年期精神医学，5；197-205，1995．
14) 皆川邦直：青年の家庭内暴力．臨床精神医学，26；189-193，1997．
15) 小木曽洋三，守屋直樹，生田憲正，三宅由子，皆川邦直：両親の夫婦間の不和と子供への暴力：境界性パーソナリティ障害を中心に．精神科治療学，13；1313-1318，1998．

第4章 軽度発達障害のある子どもたちへの早期介入

2．臨床現場における予防的介入の実際

田中康雄

I　はじめに

2000年度に，はじめてわれわれの外来を訪れた子どもたち380名の中で不登校を示した子どもたちは77名，そのうち軽度発達障害のある子どもは12名（15.6％）を占めていた。不登校も「ひきこもり」も，さまざまな状態と要因をはらむ多義的な名称であるため単純に結びつけることはできないが，不登校の一部が長期化し，ひきこもりに移行することは，事実としてある[7]。

ここでは，軽度発達障害のある子どもたちの「不登校・ひきこもり」行動を，予防的観点から検討する。

II　軽度発達障害とは

これまで発達障害と言うと，重度発達障害が中心であったが，近年の発達障害学の進歩により，軽度発達障害に対して光が当てられるようになってきた。

ここで言う軽度発達障害とは，高機能広汎性発達障害，注意欠陥多動性障害，学習障害，協調性運動障害，軽度知的障害など[注]であるが，軽度であるがゆえに，①健常児との連続性の中に存在し，加齢，発達，教育的介入により臨床像が著しく変化を示し，②視点の異なりから診断が相違してしまいがちで，③理解と経験が十分でなく適切な対応が提供されにくく，④二次的・反応性の情緒的問題や精神科的問題が併発しやすい，といった独特の困難[11]をもつ。

こうした子どもたちに対し，養育者は早期から「なんとなく（他の子，きょうだ

いと）違う」という漠然とした違和感を抱きながらも関係者に相談しにくく，また相談を受けた関係者も「気づきにくい」状況にあり，行動や学習の問題として主に保育・教育という集団現場で顕在化し，あるいは「いじめ」[5]から不登校に至り，はじめて気づかれる。しかも，その「気づき」は真の理解ではなく，「しつけの問題」とか「情緒的問題」「性格のせい」などに落ち着きやすい。こうした誤解が，いかに子どもと親を傷つけ疎外感を抱かせているか，ということに留意しておかねばならない。

III なにが，彼らを「不登校・ひきこもり」に追い立てたか？

簡単に事例を紹介する。なお，秘密性の保持のため必要な改変は行なっている。

【事例1】高機能広汎性発達障害

高校2年生の女子。兄と両親の4人家族である。中学3年生頃から何度か周囲になじもうと努力したがうまくいかず，「生きているのがむなしく」なり手首自傷を繰り返すようになる。母親によると，初期の発達状況に特別なことはなかったが，3歳の時，読んだ本をすべて暗記しては周囲を驚かせ，幼稚園時代にチックを認めたことがあったという。現在にいたるまで「方向オンチ」でよく迷子になるという。

初診時，多弁かつ早口に話をするが，一方的で言葉のやりとりになりにくい。そばで聞く母によると，「いつもこんな調子です。この子の父も対人関係が下手で相談もなく職を辞めたり，変えたりする。娘と似たところがある」という。面接では「先生とこうして話をしていても，非常にズレを感じます。もっとも私はそれを楽しんでいるのですが」と話す。また，「小さい頃，おばあちゃんの誕生日のために私が買ったプレゼントを，母が『私から』と言って渡してしまった。プレゼントは母からのものとなり，私からのプレゼントではなくなった」という思い出を生々しく悔しそうに語ったりした。

この時点で，高機能広汎性発達障害の1つであるアスペルガー症候群を疑い，母親に伝え，学校側にも親の承諾の元，必要な情報を伝えた。「アスペルガー症候群という特徴から，他者との違いを自覚していても，それをどう処理してよいかに戸惑い消耗し，学校参加を回避している状況」と理解してもらった。特にこれまで生意気，居丈高な態度と見られていた部分は，本来彼女のもつ対人相互作用の質的な障害ではあるが，精一杯の防衛として捉えるように示唆した。担任には，集団から孤立していても，彼女が疎外されているという感情を持たなくてすむような態度で関わるようにお願いした。

しばらくして彼女は，いくつかの資格試験を担任の勧めで受け合格し，学校に戻っていった。友人が少なく孤立している点に変わりはないが，担任をはじめ学校側と母親は彼女を以前よりも理解しているようである。

【事例2】：注意欠陥多動性障害

中学1年生の女子。父方祖父母と2歳上の兄，両親との6人家族である。母によると，これまで発達上に問題なく，保育園時代は兄をひっぱり登園していた。幼少時より手のかからない子どもで，元来負けず嫌いのおてんば，積極的な子であった。しかし，友達とはよく意見が合わずけんかになってしまうことも少なくなく，決まって患児から手が出たという。

小学5年生後半から時々の登校しぶりが認められ，中学進学後4カ月ほどして不登校になった。患児の言い分としては「担任が授業中に2人組にさせたがるが，私には組んでくれる人がいない。おもしろくない，つまらない」ということだった。

初診時，まったく物怖じせず，やや幼さの残る口調で一方的に担任の悪口を言う。診察室の椅子に座りながらも手をそわそわと動かし，落ち着きがない。

この時点でのIQはWISC-ⅢでVIQ110，PIQ118，FIQ115。言語性では理解と数唱が落ち込み，単語は高い。動作性では，絵画完成・配列が高い一方で符号と積み木と迷路が落ち込むというばらつきを認めた。検査中に何度も聞き返すことが多く，注意集中の悪さも目立った。ベンダーゲシュタルト検査では，標準時間よりも著しく早く描き，衝動性の強さが示唆された。一方描いた図形はみな小さく，不安・逃避的傾向も伺わせた。

養育者と学校側に注意欠陥多動性障害の可能性を伝え，自己評価を下げないような指導，配慮をお願いしているが，完全登校には至っていない。

【事例3】学習障害

中学3年生の男子。両親と弟との4人家族。1人で外来を受診したため初期発達については不明である。中学2年の夏以降学校に行けないでいる。

初診時，「2年の1学期のテストで信じられないくらいの悪い点を取り，それがとてもショックだったけど，不登校については，自分でも特に理由がはっきりしない」と語り，しっかりした印象を与えた。

当初はいわゆる神経症圏の登校拒否と判断し，精神療法的にアプローチしていた。

2カ月後の面接中，自己評価の話になる。「自分は字が汚い，応用力がない，漢字の読み書きが異常に苦手で，信じられないだろうけど，漢字を1つ覚えると1つ頭から消えてしまう，不注意によるミスも多い，テストも文章題だとよくわからなくなる」と語り，ここではじめて「学習障害」を疑い心理検査を行なった。WISC-Rでは，VIQ71，PIQ109，FIQ88。言語性では理解と類似，単語が落ち込み，算数は高い。動作性では，積み木，組み合わせ，絵画配列が高い一方で，絵画完成がやや落ち込むというばらつきを認めた。算数，視覚的構成力，推理力，注意の集中が得意で，抽象的言語活動，経験から知識を得る力，細部の観察が不得意分野である。

これらから，言語性学習障害，特に読字・書字障害が疑われた。親との面接が困難であったため，学習の問題は努力不足といったものではないことと，これまでの面接から得た患児の長所を直接本人に伝えた。その後，外来は中断してしまったが，説明時にほっとした患児の顔が忘れられない。

【事例4】知的障害

16歳の男子。父方祖母と両親，2人の姉の6人家族。6年間のひきこもりと家庭内暴力で

母親が外来に相談に来た。

　母親によると，これまで発達状況に問題はなかったと言うが，学校側の通知票からは，1年生時から成績は下位で，学校生活の様子では，落ち着きのなさや姿勢の悪さ，忘れ物の多さや学習準備のまずさ，当番などのさまざまなルールが守れないことが指摘されていた。

　級友にからかわれた小学5年生から不登校となり，中学の3年間一度も登校せず自宅にひきこもっていた。同級生が高校に進学した頃から，自室のタンスや扉を壊し，物干し竿をふり回すようになり，入院した。

　入院後もしばらくは，周囲の動きに敏感で，「みんながボクを嫌っている，なにか企んでいる」と被害的になり興奮することがあった。次第に病棟生活にもなれ，現在リハビリテーションプログラムにがんばっているが，病棟では他の入院患者と適切な距離が持てず，孤立している。WAIS-Rでは，VIQ65，PIQ45，FIQ47。下位項目でのバラツキは目立たず，中等度知的障害と言えるが，適切な介入がない状況での6年間のひきこもり生活は，検査に現れる数値以上の課題を作ってしまっている。

Ⅳ　予防と援助を考える

　4事例に共通しているのは，早期の適切な介入がなされない（気づかれない）まま孤立し，自己評価を落とし，対人関係・社会性の問題も加わり，周囲から疎外されたという感覚に陥り，評価現場から撤退（不登校・ひきこもり）したという点である。

　門[2]によれば，「不登校」に原因はなく，子どもによって千差万別な不利な条件が，発達・変化・成長という触媒の中でいろいろと重なり合って生じるという（図1）。詳細は省くが，「軽度発達障害」という存在に周囲が気づくかどうかが，子ども側の不利な条件の1つを解消する大きな鍵になると思われる。提示した事例も，軽度発達障害についての理解がもっと充実していれば，より早い段階での介入が可能であったと思われる。

　そこで，軽度発達障害への対応策について，予防精神医学的見地[8]から考えてみたい。

1．第一次予防

　周知のように，これは障害の予防を目標とするが，真の発生原因が不明である発達障害について，この視点で論じることは難しい。しかし，一般的な健康増進，健康保護，健康維持のため，環境を整備することは重要な一次予防となる。そのため，養育者である母親の初期の精神衛生に留意したい。

　軽度発達障害のある子どもたちと養育者との間で，もっとも深刻な問題は愛着形

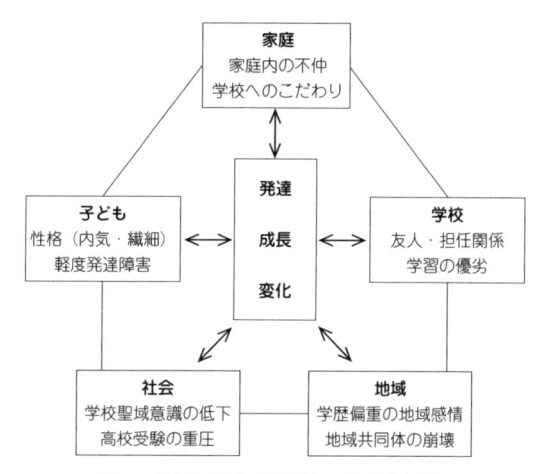

```
                    家庭
                家庭内の不仲
                学校へのこだわり
                    ↕
  子ども        発達        学校
性格(内気・繊細) ↔ 成長 ↔ 友人・担任関係
軽度発達障害      変化        学習の優劣
                  ↙ ↘
        社会              地域
   学校聖域意識の低下    学歴偏重の地域感情
    高校受験の重圧        地域共同体の崩壊
```

図 1　登校に関する不利な 5 条件と触媒

成の困難さである。「手がかかり，ひとときも休まることのない養育を強いる子ども」も「手のかからない子ども」も，共に「愛着関係の深まりにくい子ども」と言える。手のかかる子どもとは，知覚過敏性が強く，強い欲求不満や不安感を抱きやすく，接近・回避動因的葛藤状態[3]に陥りやすい。手のかからない子どもは，接近も回避も明確に示さないため葛藤状況が形成されず，必要以上に強い刺激が与えられる。一見知覚鈍麻な子と思われがちだが，外界刺激に圧倒されて過敏さが「まひ」している状況を抱えている子もいる。しかし，いずれも母子間の愛着関係が生まれにくいだけでなく，親に怒りや悲しみといった複雑な心理的反応をもたらす[4]。前者は「子どもに嫌われているのでは？」という積極的な拒絶の思いを，後者は「子どもに愛されていないのでは？」という消極的な拒否の思いを親に抱かせてしまいがちになる。

　こうした愛着関係の成立しにくい状況で，最初期の養育が行なわれていることを，関係者（特にこの時期は保健婦と保育士であろうか）が理解していれば，一面的な子育て批判や根拠のない慰めが大きな問題となることが理解できよう。

　さらにこうした関係性樹立への努力は，親側に潜む子ども性（親に育てられた自分）と重なる時でもあり，いわゆる虐待における世代間伝達の鎖が繋がる可能性に注意しておきたい。

　最初期の養育における親に生じる思いを充分に理解し，子どもにある障害の特徴を説明しつつ，よりよい愛着が形成されることを支援していくことが，関係者に求められる。その際，親へのねぎらいと「小さな」成長を共に喜ぶといった身近な観客という視点が重要な態度となる。

また，出産直後から月経が再開される前に出現する一過性の涙もろさと抑うつといった気分変調と疲労，頭痛などの体調の障害，すなわちマタニティブルーズの存在にも留意しておく必要がある。これは，軽度発達障害の有無とは直接関係ないが，親自身だけでなく，乳児の気質や行動，母子相互作用に影響を与えるため，具体的な助言[15]が求められる。

2．第二次予防

　早期発見と早期対応が中心となる。発達障害のある子どもたちの多くは，1歳6カ月健診で運動・言語の発達状況と人への関心の向け方などから「ハイリスクあるいはグレーゾーンの（注意して経過を見続けるべき）子ども」と指摘される。

　しかし，一部の軽度発達障害のある子どもたちは，チェックされフォローされにくい。ある保健婦は，スクリーニングとしての健診システムにおける限界と話した。また，チェック後の健診をキャンセルしたり，早期療育を拒否するケースもある。こうした背景には，適切な早期介入といったハイリスク・ストラテジーのメリットよりも，ラベリングだけで適切なアドバイスやケアが受けられないというデメリット[6]の方が大きいという現状と「親が気づく前に障害の告知が行なわれる」ことでの「わが子の障害受容の困難さ」[10]が潜んでいると思われる。

　そのためには，まず関係者による軽度発達障害理解と親理解，5歳児健診を対応策に挙げたい。前者は，こうした子どもたちを理解するために避けては通れない基本的事項であり，特に母子関係が決して円満にいっていない時点で出会う保育士や小学校低学年の教員は，親のせつない思いを理解しておかねばならない。これは，ハイリスク・ストラテジーのデメリットを軽減することになる。後者は，就学前に行なえる最後のアプローチである。就学指導委員会で就学先を検討する前に，適切な情報をもとに1年間考える猶予を，5歳児健診がもたらすかもしれない。

　現状は，知識と理解のある保育士や教員が個人的に「気づき」，個人的なネットワークを活用して，子どもと親に対して「最善の対策」を練ろうとしている。療育機関，保育・教育機関，医療機関，福祉機関などと情報を共有し連携していく「役立つネットワークシステム」を作るには，「情報の守秘義務」と「プライバシー」に対する慎重な態度が求められる。さらに，各現場での限界を知り，「互いに責めあわない」ということも大切になる。責任をどこかに押しつけようとすると，ネットワークは機能しない。心あるシステムにするためには，主体的に参加したメンバーが，常に仲間から勇気づけられる必要がある。

　保育士も教員も，困難な「親子支援」において，勇気がくじかれていることが少なくない。努力が報われない，どうしても親と協力関係が結びにくい，スタッフた

ちから支持されていない,といった不全感や孤立感をもっていることも少なくない。ネットワークが,勇気をくじかれたスタッフ側をも勇気づける機能を持たないと,システムを長続きさせることはできない。しかも,こうした動きは,気軽な水平視点で円滑に運用されないといけない。ピラミッド型ではない円卓の会議が求められる。ここで得た情報が早期発見の指標になることも少なくない。一部の子どもたちと親たちは,こうしたネットワークに支えられ,それぞれの場所で少しずつ問題を整理している[13]。

　ここで,保育士の生活全般を通しての子ども理解力（気づき力）は,かなり大きいことを伝えておきたい。これは保育士との研修会に出て,年々感じている事実である。問題は,多くの保育所・幼稚園で定員外保育士を配置したきめ細かい関わりが保障されないことである。気づきを具体的関わりに昇華できないのである。

　また,多くの軽度発達障害のある子どもたちは,通常教育に在籍している。是非,通常教育の現場に特殊教育の専門家を配置してもらいたい。特殊教育の専門家の力量はもっと重視されるべきである。

3．第三次予防

　目指すは,地域全体の理解と協力のもと,障害から生まれる問題を最小限度にくい止め,決してハンディキャップ（社会的不利）にしないことである。

　軽度発達障害の存在を広く多くの方々に理解してもらうためには,専門性の向上が必須である。医療的にも,こうした発達障害を人格障害や精神病と誤診してしまうことが少なくない[1]し,軽度発達障害内でもその鑑別を巡る困難性が指摘されている[12]。白か黒かでは分けられず,多くの要因で変化していく軽度発達障害であるが,できるだけ有効な治療を選択するためにも,より重大かつ緊急性ある問題に注目するという優先順位的指向が求められる。それにしても,児童青年精神医学教育の充実と児童青年精神医療の整備は急務[9]である。

　保健福祉領域では,ハイリスクあるいはグレーゾーンの子どもたちに適切な介入ができるよう,早期発見のポイントを医療・保育と連動して作っていく必要がある。健診体制やチェック項目の見直し,保育現場との連携,さらに保育と教育との繋がりも重要となる。

　教育現場には,集団で生徒を支援するシステムが求められる[14]。まず,教員集団の協力体制作りからはじめ,内部連携を強化する必要がある。そのキーパーソンあるいはコーディネーターとして,養護教諭の役割は大きい。

　軽度発達障害という,見えにくく薄まりこそすれ消えない特徴を社会的不利にしないために,各自が自己完結しないで,引き継ぎながらの追跡支援が求められる。

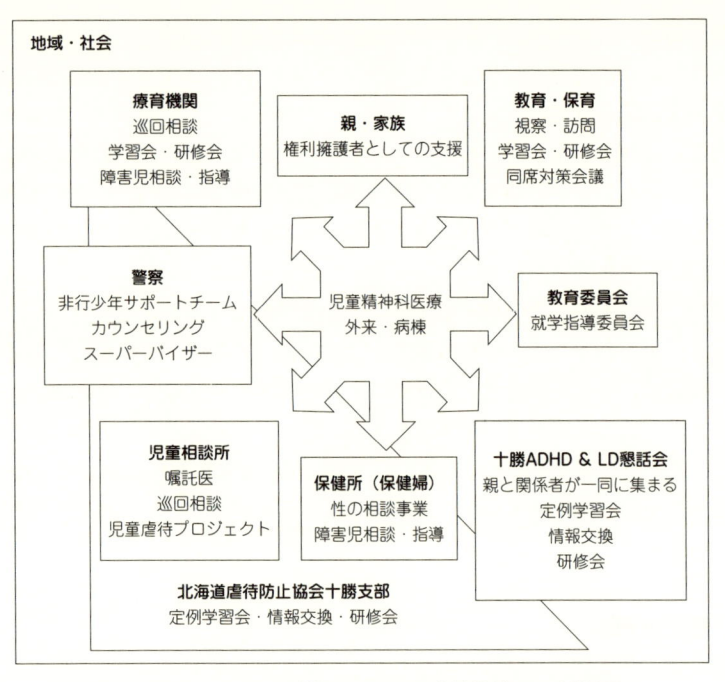

第Ⅳ部　ひきこもりケースへの予防的早期介入［２．臨床現場における予防的介入の実際］

```
┌─────────────────────────────────────────────────────────┐
│ 地域・社会                                                │
│                                                          │
│   ┌──────────┐    ┌──────────┐    ┌──────────┐         │
│   │ 療育機関  │    │ 親・家族  │    │ 教育・保育│         │
│   │ 巡回相談  │    │権利擁護者 │    │ 視察・訪問│         │
│   │学習会・研修会│ │としての支援│   │学習会・研修会│      │
│   │障害児相談・指導│ └──────────┘  │同席対策会議│         │
│   └──────────┘         ↕         └──────────┘         │
│                                                          │
│   ┌──────────┐    ┌──────────┐    ┌──────────┐         │
│   │ 警察      │    │児童精神科医療│  │ 教育委員会│         │
│   │非行少年   │ ←→ │ 外来・病棟 │ ←→│就学指導委員会│      │
│   │サポートチーム│  └──────────┘   └──────────┘         │
│   │カウンセリング│                                        │
│   │スーパーバイザー│                                       │
│   └──────────┘                                          │
│                                                          │
│   ┌──────────┐    ┌──────────┐    ┌──────────────┐    │
│   │ 児童相談所│    │保健所(保健婦)│  │十勝ADHD & LD懇話会│ │
│   │ 嘱託医    │    │性の相談事業│   │親と関係者が一同に集まる│
│   │ 巡回相談  │    │障害児相談・指導│ │定例学習会    │    │
│   │児童虐待   │    └──────────┘   │情報交換      │    │
│   │プロジェクト│                    │研修会        │    │
│   └──────────┘                    └──────────────┘    │
│                                                          │
│            北海道虐待防止協会十勝支部                     │
│            定例学習会・情報交換・研修会                   │
└─────────────────────────────────────────────────────────┘
```

図２　地域ネットワーク構築のための児童精神科医の活動範囲

　図２にわれわれの活動状況を示した。多くの関係機関と連携しておくことが，軽度発達障害のある子どもとその親を支援することに繋がるという良循環を期待して，病院（診察室）の外での臨床を重視している。
　子どもと親を支援するための最終的に必要なフィールドとは，一般日常生活場面である。

Ⅴ　おわりに

　軽度発達障害をもつ子どもたちが，「不登校・ひきこもり」に向かう大きな契機は，その子にある障害ではなく，関係性の疎外感であろうと思う。
　そして，子どもたちが示した不登校・ひきこもりがさらに疎外感を助長する。この疎外感は，親，特に母親にも影響を与える。悪循環である。
　早期発見と介入の重要性とそれを行なうために多職種連携の必要性，さらに各専門分野のレベルアップが求められる。親も積極的に参加する必要がある。今後の課題の大きさに愕然としながらも，やれるところからやっていきたい。

「神よ，変えることのできるものについて，それを変えるだけの勇気を我らに与えたまえ。変えることのできないものについては，それを受け入れるだけの冷静さを与えたまえ。そして，変えることのできるものと，変えることのできないものを，識別できる智慧を与えたまえ」（Niebuhr, Reinhold）

注）
それぞれの診断基準については，以下を参照していただきたい。
1）中根允文，他訳：ICD-10精神および行動の障害：DCR研究用診断基準，医学書院，1994.
2）高橋三郎，他訳：DSM-IV精神疾患の分類と手引．医学書院，1995.

文　献

1) 福田真也：人格障害と広汎性発達障害の関連について．臨床精神医学，28；1541-1548, 1999.
2) 門眞一郎：私のであった子どもたち．（門眞一郎，高岡健，滝川一廣著）不登校を解く，pp.211-215, ミネルヴァ書房，1998.
3) 小林隆児：関係臨床障害から見た多動．教育と医学，48；28-35, 2000.
4) 小林隆児：自閉症の関係障害臨床．ミネルヴァ書房，2000.
5) 森口奈緒美：変光星．飛鳥新社，1996.
6) Rose, G.: The Strategy of Preventive Medicine. Oxford Univ.Press, New York, 1992.（曽田研二，田中平三監訳：予防医学のストラテジー．医学書院，1998）
7) 斎藤環：社会的ひきこもり．PHP新書，1999.
8) Silverman, M.: Preventive psychiatric disorder. Raphael, B., Burrows, G.D. (eds.) Handbook of Studies on Preventive Psychiatry, pp.11-30, Elsevier, Amsterdam, 1995.
9) 清水将之，村田潤哉：医療供給面からみた児童精神科．日精病協誌，17；18-21, 1998.
10) 杉山登志郎：発達障害の豊かな世界．pp.206-221, 日本評論社，2000.
11) 杉山登志郎：軽度発達障害．発達障害研究，21；241-251, 2000.
12) 杉山登志郎：アスペルガー症候群．小児内科，32；1354-1359, 2000.
13) 田中康雄：医療と教育の連携．日本LD学会第9回大会，2000.
14) 寺嶋理恵子：高等学校の保健室から見た子どもたちの心と底辺校が抱える問題．児童青年精神医学とその近接領域，41；318-325, 2000.
15) 吉田敬子：母子と家族への援助．pp.136-137, 金剛出版，2000.

第5章
児童福祉における予防的介入

本間博彰

I　ひきこもりと関連する児童福祉領域の問題

　児童福祉の最前線に位置する児童相談所は，0歳から18歳未満の子どもたちに関するさまざまな相談活動を手がけている。特にひきこもりと関連する相談としては，不登校相談，性格行動相談，そして養護相談の一部が関わりを持つと考えられる。不登校相談は，文字通り不登校の児童生徒の相談である。性格行動相談は，内向的なあるいは葛藤に陥りやすいなどの性格傾向を持った子どもの問題に対する相談であるとともに，いわゆる神経症圏内の問題を持つ子どもの相談である。養護相談の一部というのは以下のような内容からなる。まず養護相談は，親の死亡や疾病，さらには離婚などの問題のため子どもを養育できなくなって持ち込まれる相談であるが，近年は児童虐待という養育上の問題が急増している。加えて精神障害の親が子どもを育てられなくなって発生する養護相談や10代の女子の出産といった養護相談も少なくない。

　ひきこもりは，青年たちの社会的に退却あるいは逃避した状態とされているが，児童思春期においても対人的，社会的に躓いた子どものとり得る転帰の1つとなり得る。児童相談所が関わりを持つ上記の相談は，病院臨床と比べて，より家族的社会的背景が濃くなることから，ひきこもり問題とは無縁でいられなくなるものと考えられる。情緒障害児短期治療施設や児童養護施設などの児童福祉施設が，特に家族的な問題の大きな児童に対しての指導や治療を求めて活用されるが，その窓口となるのが児童相談所である。青年期のひきこもりを予防するという視点に立てば，不登校相談や性格行動相談として関わる親子に対して，持ち込まれる相談ニーズに，

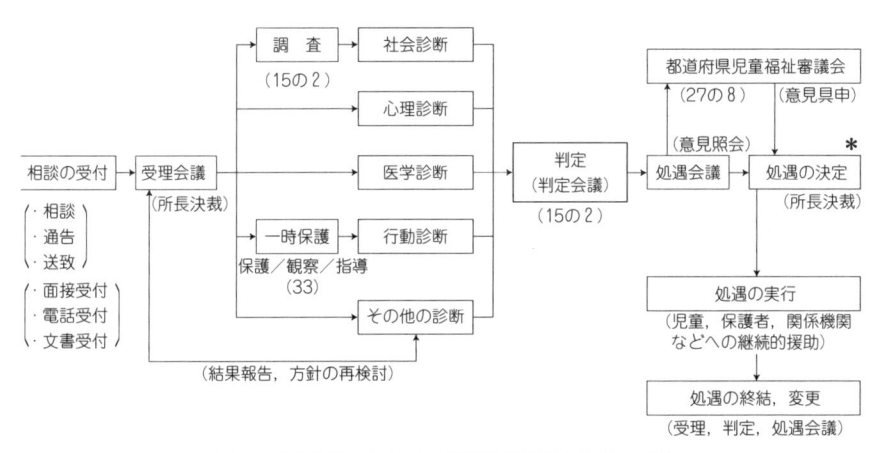

図1 児童相談所における相談援助活動の体系・展開

より柔軟で丁寧な対応をすることが基本となろう。

Ⅱ 児童相談所の相談活動の概略

　さて，児童福祉領域の中心的社会資源である児童相談所がどのような相談活動を行なっているかを簡単に紹介する。

1．児童相談所の相談体制

　児童相談所には，児童福祉法の現業機関である福祉事務所，保健所，そして市町村の保健センターや保育所などの公的な機関から，介入的な行為を必要とする相談が数多く寄せられる。もちろん親や家族からの相談も多く寄せられる。こうした相談の経緯とその後の児童相談所内での処理の経過は図1に示した通りである。児童精神科医療の関わりは相談の受理の仕方，児童福祉司というケースワーカーの支援，そして一時保護所の指導のあり方など実に多岐にわたるのであるが，もっとも重要な専門的関わりは，判定処遇会議と医学判定および指導に関してであろう。

　児童相談所には厚生省で決めた相談種別という統計処理を目的にした分類があり，この種別内容を見ることによって児童相談所の児童精神医療との関わりの実態が明らかになる。前述したように，性格行動相談の内容はいわゆる神経症的な行動や問題で，ぐ犯相談は広く非行の範疇に含まれる問題である。触法相談は非行のために警察を通して児童相談所に依頼された相談である。障害児の発達相談もまた児童精神科医療とは切り離せない。実際，精神遅滞を筆頭に自閉症や注意欠陥多動障

害などの知的障害関連の相談が児童相談所の相談件数の半分以上を占めるのである。そして障害児に関する相談活動は，子ども本人以上に親に対する支援やカウンセリングが重要となる。知的障害を有する児童のひきこもりについても留意しておかなくてはならないと考えられる。

2．児童福祉施設との関連

情緒障害児短期治療施設や児童養護施設は家族的問題を持った子どもをケアする場であり，児童相談所と密接なつながりの中で運営される。家族的な問題や社会的な不利益を被る子どもは，心にさまざまな問題を抱えながら発達と自立をめざした生活を送るのであるが，こうした子どもの一部はこれら施設に入所し，ケアを受けている。児童福祉施設は措置される子どもを通して社会の変化と関わり，その影響を受けることになる。昔は生活苦にある家庭の子どもが多く措置されていたが，現在は親の虐待を受ける子どもが多く措置される施設となってきたのもそうした変化の1つである。

Ⅲ 児童相談所における児童青年精神科臨床

児童相談所における臨床についてケースをもとに紹介する。特にひきこもりの予備軍となりそうな不登校相談や性格行動相談でかかわりを持った何人かの子どもについて述べる。

1．ひきこもった不登校のケースから

児童の場合，病院臨床でも同様であろうが，児童のほとんどは親に連れてこられて臨床が始まる。あるいは親の相談から開始され，児童に向けた関わりが少しずつ始められることから，児童との関係作りには特に丁寧さが要求される。以下に述べる3名のケースは，不登校であったものの対人関係の上ですっかり引きこもって，困りあぐねた親が無理やり子どもを乗用車に乗せて相談にやってきた。いずれも駐車場の車の中で面接をして，やがて面接に通えるようになったケースである。

中学2年生のA子は，小学校時代から女優を志望する子どもで，他児とは協調性が欠けることもあって仲間はずれにされることが多く，学校生活から遠ざかっていた。核家族で共働きであった両親はA子の不登校に追い詰められ，泣きわめくA子を無理やり車に乗せ児童相談所にやってきた。同じく中学2年生のB子も父母にペットを買いにゆこうと騙されて児童相談所に連れてこられ，車の中で大泣きしていたところを車中で面接して，治療が開始され

たケースである。C男も父の車に乗せられ児童相談所の駐車場で面接し、通所ケースとなったケースである。

　治療の出だしは、このように泣く泣く仕方なく連れてこられ、新たな人物でもある治療者との関わりに対する不安と緊張、そして親に向けて吹き出して来る怒りなどの複雑な心理状態の中で、治療関係作りをすることになった。病院臨床では十分にかけられない時間とエネルギーを使いながら、治療に結びつけることになった。面接回数が重なるにつれ、治療者との関係に緊張がとれ、外的環境との間での葛藤や挫折の体験を語れるようになっていった。そして学校や仲間と自分の関係を見つめ直し、現実的な課題に取り組もうとしだした。その後、A子とC男は適応指導教室に通うことを選び、B子は塾に通うことから始めて部分的な学校復帰に取り組んだ。適応教室や塾に通いつつ、治療に通う日々が続く中で、彼らの「外に出てゆくこと」「不安を感じる対人関係の中に身を置くこと」「目の前の発達の課題に取り組むこと」に伴う、苦痛、惨めさなどのさまざまな感情を聴きつつ、彼らの取り組みを支えてゆくことになった。同時に家族には以下のような関わりをした。多くの家族は子どもの行き詰まった状態に巻き込まれ、無力感をはじめとしたさまざまな否定的な感情を抱くが、この感情の中に子どもを巻き込み、子どもをさらに追いつめてゆくことが多い。こうした二次的な問題を防ぎつつ、子どもの次のステップを支援してゆくことになった。

　B子は学校に復帰し、高校に入った後、中学校時代から続けてきた音楽関係の部活で葛藤的になり再び不登校となるが、ほどなく高校生活を再開した。学校の外に目を向け、活動の場をジュニアリーダーの活動に移し、年下の中学生の世話や同年齢の高校生たちとの競争ではなく協調的な活動を楽しみにするようになっていった。C男は適応教室に通い、次第に小集団の生活を順調に過ごすようになって、治療を終了した。2年程したある日のこと、C男から電話で相談希望があり、面接をした。「原籍校に戻ろうかどうか」ということの相談と、「自分が今日までやってこれたのは、ここでこうした話をする機会があったからだ」と、感謝の気持ちを語っていった。

2．教師やボランティアとのつながりの中から

　子どもたちにとって学校生活とは、社会性の発達の度合いをさまざまな角度から試されるような意味合いを持つ。不登校あるいは性格行動と言われる相談の範疇に含まれる子どもは、何らかの精神医学的な病理を持つものと考えられるのであるが、彼らに対して負荷を与えてきた学校環境から何らかのサポートが与えられなくてはならない。仲間とのうまくいかなかった対人関係から撤退するとか、学校生活の中で行き詰まった課題を避けるといった方法に傾きがちなあり方を、誰かに寄り添ってもらうことで見つめ直すことが回復の重要な要素になる。そんな時、教師の関わりが大きな力となり得る。

　D男は中学2年生の春に山間の小さな中学に転校してきた。転校当初、他の生徒とは関わりず、皆の前で小動物を殺したり、衝動的に物を破損したりといった行動が目につき、他の

生徒から気味悪がられ，教師は手を焼いていた。幼少時から実父の虐待にあい，加えて，こうした行動のため前の学校では腫れ物にでも触られるかのような生活を送っていたということであった。学校からの依頼により，親子の面接に引き続いてケースワーカーと精神科医師が学校訪問し，担任教師たちとD男の対応を話し合い，その経過をフォローした。学校のオープンかつ積極的な取り組みがD男の存在の場を創出することになり，その後は落ち着いた学校生活を送っていた。

　F男は恐喝やいじめにあっていた中学生であるが，同時に家庭的な問題も抱えており，やがてF男自身が家庭内暴力をするようになって相談に上がってきた子どもである。他の中学生とのつき合い方も未熟で，容易に小遣いを使い果たして，祖母や母に小遣いの追加を強要し，大暴れをして何度か警察通報されていた。通所指導の場ではおとなしく会話をするものの，女性ばかりの家では家人との情緒的交流の足りない，しかも男性性の乏しい偏った発達の過程にある子どもであった。指導に一緒に関わっていた警察の方の発案もあり，通所指導と併行して，ボランティアの男性にこの子どもとの関わりをお願いすることになった。その直後，一度大暴れをして一晩警察の保護室に厄介になることがあったが，ボランティアの関わりが次第に効を奏してきた。月に1，2回その男性の活動に加えてもらい，他の男性や子どもたちとの野外活動に参加するようになって，F男は家で暴れることもなくなり，現在は新聞配達をし，そこで得た報酬を貯金している。高校進学を希望しているところでもある。

　D男もF男も問題の発生した時点においてはひきこもりの状態にあるわけではないが，学齢期の子どもにとって家以外の時空間とのつながりを失うことはその後の社会性の獲得に大きな影を残すと考えられる。社会とのつながりを保ちながら，不登校や神経症の範疇に含まれる問題を持つ子どもの援助や指導を押し進めることが重要である。このケースでは教師や地域のボランティアが地域や学校から孤立した子どもの新たな人間的なつながりを提供してくれている。

　児童期や思春期においては子どもたちは，ともすれば退却したり逃避する方法しか見つけられない。とりあえずは退却したり逃避するにしても，そんな自分とつながりを持ってくれる存在があったんだという体験をしていれば，その後の人生が失望だけに傾くことはないのではないかと思う。

IV　ひきこもりの予防をめざして

1．児童思春期のつまずきの代償

　不登校相談にせよ，性格行動相談にせよ，こうした状態の子どもは一時的に学校場面から離れざるを得ないことがしばしばあり，その結果，勉強の遅れという新たな負担を背負わざるを得なくなる。この時期には特に強まる思春期心性の1つである「負けられない－負けて顔をあわせられない」という感情も手伝って，同年齢の

子どもとの関わりの場から逃避的になりがちとなる。また，近年，児童が兄弟の少ない家族の中で暮らしてきているという背景も，挫折した後の彼らの社会性の回復を妨げる要因となっているかもしれない。それまでの小さな規模の対人的環境の中で生活している子どもにとって，たとえば40人クラスという規模は自分をコントロールして日常生活を送るにはあまりにも大き過ぎるかもしれない。現在の教育環境は，子どもをめぐるさまざまな問題に満ち溢れ，まるでカオスのような状況にあり，子どもたちはたとえば喧噪のるつぼの中で日々を送っているようなもので，こうしたことから学校で安心して生活するのはなかなか難しいと思われる。

やがて現実に立ち戻って行く子どもたちは，小さな集団からその作業に取りかかり，そして何とか勉強の遅れを防ごうとしたり，あるいは取り戻そうとしてもがいている。適応教室や家庭教師など外部からの援助は，こうしたことの1つのステップとなるので，援助に関わる職種のものにとっては，社会的なつながりに寄与する社会的な資源をよく知っておかなくてはならない。

2．新たな相談診療体制について

不登校児童生徒の激増ぶりは大人に無力感を与えるようになった。「どの子も不登校になり得る」という見解は，果たして不登校の子どもの指導にプラスの影響を与えたであろうか。否，かえって教師や親にある種のあきらめにも似た感情を誘ったようにも感じられる。結果として，援助や治療的関わりから放置された子どもたちが増加しているのではないだろうか。

子ども時代における予防的取り組みの第一点は，大人たちの無力感やあきらめに対する対応であろう。大人たちの子どもに対する思いが，子どもから退却してしまったような時代的状況に手をつけるべき点であろう。学校に限らず，多くの児童福祉施設でも子どもの問題が複雑化して，手のかかる子どもが増え，そのわりに一向に改善されない現状を嘆く声が強まっている。悪化する子どもたちの問題に圧倒され，無力感やあきらめにも似た感情を募らせている職員が少なくないのである。退却したり逃避的になっている職員が増えており，その実態はひきこもる子どもと何ら変わりはないのかもしれない。

親はもとより教師や児童に関わる人々から直接に相談を受ける機関が必要になる。子どもが相談の場面に来なくても，親や子どもの指導に関わる職種の相談，つまり親ガイダンスやコンサルテーションが予防的介入の第1ステージを受け持つことになろう。こうした取り組みは児童福祉領域でも少しずつ始まっている。たとえば，大阪府子ども家庭センターでは，学校に出向き不登校の相談を受ける体制が作られている。宮城県では児童相談所が「子どもメンタルクリニック」という名称で，

子どもが診察に来なくても，親や教師などの子どもの問題に何とか取り組もうとしている人々を対象にした診療を始めている。この取り組みは，2001年度からは宮城県子ども総合センターという組織の中で展開する予定である。

不登校やひきこもりといった問題は，診療や相談のあり方の検討を迫ることになったのである。当該のその人を診なくては診療にならなかった現在の診療のあり方に，それでよいのかを問うことにもなった。柔軟な相談診療のあり方や，コンサルテーションという，教師やスクールカウンセラーなどのさまざまなプロがより適切に機能するための技術支援の方法が検討されなければならないのであろう。

3．愛着の再形成

ひきこもりという現象は，アタッチメントという視点から見れば，回避型アタッチメントと通じる。不安や困難な状況にある時，大事な人物に接近して援助を求める安全型のアタッチメントを示すのではなく，接近すべき対象を避け，不安を与える状況から遠ざかるといった愛着形成を示すのである。このような子どもに対して，私たちの戦略の1つは，意識して安全な関係を作ることである。安全であるためになすべきことは，その人の世界にどのように入れてもらうかであろう。子どもと安全な関係を持っている親から入ってゆくのか，部分的にその関係を持てている人物の安全な窓口から入れてもらうか，それとも親がその子どもともっと安全な関係を作れるように，親に対する援助を工夫してゆくか。そして親や教師がその子どもと関わる上で不安を抱いた時，親や教師に対してその不安を軽減することができるような治療的関係を築ければ，それが彼らが私たちに対して安全な愛着関係を持てるということになるのである。安全な愛着関係がいつでも持てるということが感じ取れれば，子どもは必要な時に援助を求めてくるようになるのである。こうした愛着の再形成を図ることや，親や教師が不安な時，治療者に対して安全を確認できるような愛着を作ることが，めぐりめぐってひきこもりの予防的な対応となると考えられるのである。

文　献

1) Fonagy, P.: Attachment in infancy and the problem of conduct disorders in adolescence. Plenary address to the International Association of Adolescent Psychiatry, Aix-en-Provence, July, 1999.
2) 本間博彰：児童相談所における児童精神科医療の現状と課題．精神医学，41；1297-1302, 1999.
3) 厚生省児童家庭局企画課：児童相談所運営指針（改訂版）．1998.

第6章
学校現場でできる範囲の予防的介入

2．臨床現場における予防的介入の実際

吉川　悟

I　はじめに

「ひきこもりの予防的介入」を考える場合，どの段階での予防を意図するかによって，「予防」の目的が大きく異なる。たとえば，ひきこもりの予備軍に対するひきこもりを未然に防ぐための予防か，ひきこもり傾向にある一群に対する悪化を防ぐための予防か，ひきこもりが増悪化・長期化しないようにするための予防か，いずれかによってその段階での方策は異なるものとなる。加えて，それぞれの対応について普遍的に予防がもっとも可能なのが家族である[11]。しかし，ここではその家族が積極的な予防のために機能できるように教育現場から働きかけができる範囲について言及するに留める。なぜならば，ひきこもりの予防の可否についての責を教育現場が負うべきものではないと考えるからである。

本論では，学校教育というその職能が限定された社会的リソースの立場から，ひきこもりに対する多面的な「予防」についての概要を論じることとする。そこでは，「未然予防」「早期予防」「慢性化への予防」の3点について試論を述べることとし，それぞれの教育現場で可能な対応について述べることとする。

II　発達障害によるひきこもりを予測できるか

ひきこもりとは，近藤が述べるように「状態像」であって，病理診断や臨床診断ではない[3]。また，その「状態像」も，近年ひきこもりとして取り上げられている中核群は，「非分裂病性の社会的ひきこもり」であり，神経症症状が軽微なものが

中心となる。これを以下では「ひきこもり」として考えることとする。

ところが，この定義にしたがった場合，ひきこもりを起こすであろうと予測できるのは，近年着目されるようになった「高機能広汎性発達障害（pervasive developmental disorder）」などの一群が，適切な援助を得ないままで，能力的に考えて不当な要請に苦慮した結果に起こるひきこもりであろう。一般的な発達障害に関する教育現場での対応は，ある程度浸透している。小学校低学年段階での発達障害だけでなくADHD（Attention Deficit Hyperactive Disorder）やLD（Learning Disability）[注1]などの情緒障害についても，対応をはじめている。しかし，それでもひきこもりのごく一部には「境界レベルの発達障害」の事例がある。これは，学校教育が「学習能力」という指標が支配的であるため，高機能自閉症などについての発見は当然のことながら遅れる傾向が強い。その上，境界レベルの発達障害の子ども以上に，学習面でふるわない子どもがいる限り，その違いを把握することは困難を究めるからである。

とは言うものの，ひきこもりの事例に関しては，多くの専門家が個人の精神病理学的な視点からの考察を行なっているが，そこでの共通項目もいくつか見られる。それは，「集団内で個人を位置づけることの困難さ」とでも表現できる問題である。極論するならば，人格的な脆弱さなどという表現や自己愛パーソナリティなどと表現し得るものであるが，これらの専門用語ですくい上げられない事例も少なくない。むしろ，学校集団における個人の特徴を記述するとすれば，「集団内で個人を位置づけることの困難さ」という表現の方が適切に思える。

学校集団においては，他とのかかわりを持つことのみが優先される傾向が強いため，「1人で何かをすることが好きである」という個性を許容しきれない場合が多い。多くの教職員は，小学校低学年段階で孤立傾向を示す子どもがいる場合，まず集団に入ることを拒否しないかどうかのチェックを行なっている。ただ，このチェック機能は任意のもので，かつその判断基準が「1人でもよいと考えており，必要な場において集団で適応ができる」という曖昧なところに設定されている。そのため，「個性」としての「ひとり」と，「不適応」としての「ひとり」を見極めることが困難な場合が多い。

また，高学年になると，生徒の問題行動の特徴が顕著となる。そのため，学校現場では他の児童・生徒の学習環境保護のために躍起となることがある。これまで発達障害などを疑われなかった事例であっても，安易に障害の有無を考慮することとなる。しかし，これまで普通学級で学校生活を経過してきた経過を持ち，知的な理解力がある場合などは，多くの保護者は発達障害の可能性を受け入れない。社会的な偏見を気にするあまり，結果的に子どもにとって能力以上のものを要請される学

習環境に置かれることとなり，そこでの不適応は二次的な心的外傷体験を重ねることとなりかねない。

しかし，この危惧を保護者に言語的に説明として伝えたとしても，それをそのままに受け止めることはもはや少なくなっていることが多い。したがって，教育現場では「他の子どもの教育のため」と「障害の可能性のある子どもへの教育」というジレンマを負うこととなる。このような場合，教職員と保護者との間でさまざまな葛藤が二次的に生み出され，その葛藤が適切な対応を遅らせることとなりかねず，家族全体の社会的場面からのひきこもりを助長することとなりかねないのである。

ただ，ここで起こっていることは，それぞれの悪意に基づいた対応から生じたものではなく，それぞれの負うべき責任となる領域の差異から生まれていることを理解すべきである。それは，保護者にとっては，子どもの将来のことを危惧していることが負うべきものとなっており，教職員にとっては，教育環境の整備が負うべきものとなっている。この違いから話がそれぞれの主張に終始すれば，これらの保護者は社会的なひきこもりを志向することとなりかねないのである。

教職員の側がこのような家族のひきこもり傾向を予防するためには，保護者の子どもの将来に対する不安因子を極力軽減できるように応対することからはじめなければならず，そのためには外部の専門機関を利用することも考えるべきである。それは，対象となる子どもや保護者が利用することだけではなく，教職員がコンサルテーションを受けるという方法も視野に入れるべきであろう[注2]。このような対応の中で，当該の保護者が教育現場の主張を理解できるような余裕が生まれるまで，強硬な主張を先送りすることも考慮すべきであろう。

Ⅲ　ひきこもり以外にも寄与する教育現場での早期予防と慢性化予防

ひきこもりの特徴を分別した場合，「いったん社会に適応した後にひきこもる事例」と「学齢期の不適応からひきこもりが持続する事例」が見られる。いずれもひきこもりの年数が長期化している場合には大差のない状態像を示してはいると考えられている。ただ，予防の視点からすれば，後者の「学齢期の不適応からひきこもりが持続する事例」に対しては，早期予防の対応が可能となると思われる。それは，大筋で不登校の予防と類似する視点となる。

学校集団における不適応として1980年代から社会的にも注目されたのが不登校であろう。文部省の示した不登校対策も「登校強制（80年代初期）」から「家庭訪問の奨励（80年代後期）」「適切なタイミングでの働きかけ（90年代）」と大きく変貌している。この変貌の基本となっているのは，それぞれの不登校への対応が有効

ではなかったことに起因している。80年代から現在に至るまで，不登校への対応に関する視点はさまざまにあるが，教育現場での不登校の改善の目標設定が「登校」に限定されがちであるため，対応の柔軟性がなくなっている傾向があると思われる。

不登校の治療においては，基本的に「再登校」が目標となるべきではあろうが，個別に必要な状況下では「社会化」が目標として掲げられるべきであろう。ただ，このすり替えが安易に行なわれることがよいわけではない。むしろ，再登校が可能な事例を適切に方向づけるための技能を持つ教職員・相談員・専門家が圧倒的に少ない中では，この種のすり替えは安易な選択として行なわれがちである。しかし，ここでひきこもりの予防として第1に提示しておきたいことは，再登校可能な事例への適切な対応ができることが社会的に了解されていることが不可欠だと思われる。いわば，ひきこもりと不登校との関連で言えば，学齢期に不登校となって以来ひきこもってしまっている事例も少なくない。就学年齢，特に中学生までの義務教育段階では，これらの不登校に対する対応がより適切なものとなることを，ひきこもりの予防の1つとして掲げるべきだと思われる。

再登校を目的とした治療の中には，「集団に戻すこと」だけを優先しすぎるあまり，教職員が問題解決に過剰に関与してしまう傾向も見られる。たとえば，小学校低学年の不登校などは，教職員が学級担任制度であるがため，説得的で強制的な接触を基盤とした問題解決を計ろうとすれば，それが可能となる。しかし，これは表面的に「再登校」という目標を教職員が達成したのであって，家族にとっては「無能な親」の烙印を背負うことにつながっていることを見逃し過ぎている。百歩譲ってこのような方法で解決したとしても，その功績を教職員が保護者に棄却すべきである。いわば，見えないところでの親の努力が解決に結びついたのであって，最終的な再登校の契機となる場面設定を教職員が作れたのも，実は保護者の協力があったことを見逃してはならない。

また，小学校高学年以上の不登校に関しては，子どもの意図が治療に反映し過ぎて，「本人の意向に添わない対応はよくない」という原則が強過ぎる傾向が見られる。子どもの人権を保障することは言うまでもないが，すべての子どもが十分に社会的な必要性を把握しているとは言い難い微妙な年齢である。また，この年齢の子どもたちの個人差は，日々の家族の中での子どもの位置づけによって異なるものであり，教職員などの客観的な視点が常に適切であるとは言い切れない面もある。したがって，これらの原則は，それぞれの保護者の判断にある程度は委ねられるべき部分があり，その範疇で教職員が援助を行なうことが必要である。

このような不登校であった事例がすべてひきこもりにつながるのではない。むし

ろ，教育現場での予防を考える場合，不登校だけでなくさまざまな子どもの不適応に対する対応に関して，必要以上に教職員が前面に出ず，問題解決の功績を保護者に棄却することがひきこもりの事例への予防となるのである。それは，保護者が必要以上に自信を失ってしまえば，ひきこもりはじめた子どもに対応することへの自信を失ってしまうからである。ひきこもりによって二次的に作られた親の子どもへの対応の自信喪失は，このような小さな中にも存在していることを考慮すべきであると思われる。

　学校教育では，「学習能力」のみが教育界の物差しとなる傾向が強く，広義の集団適応能力の不適応が見られない限り，子どもの持つ心理的な問題が発見されづらいことを留意すべきである。それは，境界レベルの精神発達遅滞の事例が，学習能力の低さによって「お客さん」と称される状態として見過ごされることもあるように，高学歴であることが心理的な問題との相関を持たないことを留意すべきであろう。このような事例が社会適応した後にひきこもりとなり，その治療過程でさまざまな問題をかかえていたという事実が明らかになることも少なくないからである。

Ⅳ　いったん社会適応した後のひきこもりへの未然予防

　不登校から長期のひきこもりとなる事例に比べて，いったん社会適応した経過がある事例や，大学や就職まで至ったにもかかわらずひきこもってしまう事例が見られる。ひきこもりが注目されてきた初期の「社会的ひきこもり」の中核群は，このような一時的な社会との接点を持つという経緯の事例を中心として語られていた。彼らは，学齢期に学校教育の場の中では不適応は一切見せず，むしろ「高度に適応している」とされていた経緯を持っていることが多い。特に学習面や集団での対応など，学校生活で高度な努力・能力を要するとされている行為に関しては，一般的な教職員の評価が高いことが特徴である。いわば，高度な適応能力を学校集団の中では発揮していたという歴史がある。

　しかし，社会適応と学校適応が同等のものであるというのは，もはや幻想である。確かに学校集団も一定の人数の集団を基本としてはいるものの，学校教育のための集団は，その集団を教職員が統率するという一貫したルールが設定されており，生徒間の関係に大きな差異がない。また，集団の中での個々に要請される役割は，それほど個別の能力を基本としたものではない。このような集団での適応は，多様な形態・様相を持つ社会集団に適応できなくとも，学校集団という中での適応は比較的可能である。

　これまでの社会常識からすれば，学校適応が可能である限り，社会適応も可能な

はずであると考えられがちである。しかし、地域社会などの年齢的な縦割り集団が社会的に希薄になっている現代では、学校集団と社会集団の差異は考えるほど小さくはない。極論すれば、一切の社会的な活動をしないまま、ただひたすら勉学のみに励み続け、その結果高学歴を獲得したが社会性は一切ないという事例は少なくない。もしくは、学校集団の中での有能さの物差しが学習や同等の能力を持つ人間関係に限定されているため、客観的な評価基準のない社会集団では、各自の行動の是非を問うことができないことが不安要因となっている。

　社会集団に適応することは、学校教育の中で最低限の適応を示すことで達成されると思われがちであるが、多くの学齢期の子どもたちは、学校集団だけとの接点を経験しているわけではない。むしろ、日常的にさまざまな社会集団の一端を垣間見る機会を持っており、そこでの適応のあり方についての基礎知識を獲得しているからである。しかし、現在の学校教育の中では、このような社会集団との接点の創造については、否定的に考えられる傾向がある。たとえば、高校生のアルバイトなどは、多くの高等学校が許可制とするか、進学校などでは禁止とされている。アルバイトがすべての社会的な接点であるとは言えないが、学校教育が全人教育を担っているかのような誤解が当然のようにまかり通っている。たとえば、学校集団では高度な適応を示している子どもたちが、ボランティアの場に出て行った時にまったく社会常識に欠ける行動をするあまり、ボランティアの場から排除されるということを耳にすることも少なくない。ボランティアを要請する組織のあり方や、そこで要請されていることが高度な対人関係を要請される部分があることを理解できず、独断的な理解の中に閉じこもることによって、周囲との摩擦を助長していくのである。

　これは、学校集団での適応だけでは、社会適応のための社会的技能に過不足が生じることを如実に物語っているように思われる。新たな社会集団の場での適応能力は、子どもの社会経験に対する捉え方と比例するものであって、その場を「そつなくこなす」いう能力ではなく、その技能を「自分の中に取り込む」という姿勢によってのみ、獲得されるものだからである。多くのひきこもりの事例に見られる社会集団に出ていく時、不安解消の方法の1つとして語られるのは、「だれかと一緒に出かける」「どうすればいいかを内緒で教えてくれる人がいればいい」という非現実的な要請である。しかし、この要求が示すことは、彼らの社会集団に対する不安そのものを示すだけではなく、社会集団における自らの振舞い方というスキル不足の補填を要請していると思われる。

　このような視点から考えれば、学齢期の子どもが社会との接点を作れているかどうかを判断することが予防的視点と大きくかかわるものとなる。しかし、この評価

システムは学校教育の現場にはなじまないものとなってしまっている。なぜならば，高学歴社会で要請されるのは，「社会で生き残るためのスキル」ではなく，「高度な知的技能を有するためのスキル」だからである。いわば，人間関係における「トラブルの収束の仕方」より，「入試問題の傾向の知識」や「教職員の評価を上げるための適応行動のアピール法」が必要であるとの偏った理解が社会全体にあるからである。

ただ，一部の教育相談業務に長けた教職員は，前述のような社会適応の度合いを相談の中に組み込むことを行なっている。主に高校生（中には中学生の事例も見られる）では，社会活動と遊離[注3]しようとする価値体系を構成している事例を発見し，その要因を改善することが肝要である。こうした予防的手段を講じるためには，子どもの社会との接点についての情報を適切に評価する技能が必要である。しかし，多くの教職員は一定の教育レベルの中で生きてきたこと，教育という特殊な価値体系の集団に自らがあるという特殊性を理解してはいない。したがって，「特別な不適応を示していない事例」に対するこのような配慮は，現在は皆無に近いと言ってもよい状況であろう。ただし，ある程度適切な理解を得られる環境があり，その中でいくつかの予防的な手段のあり方を獲得することができるならば，その努力と比べてひきこもりの治療に要する労力とは比較にならないほどの軽微な援助でよい場合が少なくない。特に，それが学校教育という守られた集団の中で行なわれることは，いったん社会に出るべき年齢に達している事例で同等のことを行なう以上に，子どもにとっての負担も小さなものとなっているからである。

V ひきこもり要因との関連する出来事における予防

最後に，学校教育の中でひきこもりの予防とつながると思われる事項について羅列しておきたい。

社会集団の中で遊離する傾向にある児童・生徒は，教職員にとって対応の難しい事例である。それは，特別な問題傾向を示しているわけではなく，個性として集団との距離を保っていることが生きやすいだけかもしれないからである。しかし，学校現場ではこのような児童・生徒に対して，適切な社会参加への意欲づけを行なうことが困難である。むしろ，このような児童・生徒が他の子どもたちから消極的に阻害されることを保護することで精一杯となっている。教職員が個々の児童・生徒との接触に時間をとれるようなカリキュラムが組まれているのならまだしも，通り一遍の対応でこのような児童・生徒の志向性を見抜くことは困難なことが当然である。可能であれば，このような児童・生徒への積極的なかかわりを持つための時間

的余裕のある学校教育が望まれるところである。

　このことは，ひきこもりの事例によく見られる「もともと集団活動が苦手である」という奇妙な自信につながっている。集団活動を生得的に得意とする子どもはいないのが当然である。それを補填する機能が学校教育の中にあるべきであれば，このような子どもたちが受けている消極的な阻害は，子どもたちにとって集団というものが個人に与える脅威を必要以上に強くするものである。したがって，このような子どもたちへの対応をもっと積極的に考えることが，ひきこもりの予防として機能し得ると考える。

　また，学校教育が集団を基本としている限り，集団内での対人関係でトラブルが起こることは当然のことである。しかし，それがいじめと呼ぶに値するかどうかはともかく，トラブルの処理そのものに重点が置かれ過ぎており，そこでの個々の受け止め方の差異を吸収し切れていないことが少なくない。極論すれば，被害・加害の関係を特定し，それなりの関係修復までは適切に行なわれているかもしれないが，その後のフォローアップを行なっているとは言い難い。教育現場が集団適応を援助することを趣旨としているならば，起こったトラブルそのものより，そのフォローアップを行なうことこそが重要である。

　ひきこもりの事例の中には，対人関係に関して過敏な反応を示す事例が多い。社会的な場面では過剰適応とも思える程の対応をしているが，それに疲れ果ててしまってひきこもってしまうことも少なくない。これは，トラブルなどの葛藤的な対人関係に対する対処を必要以上に危惧しているからである。このような事例には，トラブルの解消の後も，加害者・被害者としての杞憂に悩まされ続けたという経緯を持つ事例が多い。いわば対人トラブルがどこで終結するのかについての確信が持てず，過去の自分の対応に関する杞憂をひきずり続けているのである。これも適切なトラブル解消の後のフォローアップによって解消し得ることである。ただ，トラブルの起こる場が学校である限りは，基本的に家族がそのフォローアップをできない領域であり，その意味で教職員でないとできない種類の予防方法ではないかと思われる。

　最後に，教育現場で行なわれている教育相談のあり方が与える影響について述べたい。教育現場では，ある面での適切な段階での保護者との相談業務が日常的に行なわれている。出来心から起こった万引きや遅刻の常習化に対する予防的な対応，生活習慣の未熟さに対する対応など，その内容は多岐に渡る。そして，多くの場合の相談は，問題意識のある保護者にとっては有益なものとなるが，問題意識のない保護者にとっては，むしろ否定的なものとなる可能性がある。

　どのような相談内容であれ，問題意識のない者との相談は，教職員が適切と考え

られるような問題意識を持っていたとしても，受け取る側にとってみれば，「お節介」と映る。いくら子どもの担任であるからと言えども，いくらわが子のことを心配してくれているがゆえのことであったとしても，そこに共有されるべき問題が特定されていなければ，相談としての話し合いは成立しない。むしろ，字義通りの「お節介」として受け取られると共に，自らの子どもへの対応を否定されたという体験として記憶されることとなる。これは，子どもへの対応に困惑をもたらす要因となりかねないのである。

仮に「お節介」と思えた相談の時期に起こっていた問題が軽微なことであったとしても，以後子どもへの対応がうまくいかなくなった段階で，「お節介」されたことが「正しい指摘であったのではないか」という疑惑を生み出す因子となる。それによって「疑惑」が子どもへの対応の自信を失わせることにつながり，必要以上に無責任な対応や他人任せな判断を生みやすくなる。どのような家庭であっても，子どもへの対応で絶対的な自信を持っている家庭はなく，子どもへの対応が適切な対応であったという積み重ねだけが，唯一の自信となるのである。したがって，教育現場での問題意識のない保護者に対する相談を行なう場合，まず保護者が問題意識を持てるように援助することが必要である。それは，問題についての「理解」を得ようとするものではなく，問題について話せる「関係」を作るという援助がもっとも適切である。

ひきこもりの相談に来談する多くの保護者は，必要以上に自信を失い，自責的となり，相談の中でも決断をする場面を極度に回避しようとする。そこで語られる本音は，子どもへの対応が不適切なものであったという思い込みに近い自信喪失である。これらを回避するために教育現場で予防的にできる対応は，まず問題意識のない保護者との「関係」を作るための話し合いであり，問題意識が生まれた後の相談の多くは，その有効性の有無にかかわらず，必要以上に自信喪失につながることは少ないものと思われる[注4]。

VI おわりに

ここに記した試論は，あくまでも教育現場で行ない得るひきこもりの予防的対応に関することである。教育現場を知らない人たちから見れば，ここに記した内容は「教職員がもっと責任を持ってやるべき内容である」と思えるかもしれない。しかし，最初に記したようにひきこもりの予防は学校教育や教職員が行なうものではなく，個々の家庭教育や社会集団のさまざまなレベルで行なわれるべきものであり，それをここでは「教育現場での可能性」という領域に絞って記したことに過ぎない。

むしろ、ここに記した内容さえも、現実の教育現場に対する要請としては遙かに職務領域を超えるものを含んでいる。そのことを無視したところで本試論の是非について議論がなされないことをお願いしたい。

　ひきこもりの予防のためには、「ひきこもる可能性のある子ども」に対する予防という視点も必要ではあるが、より重要なことは「ひきこもりを阻止できなくなる家族」に対する予防という視点を忘れてはならないと思われる。ひきこもりは、これまでの個人を対象とした精神医学領域での常識を越えた現象であるならば、その予防・対応・対策に関しても、従来のように個人だけに焦点を当てるのではなく、最低限家族や家庭というひきこもり現場を積極的に視野に入れる必要があると思われる。

注1) LDの表記については、Learning DisabilityとLearning Disorderが並行で用いられているため、ここでは一応Learning Disabilityとした。
注2) ただし、このようなコンサルテーションを実施している外部機関はまだ少ない。ただ、多くの児童・生徒の相談機関には、このような対応を今後の事業内容として予定しているところも増えているので、対応が可能な担当者をあきらめず探すことをお薦めする。
注3) ここで言う「遊離」とは、意図的な合理化による社会との隔絶を前提とした価値体系で、集団との希薄な接点を望む事例全体を指すものではない。
注4) ただし、保護者が問題意識を持っていればどのような否定的な指摘を行なってもよいということではない。相談においては否定的な指摘が功を奏することは少なく、むしろ二次的な弊害を生むことにつながる。このためには、問題を共に考えるという姿勢から生まれた指摘であることが必要なことは言うまでもない。ここでは、問題意識の有無が予後に与える影響性のみを指摘するためにこのような点を強調しただけであって、教職員を含む相談の援助者が必要以上に被相談者との階層性を作ることは避けるべきことである。

文　献

1) Caplan, G. : Support Systems and Community. Behavioral Publication, New York, 1974. (近藤喬一、増野肇、宮田洋三訳：地域ぐるみの精神衛生. 星和書店、1979)
2) Donzelot, J. : La Police des Familles. De Minuit, Paris, 1977. (宇波彰訳：家族に介入する社会. 新曜社、1991)
3) 近藤直司、塩倉裕：引きこもる若者たち. 朝日新聞大阪厚生文化事業団、1997.
4) 近藤直司：ひきこもりケースの家族特性とひきこもり文化. (狩野力八郎、近藤直司編) 青年のひきこもり：心理社会的背景・病理・治療援助、pp.39-46, 岩崎学術出版社、2000.
5) 楢林理一郎、三輪健一、他：学校教育におけるシステムズ・コンサルテーションの可能性：滋賀県での「さざなみ教育相談」の経験から. 家族療法研究、11(2); 3-11, 1994.
6) 斎藤環：社会的ひきこもり：終わらない思春期. PHP新書、1999.

7) 吉川悟：家族療法：システムズアプローチの〈ものの見方〉．ミネルヴァ書房，1993．
8) Yoshikawa, S.: A systems consultation as a support system for school mental health : Towards the construction of a support system needed in educational fields. Asian Society for Child and Adolescent Psychiatry and Allied Professions, 1996.
9) 吉川悟：常識という名の非常識．ブリーフサイコセラピー研究，6；91-96，1997．
10) 吉川悟：協同的学校システムのあり方：教育相談への効果的な学校システム形成に向けて．（宮田敬一編）学校におけるブリーフセラピー，pp.105-124，金剛出版，1998．
11) 吉川悟編：システム論からみた学校臨床．金剛出版，1999．
12) 吉川悟：ひきこもりへの家族療法的アプローチ．家族療法研究，17(2)；95-99，2000．
13) 吉川悟：学校精神保健のサポートシステムとしてのシステムズ・コンサルテーション：教育現場の要求するコンサルテーションに向けて．家族療法研究，17(3)；238-247，2000．

第 V 部

ひきこもりケースへの危機介入

第1章
ひきこもりケースへの危機介入
：緊急時対応の実際と原則

後藤 雅博

I　はじめに

　本章のテーマはひきこもりの危機介入である。精神保健領域で「危機（crisis）」という場合，通常，成熟的危機，状況的危機，偶発的危機に分ける。成熟的危機はErikson, E.H.が「人がその各発達段階において，社会的環境からの要請に適応しようとする心理的努力」と定義したもので，多くの場合，人は適応的にそれらの危機をクリアして次の発達段階に進む。状況的危機は，対象の喪失（死，離婚，失恋など）や，病気，事故，受験の失敗など，いわゆる生活上のストレス的な出来事で個人の心理的失調や家族の混乱を来たす可能性のある状況である。偶発的危機は地震，大洪水，大規模な飛行機事故，戦乱など，地域の多くの人々に甚大な被害をもたらす出来事である。

　一方これらの危機に対処することを援助しようとする危機介入（crisis intervention）は，精神保健上は一次予防（発病の予防）に位置づけられる。予防的精神医学の方法論の確立に寄与したCaplan, G.は，危機とは「その出来事に際して以前に習得された問題解決手法で乗り切れぬような事態」と定義し，危機介入の具体的な方法として，「①専門家による直接の介入，②他の相談者を仲介にする間接的な介入，によって，その人に応じた，物質的，心理社会的，社会文化的援助を行なうこと」としている[1]。現代的に言えば発達上の危機をクリアし，状況的なストレスに対処し，大きな出来事によるPTSD（心的外傷後ストレス症候群）を予防することを目的にした介入である。

　しかし，ここでのテーマである危機介入は，ひきこもりの経過の中で，あるいは

最初に援助をしようとする時に,何らかの直接的な介入を,それもそれほど時間をおかずに,援助側が考慮しなければならない局面を指している。いわば精神保健上は二次予防(早期発見,早期治療,罹病期間の短縮)的な意味合いを帯びている。救急あるいは緊急という事態と言ってもよいかもしれない。これらは,多くの場合,①暴力,②家族の疲弊,③精神障害を思わせる症状,③自殺の危険性,④他害を予測させる言動,などがある場合であろう。

Eriksonの発達課題に基づく危機理論で言えば,ひきこもりは一種の青年期の発達的危機として考えられる。しかし,ひきこもりが長引いている時には,そのこと自体が,状況的危機ともなる。通常の疾病や障害という状況的危機であれば,ある種の対応のガイドラインは設定しやすい。「こういう症状がこれ以上になったら入院しましょう」という場合であるが,ひきこもりの経過の中での緊急あるいは救急的事態への対応の難しさの1つは,そのようなガイドラインが可能な単一の精神障害ではないという点である[3,4]。

本書の各所で述べられているように,ひきこもりという事態は多様なアプローチが必要とされ,そのことは緊急の介入が必要とされる事態においても同様で,あるいはそうであるがゆえになおさら多面的な関わりが要求されるのである。

II 事例から

以下に述べる事例において,直接的危機介入に関して困難な事態や混乱を生じる場面の例をいくつか取り上げて検討してみようと思う。おそらくこういった混乱は各地で大なり小なり起きていると思われ,重大事件として報道された事例においてもいくつかの点で共通していると考えられる。個人が特定されないよう,かなり一般化し,かつ状況設定を変えてある点はご了解いただきたい。また,援助機関や相談機関の「関わり方」について焦点を当てているため,心理的内容や家族の関係性については極力簡単に最低限の記述とした。

【事例A:強制的入院(医療保護入院)の例】
都市部のマンション暮らしの高校2年生。妹1人,両親との4人家族。もともとの几帳面で潔癖性のところが中学生の頃から強くなり,2時間もかけて入浴するようになった。同時に家庭内暴力の形で,特に試験の時など母親への暴力が始まる。父親はそのことについてはかなり叱責し,厳しく接した。そのため父親を避けるようになった。高校生になり,体も大きくなったため,父親は警察関係に知り合いがいたため,暴力がひどい時は近所の派出所に電話して警察官から来てもらうようにした。警察官は来て注意はするものの,その時はおさまるので,それ以上は介入しなかった。学校ではほとんど問題ないため,学校に相談しても

なかなか信じてもらえなかったという。学校から保健所への相談を勧められて，保健所に相談し，今度問題があれば警察の協力で入院も可能である，との助言を受け，高校1年の2学期，器物破損などがあった機会に，警察同伴で車で1時間程度のところにある公的な精神科医療施設に医療保護入院となった。

入院してからは強迫症状はそれほど強くなく，1週間後に家に外出した時，二度としないと両親に約束し，退院を懇願したため退院となる。主治医は地元のクリニックに紹介したが，1回受診しただけで通わず，冬休みを過ぎて不登校，家にひきこもりとなり，登校を勧める親に対して学校を受け直すために勉強すると言い出した。しかし母親に勉強を聞いて分からないと暴力になる。以前同様，そのたびに警察官に通報，おさまるという繰り返しになったが，かなりエスカレートして来たため，母親は遠方の親戚の家に避難した。その中で再び戸を壊すようなことがあり，警察官と父親同伴で前と同じ病院に受診，主治医はやむなく医療保護入院とした。今回は外出許可も出ず，1カ月経過し本人は精神医療審査会に「病気ではない，と主治医も言っているのに退院できず，薬も増えている」と退院請求を出した。両親としても，入院時主治医からの説明で，行為障害で，よい治療法がないと言われており，期待していた心理療法も2週間に1回で，他に何もしないで入院しているのは無意味であると治療形態に不満であった。しかし家で同居は無理とも思っている。

【事例B：家裁送致となった例】

祖父母，妹1人の6人家族，都市近郊の農村地帯で，近くに精神科医療機関はない。目立たないおとなしいまじめな子として育つが，父親はしつけの厳しい方であった。祖母はかなり口うるさく嫁姑の折り合いは悪い。中学2年生の時に口論になって祖母を叩いたことがある。高校1年生の2学期頃から口数が少なくなり，イライラする様子が多くなった。家人と口をきかなくなり，夜遅くまで起きていて，学校へ行けなくなることが増えてくる。3学期になり完全に不登校，昼夜逆転の生活で，時々夜中にベッドや壁を殴ったりする。親面談で担任からカウンセリングを勧められ，電話帳で探して精神病院のサテライトクリニックに母親が相談受診する。そこでは病気か思春期の一時的な問題か専門家でなくてわからないので，車で30分程の市中の公的相談機関でセカンドオピニオンをもらうよう言われる。この時は本人も受診し，周囲に敏感で被害妄想的なところもあり，病気の可能性が高いので地元の医療機関で薬物療法でフォローしてもらった方がよいということで，元のクリニックに戻された。

クリニックに受診すると「薬は飲みたくない」と言うので処方されず，その後受診しない。アドバイスに沿ってできるだけそっとしておいたが，昼夜逆転でテレビゲームに没頭し，イライラしていて，ちょっと注意すると「目が据わって」きれる状態になることがだんだん多くなった。クリニックの主治医に相談すると，往診はできないが，今度暴力があったら警察に通報するように，連れて来たら入院をさせる，とのことだった。ちょっとしたことで，祖母に暴力的になり，止めに入った妹と父親に，そばにあった金槌で殴りかかることがあったため，警察に通報し保護される。保健所経由でクリニックの親病院に連絡するも，満床なので入院できないと断られる。警察では制止した警官にも殴りかかったため，重大犯罪につながりかねないとして，医療少年院も考慮して家裁送致とし，鑑別所に送られた。

【事例C：訪問や電話の介入例】

　18歳，男子。1人っ子で父親はかなり高齢。両親と3人暮らし。きわめてまじめな性格で，正義感が強く，中学時代，先生の注意を守らない生徒に注意したりするため孤立，いじめを受ける。中学3年時はほとんど不登校，高校は入学式だけ行って不登校になり退学。好きなアニメのレーザーディスクや漫画週刊誌の収集に没頭，アニメをビデオで時間通りに録画することを母親に強要，時間がきっちりしていなかったり，画面に乱れがあったりするとふすまや壁に当たったり，母親に暴力的になったりする。両親は新聞に出ていた遠方の不登校児のための民間援助機関を訪れ，家族の勉強会に参加し，家庭訪問を勧められカウンセラーを派遣してもらった。1回目は，最初は派遣されたカウンセラーの顔も見ず返事もしなかったが，カウンセラーはチャットやパソコン通信で友人を作る方法もあることなどを話した。漫画やアニメは規制せず，好きなことをさせるようにアドバイスされた両親は，欲しがるものは買い与えたが，暴力や母親への強要は変わらなかった。そのうち小遣いをたっぷり持って好きなビデオやレーザーディスク，漫画などの買い物がてらカウンセラーを派遣した相談機関に通うようになる。カウンセリングの様子を聞くと「普通に会話をしている」とのことであったが，いわゆる「荒れる」状態は変わらなかった。それに加え，近くの小学生の登下校時の声がうるさい，殺したい，などとも言うようになった。母親は心身共に疲弊し，自律神経失調の治療を受け始めた。カウンセラーはいつ電話してもよいとのことだったので，母親に向かって「荒れ」ている時に，父親はカウンセラーに電話をし，本人は電話でカウンセラーに注意されるとおさまる，ということが繰り返された。1年程同様の経過で，両親としては少なくとも1カ月に1回でも外へ出ることはよいと思って，交通費，小遣い，カウンセラーの費用を支払っていたが，非常に費用がかかることと，ある日そこから帰ってきた途端に玄関先で荒れ出したことから，意を決して，それまで世間体があるので行かなかった地元の公的な相談機関を訪れた。

　これらの事例に共通していることは，①家族が専門家の援助を求めて彷徨するが，期待通りの援助が得られていない，②それぞれの援助者の努力が単独であり，連携していない，③援助者が過度に防衛的であるか，逆に巻き込まれるかしていて，援助がその場限りになっている，④治療，援助の全体的な方針が示されていない，などのことがあげられる。

1．強制的入院の適応と問題点

　現在，大部分の精神病院や精神科病棟は，事例Aのような事例に対して効果的な入院治療ができる体制にはない。1つには，日本の精神医療状況と深く関連していることだが，多くの場合長期入院で慢性の入院患者が多く人手も少ない。一般医療は入院者16名に対して医師1名が医療法で定められているが，精神病床と結核病床は48人に対して1人でよい。必然的に手がかからない患者が歓迎されるし，病棟の治療プログラムやスタッフの教育も「精神障害」に合わせて作られている。ま

た児童，思春期あるいは青年期の専門あるいは訓練を受けた精神科医が少ない。

鑑別所送致になった事例Bでは，一見クリニックの医師が「逃げ腰」のようだが，結局「自分のところでは的確に治療する場所がない」「入院してもちゃんとした治療を行なう責任がとれない」ということの表明であると解される。それであれば，そういう場所に紹介すればいいのであろうが，一般の精神科医はその情報を持っていないということを意味している。これは日本のどこでも起こりうることであろう。

通常のルートでは精神障害と診断され，自傷他害がある，あるいはその恐れが強い時には措置入院を適用することができる。措置入院は精神保健指定医2名の鑑定結果が一致して措置該当であることが必要であるため，現状ではかなり明確な精神障害による自傷他害以外は適用しにくい。また予測としての「恐れ」だけでは措置入院にならないのが現状である。つまり多くの場合，ひきこもりから家庭内暴力となっても，明確な精神症状に基づき，なおかつ重大な結果が生じていないと措置にはならない。多くの精神科医は閉じこもって部屋にサバイバルナイフをコレクションしていても，そこに明確な「妄想」「自殺未遂」「幻覚」などがなければ措置入院には踏み切らないであろう。

しかし社会防衛的な意味で，公的な病院は医療保護入院を引き受けざるを得ない場合がある。医療保護入院は精神保健指定医1人の診察と保護者の同意による入院で，これも一種の強制入院であるが，特に警察が関係している場合，なかなか断りきれない。そういう場合に佐賀の事件のように，治療者が経過の中で主体的に選択した入院ではなく，圧力に屈した形の入院になってしまうと，治療者はさせられ体験になり，治療上不自然なことが起きやすい。事例Aの場合がそれに当たる。筆者自身は事例Aのような場合に一概に適応ではないとは思わない。ただ緊急対応のために入院を選択したとしても，治療の一貫性を保つためには，入院治療の目的，効果，限界を，本人，家族に明確にし共有した上で，入院後すぐに治療契約のやり直しをすることが重要であると考えている。その際，ケースマネジメントを効果的に行なう機会である，くらいのところで割り切っておくことも1つの方法である。あるいは，治療や相談を継続している場合であれば，医療保護入院も含めた戦略を最初から家族と立てておくことも必要となる。

平成12年の精神保健福祉法の改正により，通常34条移送と言われる，「緊急に入院が必要な精神障害者」を精神保健指定医が診察し必要となれば，行政で移送できる制度が設けられた。これは，主として在宅，単身の精神障害者が治療中断により病状の悪化を来したり，家族の説得や協力でも受診が難しい場合を想定しているもので，いわば今はあまり行なわれなくなった往診入院に近い形態である。それだけ

に十分に事前調査や地域精神保健福祉の努力を行なった上で最終手段とすべきであるとされており，明瞭な精神症状の悪化と，入院すれば改善するという確実な予測が要求されているので，多くの場合，ここで検討している「ひきこもり」は対象とはならないであろう。

2．訪問と危機介入

塚本は，増大する青年期の「ひきこもり」を対象とした訪問面接の重要性を説いている。彼はひきこもりを呈する青年期強迫性障害の患者の訪問による精神療法過程を報告し，①安全保障感を喪失しないために，面会拒否の保証と慎重なインフォームドコンセント，②特別な治療者にならないように，穏やかな理想化転移関係を維持する，③行事やレクリエーション活動を含め，複数の人が重層的にかかわる，④通常の治療関係（外来や入院）へ持ち込むことを急がず，チームでかかわる，ことを重要なものとして上げ，青年期のひきこもりに対して訪問面接の有効性を主張し，また研修教育としても有効であると述べている[7,8]。

塚本が言うのは日常的な訪問活動の必要性であって，「暴れているから何とかするために行く」わけではない。いわゆる家庭内暴力は外部の人が存在しているところでは納まることはよくある。特に警察官が呼ばれた場合はそうであろう。暴力の抑止力として警察官や治療者が呼ばれることが続くと，事例A，C（この場合は電話であるが）に見るように，それは悪循環を形成し，かえって家族の無力感を助長することが多い。緊急の入院と同様，あらかじめの意味づけと援助計画の中に位置づけることが必要である。警察官の場合，直接よりも保健所を介在させる方がよい。そうすることで地域精神保健と警察官も含めたネットワークを作ることができる。やはりここでも治療や援助のプランナー，ケースマネージャーが必要なのである[5]。

Ⅲ　事例のその後

事例Aは，退院請求の審査が行なわれ，医療保護入院は継続となったが，医療保護が必要な根拠は弱いこと，より心理社会的な側面での治療の建て直しを行なうよう審査会からの付帯意見として助言が行なわれた。ソーシャルワーカーも入って自立支援施設への入居も含めて検討され，さまざまな紆余曲折はあったが，結局地元での何回かの緊急的，短期間の入院を経て，ある程度信頼できる主治医と出会い，何年かの経過の後，社会復帰施設で生活している。

事例Bは，鑑別所に入所当初から，落ち着きのなさが顕著で，少年鑑別所の嘱託精神科医の診察が求められた。嘱託医は関わった医療機関と連絡をとり，家裁の調

査官と協議した。このままでは医療少年院送致の可能性もかなり高いことが分かり，要医療の意見書を提出，審判後にすぐに，遠隔地ではあるが児童思春期病棟のある精神科医療機関に受診，入院できるよう，紹介状とともにその病院の医師との連絡を行なった。通常の診察，意見書の業務だけではなく，個人的ネットワークを使用した介入である。審判後そのまま受診，医療保護入院となり，薬物療法も含め治療が奏効し，短期間の入院で学校に復学した。

　事例Cは，相談を受けた援助者が家族療法的な対応を行なった。初回の面接では，今一番困っていることは，カウンセラーへの断り方と断った後の心配であること，電話やカウンセラーへの受診にしてもある程度親の言うことを聞いていることもあるし，暴力に対しては両親が協力できる場面では少なくできるなど，親の力を発揮できている部分もかなりあること，などが確認された。そして，とりあえず，家の経済状態をきちんと伝えて，カウンセラーについてどうするか本人も含めて検討することを目標にすることとした。一方の選択肢として入院治療も考慮に入れつつ，「家族ができていること」を確認して相談を継続するうちに，本人も一緒に相談に訪れるようになり，本人の希望で大検のための予備校に通い，家庭内暴力は影を潜め，最終的には通信制の高校を卒業した。

　Ⅱで述べた一時期だけを見れば，3例とも失敗，あるいは困難な経過に思える。しかし，混乱の時期はまた一種の転換点でもある。困難な事態は多くの場合，援助者も含めたシステムの悪循環により生じている，というシステムコンサルテーションの視点から言えば，そういう時期には，その治療システムの外部で交通整理をしてくれる人が必要なのである。そのような介入が治療者や援助者も含めたシステムに対して行なわれることが，混乱の時期を成長への契機と変えることとなる。これもまた危機介入である。

Ⅳ　緊急時対応の原則

　「はじめに」でも述べたようにCaplanは，危機とは「その出来事に際して以前に習得された問題解決手法で乗り切れぬような事態」と定義した。その際，それは個人の人格だけでなく，家族，地域社会，文化などに大きく依存しているとして，危機介入としては「過去の解決法を強め，伸ばす方向の助力」が必要であることを強調している[1]。その中でも，家族内危機については，①危機に立ち向かえるように助けること，②事実の発見を助けること，③誤った安心感を与えぬこと，④他に責任転嫁をするような慰め方をしないこと，⑤助力を受容するよう勧めること，を上げている。この危機介入に際しての家族援助の原則は，ひきこもりの緊急事態への

対応の場合でも有効性があり，現在の多くの家族援助の方法と共通性がある。
　この原則を具体的に考えると，「過去の解決法を強め，伸ばす方向の助力」と①は，最近多くの家族支援について強調されている，家族の今までの解決努力の尊重とエンパワメントに該当する。②，③，④は，状況について悪い点だけでなくよい点も含めて，クライアントと検討し，援助者側の限界も含めて方針を作成し，援助者，医療機関などに魔術的な期待を持たせないように，共同作業として進めていくことを意味している。そして⑤は，そのような援助を受けることへの罪悪感に配慮しつつ，さまざまな社会資源やネットワークを活用できるように情報提供と援助を行なうことである。
　最近，家庭裁判所調査官研修所から注目すべき報告書が出された。平成8年から平成11年までの3年間に起きた少年による殺人事件及び傷害致死事件の中から，単独で事件を起こした10人，集団での事件5事例から10人を取り上げ，家裁の調査官による記録を主にして，家裁関係者の他，教諭，臨床心理士，精神科医，保護観察官，社会学者らなどにより，さまざまな側面から分析，検討を行なった研究報告書である[6]。
　その中で，単独で事件を起こした少年を，①幼少期から問題行動が認められた，②思春期に入って大きな挫折を体験，③何らかの精神障害が背景に予測される，の3タイプに分け，家族関係，本人の交友関係，犯行様態などの特長を分析し，最後に共通して見られる特長として，①追いつめられた心理，②現実的問題か帰結能力の乏しさ，③自分の気持ちすらわからない感覚，④自己イメージの悪さ，⑤ゆがんだ男性性へのあこがれ，を抽出している。中でも注目すべきは，①の「追いつめられた心理」として，実際に自殺を試みたり，考えたり，周囲に自殺を相談したりしていた少年が10例中7例に認められたことである。報告書では「追いつめられた時に，その状況を何とか打破しようとして，あたかも負けそうになったゲームをリセットするかのように，過去の自分や否定したい自分を抹消しようとする心理が生じているのではないか」と指摘している。逆に言えば，周囲（特に家族）がこのような追い詰められた気持ちを持っていることに気がつくか気がつかないかが重要であると言えるだろう。
　もちろんすべての重大事件のケースがひきこもりだったわけではないし，すべてのひきこもりケースが暴力，重大事件にいたるわけではない。しかし，この報告書の観点は，ひきこもりで暴力や反社会的行動にいたる少年，青年たちに関して有益な視点を与えてくれる。こういう本人の「気持ち」に気づくことも，Caplanの言う「事実の発見」の1つである。暴力をふるう気持ちを理解するのは難しいが，「死にたいほどつらい」気持ちを理解するのはむしろ容易なのではないだろうか。

経過の中で強制的入院が考慮されるような直接的介入に際しては，家族の余裕を取り戻すために被害を最小限にすることが必要であるが，その余裕は，実は家族として本人のこういった点を共有するためにこそ必要なものである。けれども家族が「暴力にならざるを得ない本人の気持ち」に思いを至し，客観的に考えることができるようになるためには，日常の暴力というストレスが軽減している必要がある。少なくとも，家族が耐え過ぎて大きな悲劇につながるような状況は回避すべきである。そのためには暴力，いらつき，暴言，支配など，外的な行動化がある場合には，それがどんな場合に中断し，弱まり，減少するか，を詳しく話してもらい，少なくとも次回までの間に，それらの行動による家族への被害が減少するような方策を考える，ということを筆者は推奨している[2]。事例にあるように家族が避難する場合もある。それも1つの対処として，「責任放棄」という考えを持たないことが肝心である。家族もそうしたくてしているものではないし，離れているからといって心安まっているわけではないのである。要は，その状態をどう次の展開のために生かすかであり，それが危機介入の基本である。

V おわりに

　主として精神保健上の危機介入の概念に沿って，ひきこもりの経過の中での緊急対応について述べてきた。基本的には，長期経過の中で家族，本人のダメージが少しでも少なくなるような短い介入を考えることが原則であり，そのためには主治医あるいは主たる援助者は，緊急対応や危機状況の時にはケースマネージャーとして関わり，社会資源や援助者，家族のネットワークを効果的に動かすことが必要となることを強調した。

　一方，発達上の危機と同様，そういう緊急，危機の状況はそれまでの悪循環を転換し，成長するための1つの重要な契機でもある。「ひきこもり」への対応の最終的な目標が「再社会化」であるとすれば，医療関係者，保健関係者，司法関係者，などが同時に関わる危機状況こそ，もっとも「社会的」な場面であると考えられる。精神医療，精神保健に関わる機関，警察など，特殊と受けとめられやすい機構も社会の1つの構成要素であり，そこで出会うのは「普通の」人間と「普通の」人間関係であるべきである。つまり治療関係，保健福祉などの援助関係，司法の関係であっても，それぞれの専門性はあるが，社会（人），他者と触れる契機なのである。援助する専門機関の側としても，そんな風に「社会と触れる1つの機会」くらいに考えて，どこか1つの機関が担う，という方向で考えないこともまた必要なのではないだろうか。

文　献

1) Caplan, G. : Principle of Preventive Psychiatry. Basic Books, New York, 1965.
2) 後藤雅博：家族への援助を通したひきこもりへのアプローチ．mindixぷらざ，7(2)；8-13, 2001.
3) 狩野力八郎，近藤直司編：青年のひきこもり：心理社会的背景・病理・治療援助．岩崎学術出版社，2000.
4) 近藤直司：ひきこもりケースの理解と治療的アプローチ．家族療法研究，17(2)；87-91, 2000.
5) 近藤直司：本人が受診しないひきこもりケースの家族状況と援助方針について．家族療法研究，17(2)；122-130, 2000.
6) 家庭裁判所調査官研修所：重大少年事件の実証的研究報告書（印刷中）
7) 塚本千秋：ひきこもりと強迫症状を呈する青年期患者への訪問治療．精神経誌，96(8)；587-608, 1994.
8) 塚本千秋：ひきこもりと訪問と．（狩野力八郎，近藤直司編）青年のひきこもり，pp.172-184, 岩崎学術出版社，2000.

あとがき

　ひきこもる若者の増加が指摘されている。マスコミでは，当初，ひきこもり状態に陥っている本人や家族の深い苦悩が取り上げられた。その後は，無職青年の増加が少子高齢化社会の経済的基盤を揺るがしかねないと報道されたり，「ひきこもりは甘えである」というニュース解説者の発言が物議をかもしたりもした。さらに，2000年に相次いで起こった少年事件のいくつかが，ひきこもりとの関連で取り上げられたことを契機に，ひきこもりケースをめぐる見方は急展開したように思われる。これだけ短期間に，さまざまな扱われ方をする問題も珍しいのではないだろうか。「専門家」による断定的で短絡的な発言が拍車をかけたことも否定できないが，実際に，それだけ多様な側面をもつ問題なのであろう。

　「ひきこもりケース」に実際に向かい合い，試行錯誤している臨床家の発言や討論が必要であると感じるようになったことが本書を企画した動機である。学派や臨床スタイルにこだわらず，ひきこもりケースの家族援助に関わる仕事に取り組み，実践の中から醸成された見識を備えた臨床家に執筆をお願いした。共通するテーマが別の観点からも論じられていたり，1つのテーマに対して異なる見解が示されている部分も生じているが，いずれも建設的な討論としてお読みいただき，読者の方々にも，この討論に参加していただければ幸いである。

　また本書では，青年期ひきこもりの「予防」に多くの紙数を割いた。ひきこもりにせよ，反社会性にせよ，すでに青年期や成人期に至っているケース，特に本人が問題を解決しようという明確な動機づけを，すでに失ってしまっているケースへの治療・援助は容易ではないからである。また，子どもとその家族に関わっている臨床家は，日常的に多くの「予備軍」に出会っているはずであり，その臨床感触を報告し合うことから，子どもと家族の将来を見据えた早期支援のあり方が明確になってくるのではないかと考えられる。この領域は，今後，精神保健活動の重要なテーマの1つになってくるものと思う。ただし，ひきこもりケースがさまざまな背景をもつ一群だけに，そのリスク・ファクターを同定することは容易ではないと思われるため，まずは，児童福祉，地域保健，児童精神科医療，学校精神保健などにおけ

る諸活動を「予防」という観点から捉え直してみることとした．

　執筆陣は，編者が尊敬してやまない先輩たちばかりである．一部に，「遅筆傾向」の強い先輩もいたが，金剛出版，石井みゆき氏の「遅筆問題を憎み，遅筆者を憎まず」という徹底した外在化技法と絶妙な「予防的早期介入」や「危機介入」により，無事，発刊にこぎつけることができた．「今，必要とされている本である」という思い入れもあったので，執筆者の皆さまにはご無理をお願いすることになり，ある大先輩から戴いた「泣き」とも「詫び」ともつかない年賀状には，恐縮しつつも思わず笑ってしまった．皆さまのご尽力と熱意に，厚く御礼を申し上げたい．

　また約10年前，保健所の嘱託医として，ひきこもりケースに初めて直面していた時期，藁にもすがる想いで「保健所に難しい相談ケースがきている」とレポートしたこと，そして，東海大学精神科学教室，精神分析研究会の諸先輩が真剣に議論・助言してくださったことが想い出される．多くの先輩や仲間に支えられたことで，それ以後，このテーマに取り組んで来られたのだと思う．また末尾ながら，東海大学医学部精神科学教室の教育システムを確立し，後進の指導・教育に熱意を燃やされた岩崎徹也先生と，児童精神医学の重要性について目を拓かせてくださった山崎晃資先生には，格別の御礼を申し上げたい．

2001年5月

JR中央線，スーパーあずさの車内にて

近藤直司

『ひきこもりケースの家族援助』執筆者一覧

【編著者】

近藤 直司　山梨県立精神保健福祉センター

【執筆者】（執筆順）

近藤 直司　山梨県立精神保健福祉センター
楢林 理一郎　湖南クリニック／湖南病院
狩野 力八郎　東京国際大学臨床心理学研究科
吉川 悟　システムズアプローチ研究所／コミュニケーション・ケアセンター
中村 伸一　中村心理療法研究室
中村 紀子　Exner Japan Associates
長谷川 俊雄　関内メンタルクリニック
林 祐造　コミュニケーション・ケアセンター
小林 京子　山梨県中央児童相談所
高橋 象二郎　東京都立多摩総合精神保健福祉センター
皆川 邦直　法政大学現代福祉学部
田中 康雄　北海道立緑ケ丘病院
本間 博彰　宮城県子ども総合センター
後藤 雅博　新潟大学医学部保健学科

＊編著者紹介＊

近藤直司（こんどう・なおじ）

　1962年　東京に生まれる
　1987年　東海大学医学部卒業
　1988年　東海大学医学部精神科学教室入局
　1991年　神奈川県立精神医療センター勤務
　1996年　山梨県立精神保健福祉センター勤務

［専　攻］
　精神保健学，精神分析学

［現　職］
　山梨県立精神保健福祉センター所長
　山梨県中央児童相談所技術吏員
　山梨医科大学非常勤講師
　日本精神分析学会，認定精神療法医・認定スーパーバイザー

［著　書］
　引きこもりケースの理解と援助（共編著，萌文社　1999）
　青年のひきこもり：心理社会的背景・治療・援助（共編，岩崎学術出版社　2000）
　家族教室のすすめ方（後藤雅博編，分担執筆，金剛出版　1998）　　　ほか

ひきこもりケースの家族援助
──相談・治療・予防──
2001年5月25日　発行
2004年7月20日　五刷

編著者　近藤直司
発行者　田中春夫
印刷　太平印刷社　製本　井上製本所

発行所　株式会社　金剛出版
〒112-0005　東京都文京区水道 1-5-16
電話 03-3815-6661　振替 00120-6-34848

ISBN4-7724-0695-6　C3011　　Printed in Japan ©2001

引きこもりと向きあう
その理解と実践的プロセス

北海道立女性相談援助センター
蔵本信比古著

四六判　220頁　定価2,310円

　本書では，ある引きこもりの経過を辿りながら，本人や家族の思いの一端を紹介し，さまざまに移ろっていく引きこもりの姿，それを取り巻く家族のイメージの共有を図る。

　さらに，アパシー，校内暴力，いじめ，不登校など，思春期・青年期問題のテーマの変遷を辿り比較しながら，引きこもりの系譜を捉え，「すくむタイプ」「しりごみタイプ」「症状優位タイプ」という臨床的なタイプ分けを試みている。

　また，「混乱期」「安定期」「ためらい期」「動き出し」という引きこもりの四つのプロセスを提示し，各プロセスごとの対応のポイントと心構え，本人・家族・援助者それぞれの役割を，実際場面に即した演習を交えて解説する。今，どのプロセスのどの位置にあるかを見極め，その時々に必要な時間をかけ，適切な取り組みを行なっていくことで，混乱を最小限にくい止め，引きこもりの閉じた環を開くことができる。

　本人・家族・援助者が同じ目の高さから引きこもりと向きあえるように……。本人グループや親の集いの活動を通し，引きこもりの相談援助に精力的に取り組んできた著者が願いを込めて贈る，手がかりと関わりのヒント集。

□主な目次
第1章　引きこもりの姿
第2章　引きこもりオブジェクション
第3章　「引きこもり」Q&A
第4章　引きこもりの系譜
第5章　引きこもりの三つの側面
第6章　閉じた環を開く
第7章　引きこもりのプロセス
第8章　スタートラインとゴール

価格は消費税込み（5％）です

思春期の心の臨床
面接の基本とすすめ方
青木省三著
A5判　220頁　定価3,360円

　青年と家族がどのような問題を抱え，何を求めているのか，そして，治療者が何を提供できるのか，何を提供するのが望ましいのか。日々青年たちと出会う臨床家としての著者が見たもの，感じたことを率直に著者自身の言葉で記し，思春期の心の臨床を実践する際の基本的視点と面接をすすめるにあたっての原則を平易な文章で述べる。さらに多くの事例を通して初回面接から治療の山場・結結までの要諦，そして著者の考える「臨床家の精神療法」が明らかにされる。

システム論からみた思春期・青年期の困難事例
吉川　悟，村上雅彦編
A5判　270頁　定価3,990円

　自らの持ちうる限りの方法を駆使して，それでもなお面前のクライエントの苦悩を改善できないとき，治療者はどういった方策に出ればいいのだろう。本書は，そうした中でも，思春期・青年期の困難事例に焦点を絞って，システム論の立場から執筆されたものである。治療者ならだれもが一度はつまずく問題に果敢に挑んだ本書は，心理臨床サービスにたずさわるすべての治療者にとって必読の書となるものである。

思春期と家庭内暴力
治療と援助の指針
川谷大治 著
A5判　238頁　定価3,570円

　家庭内暴力，社会的ひきこもり，虐待を受けて育った患者，家庭内暴力を呈する思春期境界例等，本書は思春期の暴力に関する対応と援助の要諦を説いた実践的な臨床書である。著者は暴力を振るう若者を理解するためのキーワードとして，「臆病な自尊心」「尊大な羞恥心」の二つをあげ，あくまで臨床家としての視点から，今子どもたちの心に何が起きているのか，どうすれば立ち直らせることができるかを，事例に沿って詳述する。

価格は消費税込み（5％）です

ADHD臨床ハンドブック

中根　晃編
A5判　262頁　定価4,410円

　ADHDは薬物療法によって改善される例が多いものの，以前に培われてしまった教育の遅れや自尊心の低さなど，発達的な問題も発生してしまうため，ADHDの子どもたちへの対応は，医学的な見地と教育的な見地の両面から行う必要が出てくる。本書は子どもの治療・療育に長年携わってきた医師，教育者，心理療法家，研究者といった多方面の筆者たちの手によって，ADHDの最新の知見と臨床実践，療育方法が多彩かつ多面的に描き出されており，ADHD臨床における豊富な知識を提供する。

発達障害の臨床

中根　晃著
A5判　300頁　定価4,410円

　本書は，40年の長きにわたり児童精神医学の最前線で活躍している著者による，発達障害に関する実践的な臨床書である。第1部に自閉症を，第2部にその他の発達障害としてLDやADHDなどを，第3部に発達障害への鑑別，治療法などに関する論文を掲載。治療現場での対処ばかりでなく，家庭内や学校でどう対応すべきかという問題にまで言及する。
　児童精神科領域の治療者はもちろんのこと，発達障害の子どもにかかわる教育関係者や援助者に必読の書である。

注意欠陥多動性障害
ADHDの子どもたち

マーク・セリコウィッツ著／中根　晃・山田佐登留訳
四六判　220頁　定価2,940円

　ADHDの治療には薬物療法が多く用いられるが，本書でもメチルフェニデート（リタリン）をはじめとする適用薬物使用時の留意点に十分な紙幅が割かれ，薬物使用時の国内での留意点や効果的な使用法についても解説が加えられた。また本書ではこころのケアの面にも焦点が当てられ，ADHDの治療は，医学的な方向だけでなく，家庭や学校など子どもを取り巻くさまざまな面からアプローチすることが必要だと説かれている。

価格は消費税込み（5％）です

摂食障害治療ハンドブック

D・M・ガーナー，P・E・ガーフィンケル編／小牧 元監訳
B5判 550頁 定価12,600円

　摂食障害の歴史的概念から病気としての成り立ち，アセスメント，最新の情報と臨床知見，あらゆる治療技法とその考え方と進め方やセルフヘルプまで，摂食障害に関するすべての項目を網羅し，摂食障害の臨床書として質量共に最大の規模を実現。精神力動的アプローチ，家族療法，対人関係療法，フェミニストセラピー，グループ療法，薬物療法，入院治療など主要な技法を詳細に示すことを眼目とするため，可能な限りマニュアルとしての構成を取り入れ，各分野の卓越した臨床家が具体的に詳述している。

摂食障害者への援助
見立てと治療の手引き

ロバート・L・パーマー著／佐藤裕史訳
A5判 284頁 定価4,410円

　現在，摂食障害に関する本は少なくないが，臨床的研究成果に目を配りながらも現場の勘を失わず，特定の学派に偏らないバランス感覚を持つものは数少ない。本書は，日常診療において治療者が摂食障害という病気を正しく理解するうえでの知識・情報を整理し，現場で役立つ事柄を優先的に紹介，解説している。ことに治療で行き詰まったケースや難治例の入院治療については最先端の知見をふまえつつ，治療のプロセスに沿って詳細に論じられており，実践的手引書として充実したものとなっている。

摂食障害治療のこつ

下坂幸三 著
A5判210頁 定価3,360円

　臨床に家族面接を導入することによって摂食障害の治療成績は格段に向上する。たとえ患者本人が受診しない場合でも，家族面接を通して患者に好影響を与える手立てもある―本書は摂食障害治療の第一人者として重症例・慢性例と取り組んできた著者が，おのずと到達したその治療の「こつ」を，余すところなく披瀝するものであり，本人と家族をともに援助するという視点から書かれた，実践的な臨床書である。

価格は消費税込み（5％）です

虐待サバイバーの心理療法
成育史に沿った包括的アプローチ
F・G・クルーズ，L・エッセン著／倭文真智子監訳
A5判　190頁　定価2,940円

　本書は，子ども時代の虐待による心の傷を持つサバイバーへの心理的援助の技法として，さまざまなアプローチを幅広く取り入れ，理論と事例の両面から分かりやすく解説したものである。本書を読むことで，子ども時代の虐待という出来事が，発達の各段階にどのような影響を与えていくのか，加害的な養育者との継続的な関わりの影響が発達とともにどのように姿を変えて現れるのかを理解することができる。

児童虐待と児童相談所
介入的ケースワークと心のケア
広島市児童相談所　岡田隆介 編
A5判　200頁　定価2,940円

　児童虐待相談の激増，児童虐待防止法施行に伴い，児相への期待と圧力は日増しに強くなっている。本書には，対決的な緊急介入と継続的ケースワークを連続させる援助のあり方，効果的なネットワークとチームワーク作り，家族援助と心のケアの実際が，全国児相スタッフから報告されている。工夫で凌いでいる現状と将来への課題，熱い思いと哀しみの涙，それらすべてをつめこんだ，イッパイイッパイの児相からのWe insist！

心的外傷の危機介入
短期療法による実践
H・J・パラド，L・G・パラド編／河野貴代美訳
A5判　264頁　定価3,990円

　思いがけない災害との遭遇，愛する人の突然の死，またレイプや児童期性的虐待，配偶者間暴力の体験などは，多くの人に精神的危機状態を招来する。危機介入にあたって短期療法を用いることにより，危機にあるクライエントを迅速かつ効果的に援助し，トラウマ的出来事の影響の拡大をくいとめることができる。本書は，多様な危機場面からの報告が集積された，精神保健専門家のための実践的ガイドラインである。

価格は消費税込み（5％）です

トラウマとジェンダー
臨床からの声
宮地尚子編
Ａ５判　276頁　定価3,990円

　トラウマとジェンダーが重なる問題としてドメスティック・バイオレンスや性暴力，児童虐待の事例を多く取り上げ，臨床にすぐ役立つ，ジェンダー・センシティブなアプローチの要点を提示，さらに臨床現場にトラウマとジェンダーの視点をとり入れることで，具体的にクライエントの何を見，どう働きかけ，どんなことに気を配るかを事例検討で明らかにする。これまで手を着けられてこなかった領域に鋭く切り込んだ，画期的な書である。

安全のサインを求めて
子ども虐待防止のためのサインズ・オブ・セイフティ・アプローチ
Ａ・ターネル，Ｓ・エドワーズ著／白木孝二，井上薫，井上直美監訳
Ａ５判　240頁　定価3,570円

　どんな家族でも必ず安全性の側面を持っていること，援助者と利用者がパートナーシップに基づいて共働すること，安全とリスクをバランスをとってアセスメントすることなど，著者らの経験と世界中の実践・研究から得られた知見をもとに，サインズ・オブ・セイフティ・アプローチの基本的な考え方が12の実践原理と六つの技法としてまとめられている。悲惨な状況や絶望的な事例を前にした虐待臨床の専門職に新しい道筋を示してくれる。

子ども虐待の解決
専門家のための援助と面接の技法
Ｉ・Ｓ・バーグ，Ｓ・ケリー著／桐田弘江・他訳
Ａ５判　300頁　定価4,410円

　本書は長年実践を重ねている著者らが，児童相談所をはじめとする児童援助福祉機関とそのスタッフのために，効果的な子ども虐待とネグレクトへの対応と援助方法を，開発，提言したものである。多様の事例への対応，援助方法や面接技法が記されているだけでなく，職場のインテイク・ワーカーやスーパーバイザー，所長，外部機関，通報者，コミュニティなど，児童福祉機関を支えるさまざまな資源への多面的な提言もなされる。

価格は消費税込み（5％）です

初心者のための臨床心理学研究実践マニュアル
津川律子・遠藤裕乃著　よりよい臨床家になるためには避けては通れない「研究」のノウハウを余すことなく詳解した。研究初心者，学生らに必読の書。　2,625円

改訂増補 青年期境界例
成田善弘著　治療困難な境界例患者への精神療法の要諦を懇切に説いた本書初版に，外傷説を含む近年の諸研究を付し，待望の改訂増補版として刊行。　3,675円

心理療法家の言葉の技術
P・L・ワクテル　杉原保史訳　治療的な言い回しと，非治療的な言い回しとを区別するものは何か。治療的なコメントが体現している諸原理を示す。　4,620円

すべてをこころの糧に
村瀬嘉代子・青木省三編　クライエントの要求に的確に応えることや効果的な心理療法を実践するための要諦を違った角度から考察した画期的な論集。　2,940円

人間科学としての臨床心理学
文教大学臨床心理学科編集委員会編　「生きた臨床心理学」を臨床家であり，大学教員でもある著者らが初学者向けに書いたテキストブック。　2,940円

心理援助の専門職になるために
M・コーリィ，G・コーリィ著　下山晴彦監訳　援助者自身の課題や教育訓練過程で生じる問題を豊富な事例とともに解説した初学者必携のテキスト。　3,990円

統合失調症者とのつきあい方
野坂達志著　患者さんとのつきあい方から，ソーシャルワークの実務知識，はたまた辞表の出し方までかゆいところに手が届く援助職必携マニュアル。　2,940円

人格の病理と精神療法
牛島定信著　精神分析療法と森田療法について幅広い知識と豊富な経験を持つ著者が，心の専門家が身につけるべき援助技法を述べた実践的な臨床書。　3,570円

ACT入門
西尾雅明著　精神障害者が住み慣れた地域で安心して暮らせるための集中型・包括型ケースマネジメント・プログラム（ACT）の理解と実践に向けた入門書。　2,940円

精神障害者のための宿泊訓練ガイドブック
野中猛・齋藤敏靖編　宿泊型の社会復帰施設や過渡的な住居サービスを「宿泊訓練施設」と総称し，その体験と実践的な技法を述べる。　3,150円

サイコロジカル・トラウマ
ヴァンダーコーク編著　飛鳥井望・他監訳　トラウマに関する臨床的研究の原点として，現在に至るさまざまな問題提起を含んだ基本的文献。　3,570円

ライフサイクルと臨床心理学
氏原寛著　ライフサイクル全般にわたり臨床心理学的に考察。人生のあらゆる季節を生きるクライエントと出会う臨床家にかけがえのないものである。　3,570円

サイコドラマ
E・E・ゴールドマン，D・S・モリソン著　高良聖監訳　多くの事例をもとに，サイコドラマの複雑なプロセスを治療的に解き明かした，実践的入門書。　3,150円

セラピストのための面接技法
成田善弘著　さまざまな病態に対する臨床医としてのかかわりから生まれた，著者の介入の技術を全編にわたって紹介した，臨床家必携の面接指導書。　3,570円

臨床心理学
最新の情報と臨床に直結した論文が満載
B5判160頁／年6回（隔月奇数月）発行／定価1,680円／年間購読料10,080円（送料小社負担）

精神療法
わが国唯一の総合的精神療法研究誌
B5判140頁／年6回（隔月偶数月）発行／定価1,890円／年間購読料11,340円（送料小社負担）

価格は消費税込み（5％）です